本书是国家社会科学基金重大项目（课题号：15ZDA007），2015，“改革开放以来我国经济增长理论与实践研究”的阶段性成果

中国经济问题丛书

ZHONG GUO JING JI WEN TI CONG SHU

新供给经济学：理论与实践

XINGONGJI JINGJIXUE：LILUN YU SHIJIAN

苏 剑 著

中国人民大学出版社

· 北京 ·

图书在版编目（CIP）数据

新供给经济学：理论与实践/苏剑著. —北京：中国人民大学出版社，2016.6
（中国经济问题丛书）
ISBN 978-7-300-23011-5

Ⅰ.①新… Ⅱ.①苏… Ⅲ.①中国经济-经济改革-研究 Ⅳ.①F12

中国版本图书馆 CIP 数据核字（2016）第 139017 号

中国经济问题丛书
新供给经济学：理论与实践
苏　剑　著
Xin Gongji Jingjixue：Lilun yu Shijian

出版发行	中国人民大学出版社		
社　　址	北京中关村大街 31 号	**邮政编码**	100080
电　　话	010－62511242（总编室）		010－62511770（质管部）
	010－82501766（邮购部）		010－62514148（门市部）
	010－62515195（发行公司）		010－62515275（盗版举报）
网　　址	http://www.crup.com.cn		
经　　销	新华书店		
印　　刷	涿州市星河印刷有限公司		
开　　本	890mm×1240mm　1/32	**版　　次**	2016 年 6 月第 1 版
印　　张	10.625 插页 1	**印　　次**	2024 年 6 月第 2 次印刷
字　　数	278 000	**定　　价**	76.00 元

《中国经济问题丛书》总 序

经济理论的发展与变化是和经济实践紧密联系的，在我国继续向社会主义市场经济体制过渡的今天，实践在呼唤经济学的发展和繁荣；同时，实践也为经济学的发展创造着条件。

中国的市场化改革是没有先例的，又没有现成的经济理论作指导，这是中国学者遇到的前所未有的挑战。他山之石，可以攻玉。随着一大批西方经济理论译介进来，以及一大批具有现代经济学素养的人成长起来，认识和解决中国问题开始有了全新的工具和视角。理论和实践是互动的，中国这块独一无二的“试验田”在借鉴和运用现代经济理论的同时，势必会为经济理论的发展注入新的活力，成为其发展的重要推动力量，而建立在探讨中国经济问题基础之上的经济学也才有望真正出现。中国经济问题正是在这个大背景下获得了特别的意义。

我们策划出版《中国经济问题丛书》的主要目

的是为了鼓励经济学者的创新和探索精神，继续推动中国经济学研究的进步和繁荣，在中国经济学学术著作的出版园林中，创建一个适宜新思想生长的园地，为中国的经济理论界和实际部门的探索者提供一个发表高水平研究成果的场所，使这套丛书成为国内外读者了解中国经济学和经济现实发展态势的必不可少的重要读物。

中国经济问题的独特性和紧迫性，将给中国学者以广阔的发展空间。丛书以中国经济问题为切入点，强调运用现代经济学方法来探究中国改革开放和经济发展中面临的热点、难点问题。丛书以学术为生命，以促进中国经济与中国经济学的双重发展为己任，选题论证采用“双向匿名评审制度”与专家约稿相结合，以期在经济学界培育出一批具有理性与探索精神的中国学术先锋。中国是研究经济学的最好土壤，在这块土地上只要勤于耕耘，善于耕耘，就一定能结出丰硕的果实。

序

在目前正统的宏观经济学中，需求管理政策是宏观调控的主要甚至是唯一的方式。但需求管理在宏观调控方面存在巨大的缺陷。

第一，长期使用传统的凯恩斯主义需求管理政策会导致金融、经济危机。从货币政策来说，通过降低利率或量化宽松政策刺激出来的投资需求是劣质需求，一旦利率上升或者资金面吃紧，相关企业的经营活动就会受到影响，影响过大就会引发金融、经济危机，美国次贷危机就是一例。从财政政策来说，通过财政扩张来刺激经济增长会导致巨额的债务，长期积累下来就会形成政府债务危机，欧洲债务危机就是一例。传统的凯恩斯主义需求管理会导致经济出现“肥胖症”，其典型特征一般有三个，一是巨大的资产价格泡沫，二是严重的产能过剩，三是巨额政府债务。这些都将给经济埋下经济、金融危机的隐患。

第二，在科技进步率下滑的情况下，传统的凯恩斯主义需求管理政策的效力越来越低。由于科技进步率下滑，经济中没有好的消费热点，也没有好的投资机会，因此缺乏优质需求，这就使得财政政策和货币政策的效力下降。由于缺乏好的消费热点，导致老百姓的边际消费倾向下降，其结果是，不管是财政政策还是货币政策，其效力都会下降。同时，随着降息，货币政策刺激出来的投资的预期收益率越来越低，老百姓投资的积极性也越来越弱，最终经济将陷入流动性陷阱，此时，利率降无可降，连预期收益率接近0的投资机会都被利用完毕的时候，货币政策就再也无法奏效了。欧洲、日本等国家和地区目前采取的负利率政策，其实就是正常的货币政策失效的情况下不得已而采取的办法。

第三，经济全球化也在抑制着货币政策的效果。需求管理政策即使刺激出了需求，这种需求也未必就是针对本国产品的需求，完全可能是对外国产品的需求。其结果是，本国降息或者增加财政支出，享受政策成果的却是别的国家，显然有些得不偿失。

一方面，传统的凯恩斯主义需求管理的上述局限性导致了经济学界的思考。另一方面，从宏观经济学理论的发展来看，西方宏观经济学已经从20世纪50年代的*IS–LM*模型发展到了目前的总供求模型，对总供给的重视和理解已经成为当今西方宏观经济学的重点，但西方宏观经济政策理论却依然只考虑需求管理，不考虑供给管理，这显然意味着西方宏观经济政策理论严重滞后于西方宏观经济学的发展，将供给管理引入宏观调控体系就是顺理成章的事情，也是迟早会发生的事情。但目前的正统西方宏观经济学理论中并没有考虑供给管理，这是该理论的一大缺陷。

最近十多年来，苏剑一直致力于宏观经济的供给侧和供给管理的研究，取得了一系列优秀的科研成果。除了跟我合作发表的关于供给管理的几篇学术论文之外，他还把引入供给管理之后的、同时包含需求管理和供给管理的“二维”宏观调控体系应用于理解中国宏观经济以及中国的宏观经济政策的设计中，从而对中国的宏观经

济运行和宏观经济政策做出了独到的分析和理解，也为宏观经济学的发展做出了一定的贡献。

苏剑的《新供给经济学：理论与实践》一书汇集了苏剑近年来关于中国经济和宏观调控理论的科研成果，既有对宏观调控理论体系的建树，也把这些理论应用于研究中国经济、设计中国的宏观经济政策，还包括了他对中国的中长期宏观经济问题的供给侧分析，比如中国转轨模式的普适性、中国经济增长方式的转换、中国的人口及就业形势、从就业角度看中国目前增长率的确定等等，同时根据新供给经济学理论研究了中国和世界发达经济"新常态"的根源、表现及政府政策。

总体来看，本书在宏观经济理论及其对中国经济的应用方面具有较大的创新，为西方宏观经济学研究和中国宏观经济研究提供了独特的视角，也得出了独到的见解，有助于读者理解宏观经济学及其未来发展，也有助于读者理解中国经济的运行特点。

刘　伟

2016 年 5 月

前言

一、新供给经济学诞生的背景和意义

在漫长的人类历史中，供给管理一直是调控经济的重要方式。在古代物质生活资料匮乏的情况下，解决人民的温饱和生存问题就是宏观调控的主要目的，因此，在宏观调控中，既要设法促进供给，又要设法抑制需求，因此采取的是“勤”、“俭”结合的政策组合，其中“勤”就是供给扩张，“俭”就是需求紧缩。这一政策组合长期盛行于资本主义市场经济发展起来之前的人类历史中，几乎贯穿了整个人类发展史，以至成为包括中国在内的许多国家的文化传统，“勤俭”成为中华民族的传统美德，被世代传承下来。

只是到了近代，尤其是大萧条之后的80多年时间里，随着资本主义市场经济的发展，产能过剩成为经济发展面临的主要约束，需求管理才从紧缩走向宽松，需求管理也才成为发达经济宏观调控的主要政策工具。因此，从历史来看，需求管理的出现仅有几十年，但就是这短短几十年的历史，却让人们几乎忘记了供给管理以及供给管理在人类历史上的重要地位。

有人认为，供给管理只能用于长期管理，不能用于短期管理。在他们看来，一个经济的总供给取决于该经济的技术水平和可用资源，而这些在短期内都是不可改变的。但他们忘了，这些东西在短期内虽然不可变，但使用它们进行生产的是人，而人的生产积极性却是随时可变的，这就会影响这些要素的利用率和利用效率，从而会对总供给产生影响。试想一下，假定你晚上睡觉做了个好梦，从而一整天心情愉快，这一天的生产率就会比平常高；相反，如果你偶尔心情不好，那么这一天的生产效率可能都上不去。因此，如果能够影响你的心情，就能够影响供给；调节你心情的各种手段就是供给管理工具，相关实践就是供给管理。实际上，供给管理的适用性远远超出我们的想象，从超短期到超长期宏观管理均可使用供给管理。

在这一方面，我国古代的经济学家和政治家管仲是绝顶高手，他通过超短期供给管理调节别人的心情，成功地救了自己一命。话说管仲帮助公子纠争位失败，逃到鲁国。齐桓公继位后，想把管仲引渡回国大用，但如果告诉鲁国齐国要大用管仲，鲁国必杀管仲，因此就以管仲曾经射了齐桓公一箭为名，要求把管仲活着抓回来，让齐桓公亲手杀死管仲报仇。于是鲁国就同意把管仲放回去。《东周列国志》这样描述管仲归齐的过程：

> 却说管夷吾在槛车中，已知鲍叔牙之谋，诚恐："施伯智士，虽然释放，倘或翻悔，重复追还，吾命休矣。"心生一计，制成《黄鹄》之词，教役人歌之。词曰：
>
> 黄鹄黄鹄，戢其翼，絷其足，不飞不鸣兮笼中伏。高天何

> 踢兮，厚地何蹐！丁阳九兮逢百六。引颈长呼兮，继之以哭！黄鹄黄鹄，天生汝翼兮能飞，天生汝足兮能逐，遭此网罗兮谁与赎？一朝破樊而出兮，吾不知其升衢而渐陆。嗟彼弋人兮，徒旁观而踯躅！
>
> 役人既得此词，且歌且走，乐而忘倦。车驰马奔，计一日得两日之程，遂出鲁境。鲁庄公果然追悔，使公子偃追之，不及而返。夷吾仰天叹曰："吾今日乃更生也！"

管仲归齐，在囚车里，命掌握在车夫手里，车夫驾车快则活命，慢则被杀；此时他自己是个囚犯，要想通过别的办法比如许诺车夫什么东西，车夫肯定不信——他得罪了齐桓公，回去了怎么可能活命，自己命都不保，许诺的任何东西都是假的；管仲又不敢告诉车夫自己回去是要做大官的，所以管仲就想了一招——教车夫唱歌！车夫在欢歌笑语中，心情愉快，乐而忘倦，驾车速度翻倍，于是管仲顺利归齐。这是超短期供给管理的例子。

管仲当上齐国宰相之后，用供给管理成功使齐国成为春秋五霸之首。为了齐国的富强和齐桓公的霸业，管仲采取了大规模的供给管理措施。据《管子·大匡》所述："桓公践位十九年，弛关市之征，五十而取一。赋禄以粟，案田而税，二岁而税一，上年什取三，中年什取二，下年什取一；岁饥不税，岁饥弛而税"。意思是说，在齐桓公在位的19年中，降低关税税率和商业税率至2%，农业税按土地面积征收，且改为两年征收一次；收成好时农业税税率为30%，收成中等时税率为20%，收成差时税率为10%，收成再差就免去农业税。这些税收相对于当时其他国家来说已经很轻了，这种扩张性的供给管理政策有力地促进了齐国经济的发展，为齐国的迅速崛起奠定了经济基础，齐桓公也因此成为"春秋五霸"之首。

短期供给管理的例子在历史上还有很多。实际上，优秀的政治家、军事家一般都是供给管理的好手。想当年楚汉相争，项羽"破釜沉舟"、韩信"背水一战"，都是把战士们逼到绝境，"置之死地而后生、置之亡地而后存"，在断绝退路的情况下，战士们死战方

可活命，结果把将士们的潜能超常发挥出来，才取得了战争的胜利。激发战士潜能就是供给管理。而“四面楚歌”则通过瓦解敌人的斗志来削弱其战斗力，最后取得胜利。这是对敌人进行供给管理。

中国共产党的思想政治工作也是供给管理的一种，而且常常被用于短期管理。在中国共产党的历史上，思想政治工作起到了巨大的作用。中共中央《关于建国以来党的若干历史问题的决议》指出，“思想政治工作是经济工作和其他一切工作的生命线”，并强调这是“具有长远意义的重要思想”，“党的思想政治工作的根本任务，是……启发人们的思想政治觉悟……提高改造世界的能力”。这是典型的通过调节激励进行的供给管理，而这种供给管理的政策工具，即思想政治工作的方法，包括：说理教育、情感教育、形象教育、典型示范、表扬批评、身教率先、寓教于乐、自我教育。[①]

新中国就是供给管理思想的产物。马克思主义政治经济学认为，社会主义国家建立后，劳动者翻身做了主人，不再受资本家的剥削。因此，在社会主义制度下，劳动者是为自己工作，生产积极性就远远高于为资本家干活的情形，这就会大大解放生产力、发展生产力，因而社会主义制度就有着资本主义制度不可比拟的优越性。这是典型的供给管理思想。

供给管理也是新中国成立以来运用最多、对中国经济影响最大的政策工具。当年的计划经济就是供给管理的极端形式。后来的改革开放一直是针对生产者的积极性做文章，所以也是典型的供给管理。改革开放是最近30多年里最重要的事件，对中国经济的发展起到了不可替代的重要作用，没有改革开放，就没有中国经济的今天。所以，最近30多年来，中国采用的宏观调控一直是综合运用供给管理和需求管理，其中供给管理的主基调是扩张，即通过改革开放调动生产者的积极性，释放生产力，这一时期中国供给管理的

① 参见本书第一章专栏1。

主要工具是改革开放；需求管理是后来通过学习西方宏观调控的经验引进的，需求管理的方向也取决于不同时期的经济形势，有时紧缩，有时扩张，有时中性。因此，供给管理从来就没有离开过中国经济。可以预见，随着供给侧改革和调整受到宏观调控当局的日益重视，在今后中国的宏观调控中供给管理将起到越来越大的作用，人们对供给管理的理解也将进一步加深。

本书的贡献在于把供给管理引入了宏观调控，尤其是短期宏观调控，并综合运用供给管理和需求管理来设计宏观经济政策，应对各种宏观经济问题。这就形成了一个新的宏观调控体系，实现了宏观调控从只有需求管理的一维宏观调控向同时包括需求管理和供给管理的二维宏观调控的转变和升级。有了这样一个二维宏观调控体系，就可以应对各种经济问题，同时进行多目标管理。本书不仅提出了这样一个宏观调控体系，也提供了一些应用这个宏观调控体系进行经济形势分析和政策设计的案例。

实际上，从西方宏观经济学的发展中其实已经可以看出这个二维宏观调控体系的影子了。目前的西方宏观经济学已经发展到了总供求模型，也已经讨论了总供给的短期变化，但宏观调控体系中却只有需求管理，没有供给管理。也就是说，宏观经济理论已经发展到了总供求模型，但宏观调控体系却停留在60年前，依然以60年前提出的*IS-LM*模型为基础，这显然是不合时宜的。现在西方宏观经济学中目前还没有供给管理，我相信西方宏观经济学界迟早会认识到供给管理在短期宏观调控中的应用，迟早会赶上来的。

当然，我用“新供给经济学”这个词不全是为了这个宏观调控体系，而是着重于宏观经济学未来的发展。现代西方宏观经济学是以发达市场经济尤其是美国经济为基础建立起来的，由于这些国家面对的问题主要是产能过剩，因此对需求的理解较好；但因为这些国家没有面临过商品短缺问题，因而对供给的理解就不够。所以在这些国家供给管理即使被用过，也是昙花一现。而中国这样的转轨国家则长期面临商品短缺的问题，因此在理解和促进供给方面就有着丰富的经验和实践素材，尤其是在转轨过程中，通过制度变迁调节生产者的激励从而调节总供给的案例非常之多，就中国而言，就包括农村的家庭联产承包责任制、国有企业改革、金融体制改革、税制改革等等。如果能从转轨国家的实践中发展出一个好的总供给理论，在抽象掉国家特征之后，与西方宏观经济学现有的总需求理论结合在一起，就能够形成一个更好的总供求模型，有助于我们更好地理解各个国家的宏观经济和宏观调控。因此，如何从转轨经济学中发展出一个新的供给理论，弥补目前的宏观经济学的缺陷，就成为宏观经济学发展的一个方向，这就是我对新供给经济学的解释，也是我对它的一个期待。显然本书在这一方面并没有什么贡献，当今的宏观经济学中好像也还没有人这样努力过，新供给经济学还有许多事情可以做。

因此，在我看来，新供给经济学潜力很大，我们且行且努力、且珍惜这个机会。

二、本书的安排

本书包括了大部分本人近年来发表的与供给管理和中国的供给形势相关的学术论文。[①] 这些论文有些是理论文章，有些是针对当时的宏观经济形势做出的案例研究和实际问题分析。本书共分为四篇。

第一篇的题目是“新供给经济学与宏观调控理论的新进展”，主要讨论供给管理及其在短期宏观调控中的应用。在这一篇，我首先介绍了新供给经济学的主要内容及其意义（第一章），然后针对我国目前的经济形势和学术界关于供给侧调整的讨论，主要从结构调整的角度讨论了供给侧改革的原因和内容，并指出我国目前不仅需要供给侧改

① 有些文章是与他人合写的。

革，同样需要需求侧改革（第二章）。第二章实际上也是把第一章的理论应用于中长期分析的一个案例。随后讨论了供给管理在短期调控中的运用，指出供给管理是可以用于短期宏观调控的，并讨论了供给管理和需求管理的特点以及二者在短期宏观调控中的组合方式，在此基础上提出了一个综合应用需求管理和供给管理的新的短期宏观调控体系（第三章）。

本篇接下来的五章（第四章到第八章）实际上是五个案例分析，分别分析这个新的短期宏观调控体系在不同情况下的应用。第一个案例分析讨论了产能过剩背景下的宏观调控，具有一定的普适性（第四章）。第二个案例（第五章）分析了2010年前的一段时期中国发生通货膨胀的原因，指出此次通货膨胀是由需求和供给两方面的因素共同推动造成的，因此，要治理它就得从需求和供给两方面同时下手，应该采取“供给扩张、需求紧缩”的政策组合。

第三个案例（第六章）分析是对2015年中国宏观经济形势的一个展望，指出2015年中国经济可能出现需求萎缩、供给扩张的局面，因此可能形成与滞胀相对应的长缩现象；并就稳增长、调结构的双目标提出了需求扩张、供给紧缩的政策建议。

第四个案例（第七章）分析主要讨论宏观调控中最为棘手的滞胀问题，指出了供给管理在治理滞胀方面的优越性。

第五个案例（第八章）分析了里根总统采取的宏观经济政策组合，指出他实际上也同时使用了需求管理和供给管理，采取的是供给扩张、需求方面松紧搭配的组合。

本书的第二篇从供给和需求两个角度探讨“新常态”问题。我首先讨论了中国经济“新常态”的根源、表现，以及宏观调控方面的政策建议（第九章）。然后讨论了发达经济“新常态”的根源，指出发达经济的“新常态”是科技进步率下滑与凯恩斯主义需求管理共同作用的结果（第十章）。

本书的第三篇讨论供给侧调整对中国经济转型的影响，共包括两章。我首先分析了中国转轨模式的普适性问题，指出如果从人力

资本的角度看待转轨过程，那么中国的转轨模式就具有相当的普适性，对其他国家具有很大的借鉴意义（第十一章）。随后讨论了我国经济增长方式的转换，指出只有深化改革并改善中国的要素禀赋结构，中国才能实现最优的经济增长方式（第十二章）。

本书第四篇讨论人口和劳动力的供给形势。劳动力形势是决定中国总供给的最关键的因素，因此劳动力形势的变化会对中国的供给侧产生巨大而深远的影响。本篇包括五章内容。我首先分析了中国人口问题和人口政策的走向（第十三章），指出计划生育政策的前提条件已经不再成立，我国应该立即取消计划生育政策。然后（第十四章）我分析了我国前些年大学生就业难和“民工荒”并存的问题。接着（第十五章）讨论了2008年前后中国还有多少富余劳动力的问题，指出中国的“刘易斯拐点”已经到来，中国农村那时已经没有富余劳动力了。随后（第十六章）从解决就业问题的角度测算了中国经济的目标增长率。根据我们的测算，中国每年只要保证6.5%的增长率就可以保证充分就业，这被此后几年的经济实际证实。最后（第十七章）对中国2015—2080年的长期人口和劳动力形势做了一个展望，指出中国鼓励生育已经刻不容缓。

目　录

第一篇　新供给经济学与宏观调控理论的新进展

第二篇　供求调整与“新常态”

第三篇 供给侧调整与中国的经济转型

第四篇　中国的人口、就业形势与供给侧危机

第一篇
新供给经济学与宏观调控理论的新进展

导读：本篇介绍新供给经济学以及供给管理在短期宏观调控中的应用。本篇首先提出了一个新的宏观调控理论框架，然后应用这个框架做了几个案例分析，提出了相应的政策建议。

第一章

新供给经济学：宏观经济学的一个发展方向[①]

导读：本章介绍新供给经济学的基本理论。新供给经济学最大的贡献和特点是在宏观调控尤其是短期宏观调控中引入了供给管理，并综合运用供给管理和需求管理来应对各种宏观经济问题。这就跳出了目前的宏观调控中只有需求管理一种政策的框框，拓展了宏观调控政策的种类和空间，为应对多种复杂的宏观经济形势提供了一个全新的宏观调控政策体系。

同时，新供给经济学可以从转轨国家的实践中形成新供给理论，然后在抽象掉国别特征之后，与西方宏观经济学目前的总需求理论结合在一起，就可以形成一个更好的、统一的宏观经济理论体系。因此，新供给经济学就可以成为宏观经济学发展的一个方向。

① 本章主要内容发表于《中国高校社会科学》，2016（3）。

随着“供给侧”这个词在中国变得越来越流行，“新供给经济学”成为目前学术界的一个热门话题。那么，什么是新供给经济学？对这个问题，不同的人很可能会有不同的回答。本章将说明我们对新供给经济学的理解。①

我们认为，新供给经济学最大的贡献和特点是在宏观调控尤其是短期宏观调控中引入了供给管理，并综合运用供给管理和需求管理来应对各种宏观经济问题。这就跳出了目前的宏观调控中只有需求管理一种政策的框框，拓展了宏观调控政策的种类和空间，为应对多种复杂的宏观经济形势提供了一个全新的宏观调控政策体系。因此，本章的第一节就介绍这个新的宏观调控体系。

同时，我们认为，由于西方国家长期以来面临的主要是产能过剩问题，一直试图通过需求管理来稳定经济，因此对总需求理解得比较深入，需求管理的经验也比较丰富，但由于没有面对过产品短缺的问题，因此对供给的研究就显得不够深入；而转轨国家从计划经济时代开始面临的就是商品短缺，因此如何促进供给一直是计划经济国家的主要任务，同时在转轨时期又通过包括制度变迁在内的各种措施成功地促进了供给，因此对总供给的理解应该可以更深入，供给管理的经验也很丰富。因此，如果能从转轨国家的实践中更好地理解总供给，然后在抽象掉国别特征之后，与西方宏观经济学目前的总需求理论结合在一起，就可以形成一个更好的、统一的宏观经济理论体系，并结合西方发达国家的需求管理和转轨国家的供给管理，形成一个全新的宏观调控体系。因此，新供给经济学就可以成为宏观经济学发展的一个方向。从这个意义上说，“新供给经济学”只是要补齐总供给理论欠缺的短板而已，并不是要废弃总需求理论或者总供求理论。

① 本章是对我近十年来关于供给管理的研究的一个综述，同时还在这些研究的基础上做了一些拓展。因此，本章会重述本人以前一些文章中的观点，甚至会直接引用以前作品中的部分内容。直接引用的部分我会注明。

本章分五节。在第一节，我主要介绍新供给经济学的宏观调控体系，依次回答以下问题：什么是供给管理？供给管理为什么可以用于短期宏观调控？短期供给管理的政策工具有哪些？供给管理和需求管理之间是什么关系，怎么组合？第二节讨论的是引入供给管理带来的好处和风险。第三节讨论供给管理为什么长期被忽视。第四节讨论新供给经济学的实践基础和理论渊源。第五节是总结。

一、从一维到二维：宏观调控体系的重大突破

(一) 供给管理为何可以被用于短期调控?

所谓“供给管理”，就是政府用于调整商品和服务供给的各种手段（除价格手段外）。在许多人的心目中，总供给决定于一个经济可用的资源总量和技术水平，而一个经济的可用资源总量和技术水平是个存量，在短期内难以发生大的变化。因此，供给管理被许多人认为只能用于长期调控，如促进经济增长等，在短期内则不适用。这种观点是不对的。

一个经济的可用资源总量和技术水平在短期内难以发生大的变化，因此无法作为短期调控的变量，这一点没有问题。然而，一个经济的可用资源和技术水平的利用率与利用效率在短期内却是可以发生大的变化的，也是可以通过政府政策进行调控的；而一个经济的可用资源和技术水平的利用率与利用效率则取决于经济活动的参与者所面临的激励，而生产者的激励却是可以随时变化的（Laffer，1983），而且是可以由政府通过财政、货币、制度变迁等方式在短期内改变的，因此供给管理在短期宏观调控中是可以使用的。

在人类历史中，供给管理源远流长，从微观到宏观、从超短期

到超长期均有使用，而且使用得远比需求管理频繁，就连现代也是如此。长期供给管理的例子很多，在此举几个超短期供给管理的例子，这些例子的着眼点都是相关人员的积极性或者激励。

在任何微观管理中，管理者面临的最大问题就是如何调动下属及相关各方的积极性。企业管理中的各种奖惩制度针对的就是相关人员的积极性。一旦积极性被调动起来，生产效率就会大幅度提高，资源就能够得到有效利用，供给就会增加。

在这一方面，中国历史上有许多大家耳熟能详的例子。“破釜沉舟”和“背水一战”两个经典战例都是把士兵逼到绝路，使其只能死里求生，从而爆发出巨大的潜力，取得战斗的胜利。而“四面楚歌”则是瓦解对方的士气、使其丧失斗志，从而取胜的例子。这些都是短期供给管理。

有人可能会说，你举的都是微观的例子，而你谈的却是宏观调控。实际上任何宏观经济政策（包括需求管理在内）都得落实到微观当事人的活动上才能达到预期的效果，所以针对微观当事人的政策如果对全局的影响足够大，那就是宏观经济政策了。比如上面我们说的“破釜沉舟”、“背水一战”、“四面楚歌”等几个例子，虽然都是针对一场战役，看似微观事件，但影响的却是当时的国际形势和中国的历史进程，如果这都算不上宏观政策，世界上就没有宏观政策了。

中国共产党的思想政治工作也是供给管理的一种，而且常常被用于短期管理。在中国共产党的历史上，思想政治工作起到了巨大的作用。中共中央《关于建国以来党的若干历史问题的决议》指出，“思想政治工作是经济工作和其他一切工作的生命线”，并强调这是“具有长远意义的重要思想”，“党的思想政治工作的根本任务，是……启发人们的思想政治觉悟……提高改造世界的能力”（中共中央，2016）。这是典型的通过调节激励进行的供给管理，而这种供给管理的政策工具，即思想政治工作的方法，包括：说理教育、情感教育、形象教育、典型示范、表扬批评、身教率先、寓教于乐、自我教育（中共中央，2016；见专栏 1）。

专栏1　党的思想政治工作

党的思想政治工作指党开展的解决人的思想、观念、政治立场问题，提高人们思想觉悟的工作。思想政治工作是党的工作的重要组成部分，是经济工作和其他一切工作的有力保证。1955年，毛泽东提出了“政治工作是一切经济工作的生命线”的科学论断，这是对思想政治工作的地位和作用的形象概括。中共中央《关于建国以来党的若干历史问题的决议》充分肯定了这一论断，指出：“思想政治工作是经济工作和其他一切工作的生命线”，并强调这是“具有长远意义的重要思想”。

党的思想政治工作的根本任务，是用马克思列宁主义、毛泽东思想、中国特色社会主义理论体系教育党员和干部，教育广大人民群众，启发人们的思想政治觉悟，纠正人们的错误立场和错误认识，使人们确立正确的立场、观点，掌握正确的思想方法和工作方法，并通过反复的实践，使人们的认识不断深化，提高改造世界的能力。党的思想政治工作最根本的目的，在于提高人们认识世界和改造世界的能力，在改造客观世界的同时，改造自己的主观世界。改造主观世界，有两个方面的基本内容：一是思想意识的改造；二是思想方法的改造。前者属于提高思想觉悟问题，后者属于提高认识能力问题。概括地说，就是用中国特色社会主义理论体系和党的方针政策教育干部和广大群众，启发和提高人们的思想觉悟与认识能力，更好地为社会主义现代化建设贡献力量。党的思想政治工作具有鲜明的党性和阶级性、实践性和群众性、广泛性和针对性。

党的思想政治工作的内容主要有两大方面，一是进行系统的共产主义和中国特色社会主义思想教育，就是用共产主义和中国特色社会主义的理想、信念、精神和道德来教育、培养社会主义和共产主义新人；二是进行日常和适时的各项专题思想教育。党的思想政治工作必须服从和服务于党的中心工作。思想政治工作和经济工作及其他一切业务工作的关系不是领导和指导关系，而是服务和保证

关系，即为经济工作和其他一切业务工作服务，保证经济工作和其他一切业务工作的社会主义性质和方向。

思想政治工作必须坚持以疏导即说服教育为主的方针。我们党在长期的思想政治工作实践中，创造出了许多行之有效的方法，其中主要和常用的有：说理教育，即讲道理，运用道理的逻辑力量使人们信服，提高人们的思想认识水平；情感教育，即以情感人，寓理于情之中；形象教育，即通过各种艺术形式教育人，陶冶人的情操，进行思想教育；典型示范，即树立有代表性的先进单位、先进人物作为榜样，以引导和教育广大群众；表扬批评，即通过对人们的某种思想或行为给予肯定、褒奖或否定、贬斥的办法，达到引导人们的思想和行为的目的；身教率先，即以模范作用来带动和教育群众；寓教于乐，即把思想政治教育渗透到群众性的文化娱乐活动中去；自我教育，即引导广大群众在日常的工作实践和社会生活中逐步树立正确的、进步的思想，提高思想认识水平和文化道德水平。党的思想政治工作的实践是十分丰富而生动的，往往不是一种方法的单独运用。要针对新时期思想政治工作的特点和各个不同的对象，采取各种有效的形式和方法，生动活泼地开展思想政治工作。

资料来源：中国共产党新闻网，http://dangshi. people. com. cn/GB/165617/173273/10415194. html，2016-02-01。

上述例子表明，人的积极性是可以瞬息万变的，而且是可以由政府或者其他人或机构调控的。如果这种调控面对的是经济问题，就是对经济的调控。实际上，不管是军事、政治还是别的什么活动，其实都是各种形式的生产活动，因而可以理解为经济活动。因此，供给管理完全可以被用于短期宏观调控。

（二）供给管理政策的工具[①]

供给管理的目的就是提高产量或者降低成本，着眼点在于调节

① 本节的主要内容来自苏剑（2015）。

生产者面临的激励，调动其积极性。生产者面临的激励可以分为两类，一类是物质刺激，一类是精神刺激。在经济学中，我们一般多考虑物质刺激，因此就只考虑那些能够降低企业的平均成本的经济因素。供给管理政策就是使得企业的平均生产成本下降且能够被政府控制的那些因素。供给管理政策的工具有以下几种。

（1）技术进步。许多人认为技术进步是长期的事情，对短期宏观调控没有用。实际上，对于一些特定国家而言，技术进步可以很快，比如技术上比较落后的经济，这些经济可以通过学习和模仿迅速提高自己的技术水平，因而在短期内可以影响宏观经济的运行。但对于美国这个处于世界科技前沿的国家，技术进步在短期内的作用可能会慢一些。但现在也有一些宏观经济学理论，比如真实经济周期理论，认为技术可以在短期内发生变化，因而导致经济波动。

（2）制度变迁。同样，对于许多制度较为成熟或者制度变迁难度较大的国家而言，制度是个慢变量。但对于中国这样处于转轨过程中且政府倾向于改革的国家，各个特定领域的改革可以很快，因而可以在短期内对经济产生影响。比如20世纪80年代初中国农村的家庭联产承包责任制。

（3）调节税收。调节税收相当于调节企业的生产成本，同时也影响生产者的激励，因此可以用于短期调控。

（4）调节要素成本。通过科技进步引入新的原材料或能源，或者通过对外开放引入国外资源可以降低相关要素的价格，从而降低要素成本。通过资源税或者其他形式的税收，可以调节相关资源的使用成本。这些可以对短期总供给产生影响。

（5）鼓励产品创新。新产品的出现可以给经济创造新的供给，同时创造新的需求。因此这同时是供给管理政策和需求管理政策。新产品刚引入市场时，对消费者的边际效用往往很大，因此需求很大，相应的供给也是有效供给。

（三）供给管理与需求管理的组合[①]

既然需求管理和供给管理均可用于短期宏观调控，那么二者之间应该如何组合呢？理论上，二者之间的组合可以有四种：双扩张；双紧缩；需求扩张、供给紧缩；以及需求紧缩、供给扩张。在实际应用中，具体采取什么组合，应该考虑两个方面的因素，一是供给管理政策和需求管理政策的相对有效性，二是经济失衡出现的原因。一般而言，当然应该首选有效性相对较大的政策。然后，如果供给管理政策和需求管理政策均有效，应该尽量用需求管理对付需求冲击，用供给管理对付供给冲击（刘伟、苏剑，2007）。

需求管理与供给管理都是宏观调控的手段。二者的历史都源远流长，但在不同的历史时期，宏观调控对二者的倚重不同。在古代，生产力低下，物资贫乏，如何增加生产、促进供给就是那时的主要任务，所以供给管理在古代是主要的宏观调控手段。但需求管理在古代也没有被忽视，由于那时物资贫乏，所以古代需求管理的重点就是抑制需求。中国“勤俭建国”、“勤俭持家”的传统实际上就兼顾了需求管理和供给管理：“勤”的目的是促进生产，属于扩张性供给管理政策；“俭”的目的是降低消费，尤其是杜绝浪费，属于紧缩性需求管理政策。因此，“勤俭”的意思就是供给扩张、需求紧缩这样的宏观经济政策组合。

在中国古代历史上，供给管理的成功案例之一就是春秋战国时期管仲对齐国的治理。为了齐国的富强和齐桓公的霸业，管仲采取了大规模的供给管理措施。据《管子·大匡》所述：“桓公践位十九年，弛关市之征，五十而取一。赋禄以粟，案田而税，二岁而税

① 本节部分内容摘自苏剑（2010）。

一，上年什取三，中年什取二，下年什取一；岁饥不税，岁饥弛而税。”意思是说，在齐桓公在位的19年中，将关税税率和商业税率降至2%，农业税按土地面积征收，且改为两年征收一次；收成好时农业税税率为30%，收成中等时税率为20%，收成差时税率为10%，收成再差就免去农业税。这些税收相对于当时其他国家来说已经很轻了，这种扩张性的供给管理政策有力地促进了齐国经济的发展，为齐国的迅速崛起奠定了经济基础，齐桓公也因此成为“春秋五霸”之首。

到了近代，随着资本主义经济的发展，人类的生产力突飞猛进，就出现了生产过剩的现象。到现在，包括中国在内的大部分国家都存在产能过剩的现象，因此需求管理的重要性就越来越大。

刘伟、苏剑（2007、2014），苏剑（2011、2012）是综合运用需求管理和供给管理解决宏观经济问题的四个案例。刘伟、苏剑（2007）研究的是2007年前后中国面临的宏观经济问题，针对当时需求管理遇到的问题和当时中国宏观经济形势的复杂性，他们提出了引入扩张性供给管理的建议，与扩张性需求管理配合。苏剑（2011）分析了2010年前后中国出现通货膨胀的原因，指出当时中国的通货膨胀是需求拉动和成本推动共同形成的，也就是中国出现了需求扩张、供给紧缩的局面，因此建议采取需求紧缩、供给扩张的政策组合。苏剑（2012）分析了滞胀的问题，指出用扩张性供给管理对付滞胀，可以同时解决“滞”和“胀”的问题，比需求管理效果好。刘伟、苏剑（2014）对2015年中国的经济形势做了分析，认为由于国际油价大幅度下跌以及改革效果显现，同时房地产投资增速下滑等，将导致中国出现需求萎缩、供给扩张的局面，同时中国还面临调结构、转方式的任务，因此建议2015年中国采取需求扩张、供给紧缩的政策。

专栏 2　2016 年中国的宏观经济政策组合

宏观调控体系新突破：需求管理和供给管理的二维政策体系

——2015 年中央经济工作会议解读

本次中央经济工作会议的一大亮点是在宏观调控中综合运用需求管理和供给管理。这就突破了以前在宏观调控中仅依靠需求管理的做法，使宏观调控从仅包括需求管理的一维政策升级为同时包括需求管理和供给管理的二维政策体系，形成了一个全新的宏观调控体系。在该政策体系下，首先确定供给管理政策和需求管理政策之间的组合，然后确定供给管理政策内部和需求管理政策内部具体政策工具的组合。

这次会议以发展为第一要务，针对 2016 年的经济形势以及稳增长的政策目标，提出了需求、供给双扩张的政策组合。虽然二者都扩张，但扩张的力度不一样，需求方面是适度扩张，而供给方面则扩张力度较大，因此是以供给扩张为主的双扩张政策组合。

本次中央经济工作会议在供给方面总体是扩张的，但扩张中有紧缩。中央经济工作会议提出的供给扩张的政策有：(1) 帮助企业降低成本。具体措施包括通过改革降低交易成本、降低企业税费成本、降低社会保险费、降低企业财务成本，通过电价市场化改革降低企业用电成本，通过流通体制改革降低物流成本等等。(2) 扩大有效供给。具体措施包括支持企业技术改造和设备更新，降低企业债务负担，培育发展新产业，加快技术、产品、业态等创新，补齐软硬基础设施短板，提高劳动者对新的市场环境的适应性，以及保障农产品有效供给等等。(3) 调动各类人才、各级政府、各级干部的积极性、主动性、创造性。(4) 鼓励双创，改进资源配置，提高全要素生产率。

在供给扩张的总体态势下，同时采取供给紧缩的方式化解过剩产能。具体措施包括：(1) 通过兼并重组和破产清算等手段，积极稳妥地化解产能过剩。(2) 严格控制增量，防止新的产能过剩。

需求管理政策内部的政策组合的总体思路是财政扩张、货币稳健，此外还采取了其他扩大需求的措施。具体政策包括：(1) 在财

政政策方面，逐步提高财政赤字率，适当增加必要的财政支出和政府投资；(2) 货币政策稳健但灵活适度；(3) 通过城镇化、户籍管理制度改革、发展住房租赁市场、鼓励开发商降价、取消过时的限制性措施等措施扩大住房需求，化解房地产库存；(4) 通过创造有效供给来扩大消费需求。

因此，针对2016年的经济形势和政策目标，本次中央经济工作会议从供给和需求两个方面提出了政策建议，反映了中国政府在短期宏观调控体系方面的新突破，这构成了本次中央经济工作会议精神的一个亮点。

实际上，世界各国现有的宏观调控体系中仅有需求管理政策，主要原因是宏观经济政策体系的理论基础依然是半个多世纪以前形成的凯恩斯主义需求理论，这个理论对总供给的理解非常贫乏，因此也就没有供给管理政策。现在，宏观经济学已经发展到了总供求模型，人们对总供给的理解也越来越深刻，但宏观调控理论体系依然停留在50多年前，显然表明宏观调控体系的发展严重落后于宏观经济学理论的发展。随着宏观经济学理论的发展，供给管理政策迟早会被引入短期宏观调控。本次中央经济工作会议公报中采用的宏观调控政策体系恰恰是对需求管理和供给管理的综合运用，体现了对宏观调控体系的深刻理解。

资料来源：光明网理论频道，http://news.xinhuanet.com/politics/2015-12/22/c_128556315.htm，2015-12-22。

二、供给管理的优缺点

(一) 引入供给管理带来的好处

首先，便于应对多目标调控，尤其是治理滞胀。引入供给管理

之后，宏观调控就可以同时应对多个宏观经济问题。比如，面对滞胀这样的难题，如果用需求管理政策对付，就会顾此失彼。而如果用供给管理，则非常简单。滞胀无非就是成本推动型通货膨胀，既然是成本上涨推动的，那么很简单，通过供给管理如给企业减税把成本再降回去就好了。

其次，便于结构调整。需求管理主要是总量政策，在调结构方面效果很差。而供给管理政策在这一方面效果就很好，因为它可以直接作用于调控目标。产业政策实际上就是一种供给管理政策，针对特定产业的优惠政策或者限制政策有助于鼓励或者抑制这些产业的发展，从而调节产业结构，比如我国曾经实施过对高新技术产业的扶持政策。区域经济政策也一样，针对特定地区的优惠措施也有助于该地区的发展，比如中国改革开放过程中的经济特区。供给管理也可用于调节所有制结构，有助于推进所有制改革。对不同所有制经济的不同政策直接影响着相关企业的发展，比如中国曾经禁止非国有企业尤其是私有企业的存在和发展，也曾经对外资企业有过很强的优惠政策，到现在国家对国有企业依然情有独钟。

最后，便于应对全球化。[①] 经济全球化是当今世界的一个潮流。然而，经济全球化却使得传统的需求管理政策在宏观经济调控中的效果越来越差。从货币政策方面来看，在资本流动性不断增强的情况下，一个国家的货币政策的独立性越来越弱。假定为了抑制通货膨胀，一个国家的货币政策当局提高利率以降低总需求。如果该国采取的是浮动汇率制，那么“热钱”就将流入以套取汇率升值的好处，“热钱”的流入会导致汇率的大幅波动，不利于该国宏观经济的稳定；如果该国采取的是固定汇率制，那么该国利率的上升会吸引外国的资金进入本国，在资本具有完全流动性的极端情况下，这些外资的流入会完全抵消该国货币政策的效果，使利率维持在原来水平不变。

---

① 本小节来自苏剑（2007），略有改动。

从财政政策的效果来看，经济全球化使得国际贸易的障碍和成本越来越小，商品的国际流动也越来越容易，从而财政政策的效果也会减弱。比如，假定一个国家希望通过减税的方法来增加总需求。在国际商品流动性很强的情况下，减税后老百姓的可支配收入会增加，但购买的东西可能是外国货，而不是本国货。结果，本国减税的结果是刺激了外国的总需求，而不是本国的总需求，对本国经济的效果当然会减弱。

而供给管理则不同。供给管理政策调节的是本国的生产者，因此不论是从政策的效果看还是从政策的受惠者来说都对本国有利。就政策的效果来说，一国政府对本国企业的控制力总要大一些，调控的手段也可以多种多样，因此政策的效果要更大一些，政府对政策效果的不确定性也要小一些。就政策的受惠者来说，在世界经济全球化程度不断加深的情况下，扩张性需求管理政策的受惠者很可能是外国人，比如增加转移支付可能会导致本国消费者进口的增加，而不是对国产消费品需求的增加；而扩张性供给管理政策的受惠人就是本国企业，比如降低企业的各种税收会导致企业税后盈利增加，直接受惠人是本国企业，然后企业受此刺激，就会增加产出、降低价格，企业的竞争力就会增强。

从政策的独立性来看，供给管理政策的独立性也远远高于需求管理政策。其原因就在于需求管理政策的效果与资本和商品的国际流动性的效果相反，而供给管理政策的效果与资本和商品的国际流动性的效果恰恰是一致的。在资本和商品的国际流动性不断增大的情况下，任何形式的宏观经济政策都会导致资本和商品的国际流动。而这些流动的结果会削弱甚至完全抵消需求管理政策的效果，比如货币政策，如果中央银行提高利率，那么外资就会进入，随着外资的进入，本国的货币供给就会增加，从而降低利率，在外资流入很大的情况下，中央银行紧缩经济的努力就会完全被外资流入抵消，从而其提高利率的政策目的就无法实现。而供给管理政策的效果恰恰受到资本和商品的国际流动性的加强。比如降低企业所得

税，这种手段本就是为了刺激企业扩大生产，资本的国际流动会使得外资在低税率的吸引下流入本国，从而促进本国的生产，而商品的国际流动又会使得本国产品更易于进入国际市场，从而扩大本国产品的销路。

（二）运用供给管理时要防止陷入计划经济①

供给管理政策针对的是生产者，因而政府的政策可以直接影响到国民经济生产的微观单位，从而使政策干预的深入和具体程度可能高于需求管理政策，由此导致人们产生一种疑虑，即人们担心系统的供给管理最终会导向计划经济。因而，在运用供给管理时必须注重发挥市场的决定性作用，应该特别强调把供给管理政策的运用建立在充分自由的市场竞争的基础上。

因为一方面，只有市场体制的健全和完善才能在体制上鼓励竞争，从而加快技术创新，以激励效率；另一方面，只有充分尊重生产者的市场竞争的权利和责任，才能够形成对生产者充分的竞争动力和压力，在体制上形成对生产者足够的刺激和有效的约束。供给管理政策作用的核心恰恰在于有效地激励和约束生产者，以刺激效率。因此，竞争性的市场机制是供给管理政策能够有效的基本制度前提。脱离市场机制的对生产者行为的政府政策干预，很可能导致资源配置方式的行政化，导致政府对市场的替代，导致生产者竞争动力和压力的减弱，从而使供给管理政策的效率目标难以实现。

也就是说，供给管理政策是政府在承认并尊重市场竞争机制的基础上，对市场经济中的生产者所面临的激励和约束条件做出的调整，而不是对市场的否定，更不是对市场竞争中生产者权利和责任的否定。越是强调供给管理政策效率目标的实现，越需要强调市场竞争的自由和充分性。

---

① 本部分的主要内容来自苏剑（2015）。

从一定意义上可以说，计划经济是供给管理的极端形态，供给管理使用到极致，甚至是在否定市场经济体制的制度基础上运用供给管理政策，那么也就是计划经济。而计划经济在经济上的低效率是历史已经证明的，在政治上的过于集权也是众所周知的。所以，在运用供给管理政策时，应避免陷入计划经济。

三、供给管理为什么长期被忽视?①

既然供给管理可以被用于短期宏观调控，为什么西方宏观经济学中供给管理被长期忽视呢？之所以如此，我认为主要原因有三个。

第一个原因是西方宏观经济学对供给的理解不够。到现在，虽然西方宏观经济学已经发展到了总供求模型，但宏观经济学对供给的理解依然不能令人满意，也因此才出现了宏观经济学的不同流派，可以说，现在的各个宏观经济学流派的主要分歧就在于对总供给的理解方面。

西方宏观经济学之所以出现这样的局面，我认为主要是因为西方经济学是以西方经济尤其是美国经济为基础建立起来的理论，而西方发达经济面临的主要问题是产能过剩。面对产能过剩，只有两个解决办法，一是减少产能，二是扩大需求。而通过政府政策来减少产能往往是做不到的事情，尤其是当减少产能会导致失业的时候。因此，西方宏观经济学应对产能过剩的办法就只剩下扩大需求。这样，需求管理就成为西方宏观调控的主要手段。而且由于西方没有面临供给不足的问题，所以对总供给的研究就不够深入。

而中国这样的发展中国家尤其是前计划经济国家以前曾经面临

① 本部分的主要内容来自苏剑（2015）。

严重的商品短缺问题，尤其是一些国家曾经出现过严重的大饥荒，出现过大量人口被饿死的惨剧，所以如何促进供给就是这些国家宏观调控的主要目标。因此，这些国家对总供给的理解就要深入得多，对于如何促进供给就有独特的经历和经验，因此，要理解总供给，就需要从这些国家入手。

我认为供给管理长期被忽视的第二个原因是西方发达经济缺乏适当的供给管理政策工具。对于西方发达经济来说，各项制度是成熟的、稳定的，所以在短期内没有制度变迁的空间；技术上也处于世界科技前沿，从别的国家学习和模仿的空间很小，基本上只能通过自主研发实现科技进步，往前每走一步都很艰难，所以技术进步和产品创新也无法作为其短期政策工具；西方发达经济一般情况下开放程度较高，原料、能源基本上都是国际定价，所以政府也无法调控；减税在西方是一件很重要的事情，从相关提案被提交到减税方案被通过，往往需要很长时间，而且难度很大，所以不能频繁采用。因此，缺乏可以频繁使用的政策工具就成为供给管理被长期忽视的第二个原因。

供给管理被长期忽视的第三个原因可能来自宏观经济学的起源。作为宏观经济学的开山鼻祖，凯恩斯提出了并非常注重需求管理，这可能就导致了人们对供给管理的轻视。实际上，凯恩斯考虑的是，当大萧条出现的时候，有效需求不足，需要通过降低工资来恢复均衡，但由于工资刚性的存在，工资无法降低，所以劳动力市场无法自动实现均衡。而工资降低恰恰是供给侧调整，既然这个时候供给侧调整很难，就只有依靠需求管理了。

四、新供给经济学的实践基础和理论渊源

如前所述，西方宏观经济学对需求理解较好，对供给理解不

好，因此，深入理解供给就成为宏观经济学发展的一个重要方向。实际上，现在西方宏观经济学已经发展到了总供求模型，但是，宏观调控体系的理论基础还停留在 60 年前提出的 *IS-LM* 模型，只有需求管理政策。既然已经有了一个更完善的宏观经济学理论框架，那么宏观调控体系就该以这个框架为基础来重新安排。因此，在宏观调控体系中引入供给管理就成为顺理成章的事情。问题的关键是要破除人们的如下观念：供给管理只能用于长期宏观调控，不能用于短期宏观调控。在这个观念被破除之后，剩下的问题就是一个很重要的理论问题：既然西方国家对总供给理解得不好，那么怎么才能理解好呢？宏观经济学中的总供给理论应该是个什么样子呢？

关于总供给的新理论，到现在还没有形成。这将是今后宏观经济学发展的一个可能的重要方向。在这里，我想就如何发展新供给经济学做一个讨论，主要讨论的问题是：新供给经济学的实践基础是什么？新供给理论的理论渊源又是什么？

（一）新供给经济学的实践基础

如前所述，西方国家对总需求理解较好，中国等发展中国家对总供给理解得较好，于是，我们就可以从西方发达经济的实践理解总需求，从发展中国家的实践理解总供给，二者综合起来，在抽象掉二者各自的特异性之后，就可以形成一个统一的总供求模型和一套完整的、具有相当大的普适性的宏观经济理论，这就为宏观经济学的进一步发展提供了一个方向。同时，将西方国家的需求管理和中国的供给管理的经验结合起来，就可以形成一套同时包括需求管理和供给管理的全新的宏观调控体系，实现宏观调控从只有需求管理的一维空间进入结合使用需求管理和供给管理的二维空间的转变。因此，引入供给管理并不意味着要放弃需求管理，需求管理仍然是宏观调控的重要手段。引入供给管理只不过是引入了一种新的

宏观调控方式。二者的结合能够解决现实世界中存在的多数问题，同时进行多目标管理。

新供给理论的实践基础只能是出现过长期商品短缺的经济。问题是研究的动因，没有问题就不会有研究；存在商品短缺这样的问题，才会研究为什么会这样，怎样消除它。因此，要研究总供给，就只能以这样的经济为基础。

中国就是这样一个国家。从 1956 年工商业的社会主义改造完成起直到 20 世纪 80 年代中期，中国面临的一直是商品短缺问题，期间经历过严重的大饥荒，“文化大革命”后期国民经济更是濒临崩溃的边缘。

新中国成立以来，中国的制度就在经历不断的剧烈变迁。工商企业的国有化、农村集体化、反右、“文化大革命”，以及后来的各种改革，对中国生产者的激励时时刻刻都产生着巨大的影响，从而影响中国的总供给。直到现在，中国的改革还没有完成，全面改革依然是中国目前面临的重大任务，可以预期，每项改革措施都将影响到生产者的激励。因此，在新中国成立以来的 60 多年历史中，供给管理一直是中国宏观调控的主要手段，尤其是在计划经济时期，计划经济作为供给管理的极端状态，被用到了极致，并导致了商品短缺的出现。目前中国采取的是供给管理和需求管理同时运用的政策组合（见第三章到第七章）。具体到 2016 年，中国采取的是供给、需求双扩张的政策（见专栏 2）。

其他转轨国家也一样，都经历过长期的商品短缺，也都有着丰富的供给管理的实践。这些国家的实践可以为研究供给管理提供丰富的素材。

（二）新供给经济学的理论渊源

既然新供给理论要以转轨国家的经济实践为基础，那么新供给理论的理论渊源当然也应该主要以这些国家的理论以及对这些国家

的实践的解释为基础，同时兼顾西方宏观经济学中关于供给的成果。因此，新供给经济学的理论渊源有三个：社会主义政治经济学、现代制度经济学和美国供给学派。

1. 社会主义政治经济学

社会主义政治经济学就是从激励开始的。该理论认为，在社会主义制度下，劳动者翻身成了主人，不再受剥削，享受自己的所有劳动成果；在资本主义制度下，工人为资本家干活，在社会主义制度下，工人是为自己干活。因此，在社会主义制度下，工人的积极性就很高，这就最大限度地解放了生产力。该理论强调资本和劳动之间的关系，在资本主义社会，劳动和资本是对立的，因此，劳动者的积极性不高，生产力没有得到释放；而在社会主义制度下，生产资料是公有的，劳动者是生产资料的所有者，因此资本和劳动之间是统一的，劳动者的积极性很高，生产力就得到了最大限度的发挥。

因此，社会主义政治经济学主要从激励机制来探讨供给方面的问题，所以是典型的供给理论，可以作为构建新供给理论的一个出发点或者参照点。

2. 现代制度经济学

经济转轨的过程就是重塑激励机制的过程。在计划经济下，"大锅饭"、无偿调拨、"铁饭碗"、"铁交椅" 等等破坏了激励机制，导致了商品短缺。于是，在转轨经济学中，激励问题就是其核心。而博弈论和信息经济学的引入，为研究不同制度下人们的激励和经济行为提供了良好的研究方法。

市场机制解决了个人利益和社会利益的相容问题，而计划经济下个人利益和社会利益是不相容的，为了社会利益往往需要牺牲个人利益，导致领导者的积极性下降，产出低下。制度经济学从监督、信息、交易成本等角度研究各种制度的起源与演变过程，以及对经济绩效的影响。因此，制度经济学，尤其是研究制度变迁的转

轨经济学，就可能成为理解总供给的一条思路。

3. 美国供给学派

20 世纪 80 年代美国的供给学派关注的也是供给侧。当时美国面临滞胀的问题，而注重需求管理的凯恩斯主义经济学束手无策。实际上，滞胀就是成本推动型通货膨胀，当时的成本推动主要是石油危机导致的石油价格大幅度上涨。因此，是由石油价格上涨导致的成本增加，这就能够解释为什么会出现通货膨胀与失业率同时都高的现象。供给学派正是从这一角度理解和解决滞胀问题的，因此是正确的。

与凯恩斯主义经济学相比，供给学派在西方宏观经济学中重新引入了总供给，是一大进步。后来，凯恩斯主义经济学从 *IS-LM* 模型推导出总需求，从菲利普斯曲线推导出总供给，形成了总供求模型，不能说跟供给学派毫无关系。

但 20 世纪 80 年代的供给学派主要谈的是政策问题，在理论方面除了强调供给以外没有多少建树。在政策方面，美国供给学派主要考虑减税、放松政府管制等政策。相对于中国这样的转轨国家来说，美国供给学派缺乏供给管理的实践支撑，供给管理的政策理论就显得单薄，其政策工具也就显得太少，而且供给管理政策和需求管理政策的组合方面也基本上没有涉及。尽管如此，美国供给学派及其实践作为新供给经济学的一个渊源，可以使得新供给经济学在西方发达市场经济中也能找到实践基础。

五、总结：宏观经济学未来的发展方向

本章虽然在供给管理方面做了一些研究，但离提出新的供给理论距离还很远。西方宏观经济学在供给理论方面的欠缺呼唤着供给

理论方面的创新，而转轨国家供给管理的实践又能够为研究供给理论提供丰富的素材和案例。实际上，到目前为止，转轨经济学的研究已经相当深入，取得了大量的成果，要说这些成果研究的不是宏观经济问题，显然是不对的。既然如此，这些理论如何融入现有的宏观经济学理论中？如何理解转轨国家尤其是中国的经济实践，是当今宏观经济学面临的一大挑战；而对这些国家的研究所形成的理论，应该怎么跟西方宏观经济学的现有理论整合在一起，又是一大挑战。

因此，宏观经济学的一个可能的发展方向，就是通过理解影响总供给的因素，尤其是激励的变化对总供给的影响，从转轨国家的经济波动史和供给管理的实践中得出一个新的供给理论，跟西方宏观经济学中的总需求理论结合在一起，抽象掉不同经济的差异对经济理论的影响之后，就可以形成一个完整的、普适性强的宏观经济理论体系，再在此基础上发展出一个包括供给管理和需求管理的新的宏观调控理论体系和政策体系。

参考文献

［1］Arthur B. Laffer. "Introduction", in Victor A. Canto, Douglas H. Joines, and Arthur B. Lafer (eds.), *Foundations of Supply-Side Economics: Theory and Evidence*, New York: Academic Press, 1983

［2］刘伟，苏剑. 供给管理与我国目前的宏观调控. 经济研究，2007（2）

［3］刘伟，苏剑. 良性与恶性"通缩"冲击下的中国经济增长和宏观调控——对近期中国经济趋势的考察. 经济学动态，2014（12）

［4］苏剑. 供给管理：全球化条件下宏观调控的主要手段. http://sujianbu.blog.sohu.com/45696306.html,2007-05-12

［5］苏剑. 宏观经济学（中国版）. 北京：北京大学出版

社，2010

［6］苏剑．中国目前的通货膨胀：特点、成因及对策．经济学动态，2011（1）；本篇文章被*China Economist*全文翻译并转载于2011（4）

［7］苏剑．如何治理“滞胀”?．北京行政学院学报，2012（1）

［8］苏剑．从一维空间到二维空间：供给管理与宏观调控体系的新突破．光明日报，2015-12-13

［9］中共中央．2016．关于建国以来党的若干历史问题的决议．中国共产党新闻网，http://dangshi.people.com.cn/GB/165617/173273/10415194.html，2016-02-01

第二章

全面改革是中国经济长期健康发展的前提

导读：新供给经济学在引入供给侧的同时，并没有放弃需求侧；同样，新供给经济学在强调供给管理在短期宏观调控中的作用的同时，也没有忘记其在长期宏观调控中的作用。本章就是新供给经济学在中国的长期宏观调控方面的一个应用。中国现在强调供给侧结构调整和改革，但是，改革不仅有供给侧改革，还有需求侧改革。本章分析了中国的中长期经济形势，指出中国经济需要同时进行供给侧改革和需求侧改革，单纯强调一个方面的改革是不够的，中国需要全面改革。本章从供求两侧讨论了中国进行全面改革的必要性。

近来，关于中国经济是否能够持续增长的问题，国内外学术界和社会各界都展开了热烈讨论。尤其是关于中国经济进入“新常态”的共识形成之

后，看空中国经济的观点越来越流行。但这些讨论基本上都是从供给的角度来进行的，也就是主要围绕潜在增长率的变化来展开讨论。实际上，不管中国未来的潜在增长率如何，中国未来每年面临的问题都将是产能过剩。因此，约束中国经济增长的因素主要来自需求一边。本章首先讨论中国供给侧面临的问题和需要的改革，然后讨论需求侧面临的问题和需要的改革。综合二者，可以得出结论：中国需要全面改革。

一、我国供给侧改革的意义和内容

（一）我国为什么现在强调供给侧?

我国现在强调供给侧，一方面是因为我国具有供给管理的政策工具和经验，另一方面也是因为中国经济目前的发展阶段和制度、技术环境等要求中国进行供给侧的结构调整。供给侧改革、供给侧调整等等都是供给管理的政策工具和管理方式，因此，强调供给侧实际上就是强调供给管理。

首先，扩大消费需要供给管理来创造有效供给。目前我国面临产能过剩的局面，所以扩大需求尤其是消费需求就是我国目前面临的重要任务。我国消费者在国外的购买行为表明，我国是有巨大的消费需求的，但我国却没有相应产品的有效供给。有些产品我国具有足够的生产能力，但要么因为我国生产厂家缺乏职业道德致使国人对国产货不信任，比如毒奶粉，要么因为国内价格过高，尤其是部分国产货在国内的价格居然高于国际价格，结果导致我国消费者宁愿去国外消费。另外，中国的消费升级也要求供给侧调整。中国已经是上中等收入国家，随着中国经济的发展和人们收入水平的提高，中国消费者对产品的质量要求大幅度提高，这集中体现在中国消费者在国外大举购买奢侈品的行为上。如果中国自己能够生产这类消费品，中国消费者就不

需要出国去购买，这种对进口货的需求就转化为对国产货的需求。

其次，经过 30 多年的高速增长，我国的要素禀赋结构也发生了巨大的变化，从劳动力富裕、资本稀缺的国家变成了劳动力短缺、资本相对富裕的国家，技术水平也有了大幅度的提升。这些都要求我国进行供给侧的调整，包括技术、产品结构、制度等方面的调整。

再次，部分过剩产能也需要淘汰。解决产能过剩问题，既可以通过扩大需求，也可以通过减少供给来应对。我国以前曾经通过限产压锭的政策减少了纺织业的低端过剩产能，现在也可以考虑压缩钢铁、水泥、煤炭等产能过剩行业的产能。但是，在通过供给管理淘汰落后产能时，尽量不要采取行政手段确定被淘汰的产能，而是通过提高环境标准、质量标准、生产安全标准等方式来淘汰落后产能。这种方式能够最大限度地控制人为因素的干扰，消除寻租空间，避免“劣币驱逐良币”现象的发生。

最后，现在中国需要实现从关注需求数量到关注需求质量的转变。传统的凯恩斯主义政策注重需求数量，不关注需求质量。就货币政策来说，传统的货币政策是通过降低利率来刺激投资的，其结果是，随着利率的降低，投资的预期收益率越来越低，即投资的质量越来越差。如果此后利率突然上升，那么这个政策刺激出来的劣质投资就会亏损，相关贷款会成为烂账，烂账规模如果太大就会引发金融危机。实际上，这次美国金融危机就是这么来的。而供给侧调整针对的是消费者本来就有但未被我国供给满足的需求，这种需求本来就是优质需求，因此这种需求的增加有助于保证经济的长期健康发展。

（二）从结构调整的角度谈供给侧改革[①]

1. 产业向高端服务业升级是中国经济的长期趋势

中国目前已经是上中等收入国家。2014 年中国人均 GDP 为

---

① 本节主要内容摘自苏剑：《从高端服务业升级看供给侧改革》，载《中国金融》，2016（1）。

7 593.88 美元[①]，2015 年估计会超过 8 000 美元。在这一发展阶段，中国的产业结构将急剧向服务业倾斜，尤其是向高端服务业倾斜。高端服务业包括医疗保健、旅游、教育、金融保险、法律、文化娱乐、研究与开发以及政府服务等等。显然，随着中国居民收入水平的提高，对高端服务的消费需求也将逐步提高，消费结构的变化就要求中国的产业结构随之调整。因此，高端服务业在中国经济中的比重也将逐步提高。因此，要实现中国经济的长期持续健康发展，就需要能够保证高端服务业的发展。

2. 高端服务业的特点

然而，跟实物商品的生产和消费相比，高端服务业的生产和消费具有两个特点。首先，高端服务的质量没有客观的标准，完全依赖消费者的主观判断。实物商品看得见、摸得着，质量标准是客观的，也是可以检测的；而高端服务的质量则完全取决于消费者的主观感受，这使得生产者处于被动的地位。其次，在高端服务的生产和消费方面，同时又存在严重的信息不对称。一般而言，就高端服务的生产来说，生产者的信息比消费者多得多。这又使得消费者处于被动地位。高端服务的这两个特点使得在这些行业很容易出现纠纷，而且在出现纠纷时不像实物商品的消费那样可以通过科学方法对商品质量进行检测，这就成为这一行业的一大特点。

以医疗行业为例。对于患者的病情以及治疗方法，医护人员拥有的信息要远远多于消费者（包括患者和患者家属）。在这种情况下，一旦治疗过程或结果令患者或其亲属产生疑惑，就可能产生纠纷。我国目前全国范围内大量发生的“医闹”开始时就是这样产生的。这就需要一个良好的纠纷解决机制。我国目前恰恰缺乏这样一个机制。目前，在纠纷发生时，用来解决纠纷的往往

---

① 参见世界银行，http://data.worldbank.org.cn/topic/economy-and-growth。

不是法律，而是患者亲属的“医闹”以及政府部门的维稳。其结果是，即使医院被砸、医生被打，政府为了维稳，往往也要求医院和医生先认输，赔钱了事。这种事情一多，就又引发了道德风险，即使患者亲属不认为医院的服务有问题，也要闹一闹，以获得一些利益。于是，“医闹”现象越来越普遍，医院和医生的权益和人身安全得不到保护，医闹和维稳就成为解决医疗纠纷的主要手段。显然，这不是一个好的纠纷解决机制。其结果是，我国培养的医学博士毕业后最想从事的职业不是当医生，而是当“药代”；医学院校的高考招生分数线越来越低；医院也穷于应付“医闹”，或者为了预防“医闹”，在遇到疑难病情时宁愿采取最为保守的疗法，以避免责任、规避风险。在这种情况下，医疗行业要想快速发展显然不太可能。

据中华医学管理学会统计，自 2002 年 9 月《医疗事故处理条例》实施以来，中国医疗纠纷的发生率平均每年上升 22.9%，有的地方高达 40%，全国平均每家医疗机构每年发生的医疗纠纷的数量在 40 起左右。2014 年情况有所好转，全国医疗卫生机构总诊疗量达 78 亿人次，相比 2013 年增加了 5 亿人次，发生医疗纠纷 11.5 万起，同比下降 8.7%。① 随着医疗服务量的增长，医疗纠纷问题仍然突出。绝大多数的医生不希望子女从医，即存在“医不过二代”现象。

在有些高端服务业，除了上述两个特点之外，还可能存在一些行业特有的特点。比如在研发和文化娱乐领域，其产品很容易被复制、盗版，因此就很容易产生纠纷，要保证这些行业的发展，就需要对知识产权给予严格的保护。在政府服务方面，政府是一个拥有暴力手段的机构，如果对其行为约束不足，就可能出现政府侵权甚至暴力侵权的现象，我国各地出现的强拆、刑讯逼供以及由此形成的大量冤假错案就是明证。

---

① 参见国家卫计委，http://www.nhfpc.gov.cn/。

3. 一些好的纠纷解决机制

因此，要发展高端服务业，就必须存在一个良好的纠纷解决机制，保证在出现纠纷时每一方的权益都能够得到合理的保护，确保供求双方的权益都能够得到保障，双方都能够通过这样一个纠纷解决机制得到公平和正义。到目前为止，在一个经济和社会中，良好的纠纷解决机制大致有以下四种。

第一种是良好的道德机制。道德机制是对当事人的一种内在约束。通过长期的道德方面的培养和熏陶，当事人就会形成一定的道德素养，在处事方式上就会遵循一定的道德准则。在职业上，就会遵从一定的职业道德规范；在日常生活中，就会遵循一定的社会道德规范。通过这种内置于当事人身心内部的强有力的道德观念，人们在解决纠纷的时候同样也会遵从一定的道德规范，从而自觉地在这个道德规范的指引下寻求适当的解决纠纷的方法。如果当事人相信对方的道德水准，那么即使出现意外也可能不会出现纠纷，纠纷就被消解于无形之中。比如，如果一个人被认为德高望重，那么其他人就不会认为他会做出什么出格的事情，即使在他涉及的事情中出现意外，人们也会认为他已经尽力，不会是疏忽或者其他人为事故，从而就不会出现纠纷。

第二种是良好的文化传统。文化传统是对当事人的一种外在约束。文化传统虽然可能是不成文的，但一旦形成，就成为当事人约定俗成的一种行为规范，约束和引导着各方当事人的行为。在解决纠纷方面，就形成了特定的方式。比如中国古代的乡绅、宗族制度中的纠纷解决方式，以及其他的民间纠纷解决机制，比如民间仲裁。

第三种是当事人之间直接的和平协商和对话。这种纠纷解决方式普遍存在于人类社会中，尤其适用于具有不同的道德规范和不同的文化传统的当事人之间。通过和平的协商、对话、沟通，可以了解事实，协调各方的立场和利益，从而有效地解决纠纷。在没有正规的纠纷解决机制存在或者通过其他途径解决纠纷的成本过高的情

况下，这是解决纠纷的有效方式。

第四种是法律。在以上各种方法都不能完美解决纠纷的情况下，法律就成为最后的手段。法律的特点在于可以通过暴力手段强制执行。这同样是一种外在的机制，由政府机关根据现有的法律来裁决和解决纠纷。因此，为了良好、有效地解决纠纷，最大限度地维护各方权益，就需要科学立法、公正司法、严格执法。三者环环相扣，任何一个环节出了问题都会使得这一纠纷解决机制失灵。

在解决纠纷方面，法律体系是最重要、也是最终的机制，因此，要想发展高端服务业，首先得建立健全法律体系。一个良好的法律体系是高端服务业发展的保证和前提条件。

同样以医疗行业为例。在中国的法律环境下，“医闹”很普遍、很猖獗，而且打医生、砸医院几乎可以不负任何责任。同样的情况在法制健全的美国就完全不一样。据报道，2015 年 11 月初，一对中国夫妇在美国的一家医院给儿子看急诊时就拿出了在中国“医闹”的做法，结果患儿父亲被警察打断胳膊，夫妻俩被递解出境，20 年内不得进入美国。①

4. 一些不好的纠纷解决机制

同样，在现代中国社会中，也还存在一些不好的纠纷解决机制。

第一种是当事人私下以暴力手段解决问题，甚至出现流血事件。比如“医闹”。现在在中国，“医闹”已经成为一种非常普遍的事情，在政府维稳的压力下，往往不问青红皂白以抚慰患者家属告终。

第二种是通过有组织的黑社会。比如现在许多地方存在的专门收账的个人或者机构，以及职业化的“医闹”组织。这些机构往往通过有组织的黑社会行为强迫一方或者多方当事人屈从别人的利

① 参见《一场发生在美国的中国医闹》，http://news.dichan.sina.com.cn/2015/11/03/1133139.html，2015-12-25。

益，而不问是非曲直。这就会留下严重的后遗症。

第三种是政府不正当作为。在解决纠纷的过程中，政府本应该是裁判员和服务员，不能偏袒任何一方。但在中国，目前往往出现政府的不正当作为。比如近年来各地很常见的“强拆”，就是政府在解决纠纷中不正当介入的一种方式。同时，政府可能会出现不作为的现象。一个突出的例子就是在不久前出现的青岛大虾事件中，店主以暴力行为危及消费者人身安全，在消费者报警的情况下，警察居然不惩处店主的暴力行为，反而要求双方协商；同样，在消费者向相关政府部门投诉时得不到及时的帮助。这些都会对纠纷的解决产生负面影响。

第四种是政府干预司法或者以维稳的形式代替司法。这种现象在中国很普遍。在出现纠纷时，正常情况下应该依靠法律来解决问题，但在中国，最终会演变成维稳问题，从而政府行政力量介入。以这种方式解决的纠纷由于缺乏法律基础，以及程序方面的缺陷，往往不能彻底解决问题，遗留问题太多。

5. 供给侧改革的核心是国家治理体系和治理能力的现代化

高端服务业将是中国经济今后的趋势。而高端服务业的特点要求经济中必须存在一个良好的纠纷解决机制，否则高端服务业将无法得到健康、持续的发展。而我国目前恰恰就缺少良好的纠纷解决机制。因此，构建一个良好的纠纷解决机制就成为中国经济持续、健康发展的前提。这就要求我国实现国家治理体系和治理能力的现代化，这种现代化的国家治理体系至少应该包括以下内容。

首先需要一个良好的道德体系和文化体系。这两个体系的存在能够从源头上解决大部分纠纷。在这两个体系解决不了纠纷的情况下，才需要和平对话和法律来解决，其中，法律是最后、也是具有强制效力的手段。因此，我国就需要构建良好的道德体系和文化体系，和平、有效、为各方所接受的民间纠纷解决机制，以及一个立法科学、司法公正、执法严格的法律体系。

其次，我们还需要消除那些不好的纠纷解决机制。这就需要打击各类暴力犯罪行为，尤其是黑社会组织，这同样需要一个良好的法律体系；同时需要规范政府行为，使其合理、正确作为，不缺位、不越位，并且要严格在宪法和法律的框架下运行。

综上所述，供给侧改革的目的就是为生产者尤其是高端服务业的生产者提供适当的政策环境、法律环境、政治环境、社会环境，以及正确的激励机制。因此，在目前阶段，供给侧改革的核心就是实现国家治理体系和治理能力的现代化，包括道德体系、文化体系、民间纠纷解决机制以及法律体系，同时需要约束政府行为，使其正当作为。

(三) 我国目前供给侧改革或调整的内容

就我国目前的供给侧改革或调整而言，应该既考虑长期，也考虑短期。因此，目前供给侧改革或调整就有如下内容。

1. 要素禀赋结构的调整

要素禀赋结构决定了一个经济的产业结构和经济增长方式（林毅夫、苏剑，2007）。要素禀赋结构决定了一个经济的要素相对价格体系，企业就根据这个要素价格体系来确定自己的产品和技术，这就决定了一个经济的产业结构和经济增长方式。因此，要想调结构、转方式，最根本的是调节要素禀赋结构。如何调节要素禀赋结构呢？

（1）劳动力。

我国今后将面临严重的老龄化和劳动力短缺问题，因此在劳动力资源的调整方面，我国首先应该实行人口政策的改革，立即彻底放弃计划生育政策，转而鼓励生育，保证劳动力资源的合理增长。其次，全面改革教育制度，加强素质教育，提高劳动力素质；尤其是加快高等教育体制的改革，为中国的基础教育树立正确的风向

标。最后，随着我国老龄化和劳动力短缺问题越来越严重，我国将不得不引进外国劳动力，因此应该改革对外籍劳工的引进和使用制度，既吸引外国劳动力，又要加强管理，设法避免出现治安等社会问题。

（2）自然资源与环境。

随着我国经济规模越来越大，自然资源也将越来越短缺，而我国的自然资源不管从数量上还是从质量上都无法满足国内经济发展的需要。因此，就需要扩大对外开放，保证中国自然资源的供应。同时要改革自然资源的使用制度和价格机制。在环境方面，要加强立法和执法，提高环境标准，确保人们生活水平和生命财产安全，以及经济活动的公平正义。同时，对土地制度进行改革，提高土地的利用率和利用效率。

（3）资金。

随着经济的发展，我国的资金越来越充裕，目前逐步向资金密集型国家过渡，因此，中国应该进行对外投资体制和外汇管理制度方面的改革，方便中国企业的对外投资。同时，随着中国经济资金密集程度的提高，金融深化将加剧，对契约的要求和实施就越来越强烈，因此应该加强法制建设，全面深化改革和全面推行依法治国。同时，还要进行金融体制改革，提高资金的利用效率。

（4）技术。

最近30多年时间里，中国的科学技术水平有了大幅度提高，但随着中国经济老龄化和劳动力短缺问题的加剧，我国经济增长对科技进步的依赖将越来越大，而且随着我国后发优势的减弱，未来我国的科技进步将不得不越来越多地依赖于自主创新。因此，就需要在人才的培养和使用方面进行改革，加快科技人才的培养，并提高科技人才的积极性。这就要求对教育体制和科技体制进行改革，给科技人员提供公平、公正、透明的科研环境，并加大科技投入，改革科技投入的申请、使用制度，提高投入使用

的效率。

2. 结构调整

结构调整虽然是一个长期的事情，但在目前面临产能过剩的情况下，同时也是一个短期问题。首先需要去产能。中国目前需要淘汰过剩的低端产能。这些产能的淘汰，应该主要靠市场自然淘汰，也可以通过提高环保标准、质量标准、生产安全标准等等来进行，但不要通过行政手段进行，否则会导致寻租、腐败，最终出现劣币驱逐良币的现象。其次需要发展高端产业，培育高端产能。这就要求我国为高端产能尤其是高端服务业的发展提供合适的社会、政治、法律、政策环境，因此，全面深化改革、全面推行依法治国、全面从严治党就变得必不可少。

3. 制度改革

在供给侧改革中，最重要的是国有企业改革。国有企业退出竞争性领域，实现国有资产的战略性重组，营造公平、透明的经营环境，提高经济运行的效率。

加强反垄断，增强竞争性。竞争机制是市场发挥作用的前提，也是保证经济效率的需要，因此中国应该加强反垄断，并降低各个行业的准入门槛。

进行行政管理体制改革，简政放权，减少审批环节，降低交易成本。

改革资源配置制度，优化资源配置，提高资源配置效率。加强土地资产、劳动力的流动性，促进资源向更有效率的领域和部门流动。

改革税收制度和劳动保障制度，实行实质性减税。目前我国企业的税负过高，企业和个人缴纳的社会保障费用标准过高，加大了企业的成本，削弱了企业的竞争力。

二、我国需求侧改革的意义和内容

（一）优质需求的长期增长是经济长期健康增长的关键

在目前的宏观经济学理论中，主要是把需求放在短期框架内考虑，几乎没有从长期考虑需求的。目前所谓的“长期经济增长理论”，实际上是关于生产能力或者潜在产出长期增长的理论，对于需求的长期增长基本上没有涉及。即使一些经济增长模型涉及需求，也是假定长期内供求总会实现均衡，因而对需求的长期增长不予深入讨论。但不管怎么说，经济的长期增长需要需求和供给同步增长；如果需求的增长跟不上供给的增长，就会出现生产过剩的危机；反过来，如果供给的增长跟不上需求的增长，就会出现通货膨胀，或者商品短缺的危机。

所以长期来看，需求必须能够增长。但一个经济要想长期健康增长，需求必须是优质需求。所谓的“优质需求”，指的是能够给消费者带来较高的边际效用或者给投资者带来较高的预期投资收益的需求。比如说，一个经济中消费需求的增长是因为新产品的出现引发了新的消费热点，这种新产品消费的边际效用一般较高，因此就属于优质消费；或者一个经济中投资的增加是因为有了更好的投资机会，因而可以得到更高的预期投资收益率，这种投资也是优质投资。

相反，目前流行的凯恩斯主义货币政策和财政政策都是通过降低消费的边际效用（如果政策针对的是消费）和投资的预期收益率来刺激需求的，因此刺激出来的都是劣质需求。以货币政策为例，货币政策通过降低利率来刺激投资，但随着利率的降低，预期收益率更差的项目被采用，因此投资的质量越来越差。最后，一旦由于

某种原因利率上升，这些项目就会亏损，相关贷款就会成为不良贷款，规模一大就会引发金融危机。

那么从长期来看，中国是否存在潜在的优质需求？其规模有没有可能保证中国的长期增长？我认为从需求一边看，中国不缺优质需求。下面我们分别从消费和投资两个方面来看。

(二) 中国优质消费的来源

从全球经济的角度看，优质消费的来源最终是地球上从未有过的新产品的开发，这对于处于全球科技前沿的发达经济尤其是美国经济来说是不可回避的。但对于中国来说，我国经济目前所处的发展阶段决定了我国不处在世界科技前沿，我国目前的要素禀赋结构决定了不论从科研能力还是财力看都不能大规模从事这种新产品的开发。在目前的情况下，我国优质消费的来源主要有以下四个：人口政策调整，消费升级，对内、对外开放和促进有效供给。

1. 人口政策调整

人口政策调整能够带来优质消费。原因就在于中国未来将面临严重的劳动力短缺和老龄化问题，并将对社会保障体系产生巨大压力，而增加生育可以缓解这些问题。新出生的儿童会立即带来消费的增加，但在大约20年后才能导致劳动力供给的增加。因此，生育政策的调整短期内刺激需求，长期内刺激供给。

目前中国已经决定全面放开二胎，以后中国的人口政策将继续松动，最终在老龄化和社会保障的压力下将不得不采取鼓励生育的政策。虽然我认为中国应该立即彻底取消计划生育政策，并转而鼓励生育，但从目前中国的现实来看，中国人口政策的调整将是一个长期的过程，因此，就将在长期内对中国的消费产生

影响。

2. 消费升级

即使在人口不变的情况下，中国也可以通过消费升级来产生优质消费。我们可以对比一下中国和美国老百姓生活水平的差别，跟这个差别对应的就是中国和美国消费的差别，消费的这种差别就是中国今后消费升级的方向。目前中国的人均 GDP 按照购买力平价计算大概是美国的四分之一，因此，如果中国人的生活水平能够赶上美国，那就意味着，中国经济还有翻两番的空间，也就是可以以7%的速度发展 20 年。这个空间是很明白的、实实在在存在的，除非假定中国老百姓的生活水平永远赶不上美国。

观察一下中美经济的情况，可以发现中美消费的差别主要在高端服务业方面。在实物商品的消费方面，中美其实差别不是很大，差别最大的就是高端服务的消费。高端服务的消费包括医疗保健、教育、法律、文化娱乐、旅游、研发、金融、政府服务等等。目前中国老百姓在这些产品的消费方面恰恰是非常不足的。

3. 对内、对外开放

开放可以增加消费品的种类。不同的国家、不同的地理或者不同的文化，总会创造出一些不同的生活方式和消费品。比如，四川人发明了川菜，而陕西人则以面食见长；如果两个省份互相封闭，那么每个省份就只有自己的特色食品可以享用，陕西人吃不到川菜，或者根本就不知道还有这种食品，四川人也一样；而一旦互相开放，就可以品尝到另外一种风味，这无异于增加了每个省份的老百姓能够消费的产品的种类。旅游也一样。有人说过，“所谓旅游，就是从你待腻的地方去别人待腻的地方看看”，在“你待腻的地方”，各种风景、食品等等消费品对你的效用已经很低，你已经“待腻”了，意味着边际效用是零了；而“别人待腻的地方”，对你来说还没有体验过，边际效用很高，因此，旅游提高了旅游者的效

用和福利。所以开放本身就让人们能够享受异样的风光、异样的美食、异样的文化、异样的风情，这是消费品种类的增加，给人们带来的是高效用的消费品。

4. 促进有效供给

即使不考虑上述因素，我国扩大消费也有很大空间。看看中国消费者在国外消费的情况就知道中国居民的消费潜力有多大。中国消费者到了日本能把人家的马桶盖买光，到了欧洲能把人家的奢侈品清空，到了香港能买得香港人买不到奶粉，到了加拿大和澳大利亚能让当地人买不起房子。这些都说明中国老百姓不缺需求，缺的是有效供给。

中国消费者需要质量可靠的商品，但对中国自己的产品却缺乏信任感。中国的小孩需要奶粉，中国的奶粉生产能力也不缺，但国产奶粉我们却不敢给小孩吃，但凡有支付能力的家庭都愿意给孩子吃进口奶粉。同样的产品，哪怕是中国货，在国外市场的质量都比国内好，价格也比国内低。如果中国企业能够生产出中国消费者信得过的产品，或者拿出为国际市场生产的态度来满足国内市场，就可以把中国消费者对进口货的部分需求转换为对国内产品的需求。这也是优质需求——试想一下，老百姓出国购买的产品怎么可能是劣质需求即边际效用较低的需求？

（三）中国优质投资的来源

优质投资是能够给投资者带来较高的预期收益率的投资。要想保证经济的长期健康发展，在扩大投资时，就必须保证投资的质量。凯恩斯主义财政政策和货币政策在刺激投资时，是通过降低投资成本来进行的，因此刺激出来的投资必然是劣质投资。这不是我们想要的投资。

要想刺激优质投资，就必须为企业提供更多、更好的投资机会。就目前的中国经济而言，好的投资机会来源有三个，一是自主创新，二是产业升级，三是生态文明建设。

1. 自主创新

自主创新的道理不言自明，也是许多人提倡的。但我认为，我国目前距离世界科技前沿还较远，同时，从科研实力和财力而言还不具备国际竞争力。但即使现在不具备国际竞争力，我国在自主创新方面加大投入也是应该的，当然，也可能在某些方面获得世界领先的成果。但要依靠这个来为经济提供足够的优质投资机会，估计在到达世界科技前沿前不能指望，即使有也是可遇不可求的事情。

2. 产业升级

通过高端产业向我国的转移，产业升级的确能够为经济提供优质的投资机会。道理也不言自明，此处不多说。其中的投资规模也可能非常大。

3. 生态文明建设

从投资一边看，中国现有的投资空间在急剧缩小。此前 20 多年，房地产投资对于拉动中国经济起了很大作用。有人对房地产投资提出批评，说中国此前 20 多年的发展过度依赖房地产投资。这种观点实际上是错误的，为什么呢？房地产投资有它自己的内在逻辑，尤其在二三十年之前，中国老百姓的生活状况、住房状况非常差的时候，住房需求就是中国居民最迫切的需求，那个时候住房对中国老百姓的边际效用很大，所以那时的房地产投资是优质投资，那个时候大力发展房地产业就是符合当时老百姓的需求的。年房地产投资曾经占到中国 GDP 的 12%左右，这个规模是相当大的。现在，随着中国长期进行的大规模房地产开发，中国的住房市场基本上已经饱和；同时，在中国目前的人口状况及人口未来走势变动的背景下，房地产投资的前景已经越来越差。基建投资也一样，随着

中国各种基础设施投资越来越多，投资规模也会慢慢减下来，目前虽然还有前途，但基建投资增速在缓慢下滑，则是一个不争的事实。

因此，中国接下来想刺激投资，就需要找到一个不论从质量上还是从数量上都足以替代以前的房地产投资的项目。在我看来，中国倒是的确有这样的项目，就是生态文明建设，最典型的就是治理沙漠。治理沙漠是中国迟早要做的事情，且对国家有利无害。中国有260多万平方公里的荒漠化土地，治理沙漠需要大规模的投资。260多万平方公里的荒漠化土地治理起来至少需要20年，投资规模是非常大的，从需求一边看，仅此一项就足以拉动中国经济再高速增长20年。

问题是怎么保证这种投资是优质投资？这个投资从哪儿来？当然不能靠政府，靠政府又要导致政府债务问题，所以如果靠政府投资治理沙漠，就会形成劣质投资。所以重要的是吸引民间投资从事这一工作，那就得给民间资金治理沙漠提供较高的收益率，这就需要设计一个良好的激励机制让民间资本愿意投资。我的建议就是用土地换投资，即用沙漠的长期使用权甚至所有权来吸引民间资本进入这一领域，一块沙漠谁治理好就给谁几百年的使用权甚至直接给所有权。如果在这种情况下激励还不够强怎么办？政府提供补贴。这样就可以在政府支出最少的情况下给民间资本提供较高的收益率，吸引民间资本投资，形成优质投资。

为什么是优质投资呢？从国家的角度来看，沙漠变成了良田或者其他形式的可以利用的土地；对民间资本来说在目前流动性过剩的情况下这是很好的投资机会，可以取得高收益。政府付出原本就没有用的沙漠，获得的是治理好的土地和优质的生态环境；同时，现有的过剩产能得以消化，中国现在过剩产能就在钢铁、水泥这些行业，而治理沙漠时大量需要的恰恰是这些产品，这就正好可以把中国现在的过剩产能利用起来。所谓的“过剩产能”，是相对于需求而言的，一旦找到合适的需求，就不再是“过剩产能”了。

(四) 改革是优质需求的保证和前提

从消费和投资的潜力来看，中国经济未来还存在巨大的增长空间。单纯看需求，中国经济再高速增长 20 年一点问题也没有。但要把这些潜力变成现实，中国需要全面深化改革。

1. 优质消费的扩大需要改革

(1) 人口政策调整需要改革配合。

人口政策的调整会导致需求的增长，但仅仅人口政策的调整还不够。因为社会中的各个方面、各个环节都是为人服务的，因此新出生的人口将必然涉及社会、政治、经济的各个方面、各个环节，必然要求相关领域的改革配套，因此中国今后要想鼓励生育，即使在目前的城镇化和户籍管理制度下，也需要人口管理体制的改革、教育体制包括基础教育和高等教育体制的改革、医疗体制改革、城镇住房制度改革以及社会保障体制的改革等方面的配合，否则鼓励生育的政策将不会产生预期的效果。

(2) 高端服务业的发展需要改革。

如前所述，高端服务业将是中国未来发展的主要方向。但是服务消费和商品消费存在两个大的差别，第一个差别就是服务的质量是没有客观标准的，完全取决于消费者的主观判断，也就是服务质量的好坏全看消费者是否满意。这跟实物产品的消费完全不一样，实物产品的消费是有客观标准的，肉眼无法辨别的可以通过仪器检测。但服务质量的好坏完全取决于消费者的主观判断。另外一个差别是，在服务的生产和消费方面存在严重的信息不对称。比如说医疗服务，医生掌握的信息当然要比病人多得多。

由于服务的生产和消费存在这两个特点，在服务的生产和消费方面就可能出现比较多的纠纷。以医疗服务为例，在现在的中国，一个病人进了医院首先想到的是会不会被过度医疗，然后病人进了

医院医生看着也害怕，他会想这个病人会不会伤害我。医患之间的不信任导致医患纠纷很多。

这样就意味着要想发展高端服务业，就必须提供一个良好的纠纷解决机制或者使纠纷消弭于无形的文化体制和道德体制。比如说，我们就需要有一个良好的国家治理体系，如果出现医疗纠纷这样的事，就通过良好的法律体系来解决，在法律体系之外，政府还要提供其他优质的服务，比如公平、正义、安全、秩序等等。目前的情况是，医疗纠纷出来了政府就要维稳，维稳往往是让医院和医生认输，哪怕是患者家属打了人、砸了医院也没事，这显然意味着政府服务质量太差。在良好的国家治理体系之外，还要有良好的文化体系，也需要良好的道德体系，比如说职业道德，如果病人相信或者病人家属相信医生已经尽职尽责了，他可能就不会找事。在中国目前的发展阶段，在高端服务业的发展已经成为中国经济下一步最主要的发展方向的时候，对这种软的基础设施的需求就越来越强烈，这就逼迫我们国家要为经济的发展提供这些东西。

（3）对内、对外开放需要改革。

对内开放的目的是形成一个统一的国内大市场，从而扩大国内总需求。这就需要进行户籍管理制度、教育制度、人口管理体制、住房制度、社会保障制度等各方面的全面改革。同时，也需要保证居民异地消费的安全和公平。以旅游为例，“青岛大虾”事件就是明显的欺诈行为，并且存在消费者的人身安全受到威胁且警察却没有提供应有服务的情况。在这样的体制下，这种优质消费需求就无法得到最大限度的实现，扩大消费的效果自然就不佳。

对外开放也一样。对外开放在扩大优质需求方面的主要渠道是旅游和出口。在旅游方面，要想最大限度地扩大这种优质消费，就不仅需要对国内市场进行大幅度的改革，打击各种欺诈行为，强化社会治安，确保游客的消费安全和人身安全，这跟对待国内游客是一样的；而且需要政府尽可能简化出入境和退税手续，为国际消费者尽可能提供各种便利。在刺激出口方面，同样需要保证中国产品

的质量和消费安全，并尽可能简化出口的相关手续。

（4）促进有效供给需要改革。

要促进有效供给，首先需要法律体系的改革。以乳制品行业为例，由于质量得不到国内消费者的认可，国内的乳制品供给多为无效供给，要想把这种无效供给转化为有效供给，就必须加强监管、立法并加大处罚力度，确保国内乳制品的质量和国内消费者的消费安全。同时，也需要改革税制，使得国内消费者也能享受到外国消费者享受的那些优质产品，至少使得国产货在国内外一个质量、一个价，不出现国产货的国际价格低于国内价格这样的笑话。

2. 扩大优质投资需要改革

（1）自主创新需要改革。

产品创新是扩大优质需求的重要途径，虽然自主创新在目前还无法成为我国创新的主流，但毕竟还是有的，而且可以预见，自主创新在我国今后将越来越多。因此，要鼓励自主创新，就得加强知识产权保护，这就要求我国在知识产权保护的立法、司法、执法方面都深化改革，加强知识产权保护的力度。同时，为了鼓励自主创新，在科技体制方面尤其是科技成果和科技人员的评价机制方面要进行全面深入的改革。屠呦呦获得诺贝尔奖就是一个明显的例子，一个在中国连院士都评不上的“三无”科学家，在国际上却获得大奖，这足以说明中国的科技评价体系存在严重问题，这将对科研人员的激励机制产生扭曲，降低科技资源配置的效率。另外，教育体制也应予以改革，以适应培养创新型人才的需要。

（2）产业升级需要改革。

消费升级和产业升级是对应的，消费升级需要什么样的改革，产业升级也就需要什么样的改革。当然，除了消费升级需要的那些改革之外，面对不断升级的产业结构，生产的组织方式、政府与市场之间的关系、政府对相关市场的监管等领域也都需要改革。

（3）生态文明建设也需要改革。

如前所述，对中国扩大需求来说，治理沙漠不管从数量上还是质量上都可以替代房地产投资。但这一政策的前提条件是什么？要想吸引民间投资去治理沙漠，就必须有足够强的激励，就需要用长期土地使用权或者土地所有权来换取民间资本的投资，因此马上就面临一个问题：土地制度必须改革，至少沙漠土地制度必须改革，同时完善产权保护制度。同时，国家治理沙漠的领导和组织体制也需要改革，甚至需要行政区划的改革相配套。

（五）改革是中国经济长期健康发展的必要条件

综上所述，不管是从刺激优质消费还是从刺激优质投资来看，中国都具有巨大的空间，因此可以保证中国经济的长期健康快速增长。从消费方面来看，中国居民的生活水平远远低于美国等发达国家，因此，在扩大消费方面为中国创造了巨大的空间；同时人口政策调整，对内、对外开放以及促进有效供给也都有助于刺激中国的优质消费需求。从投资方面来看，自主创新、产业升级、生态文明建设都具有拉动优质投资的巨大空间。

但若想充分利用这一空间，中国就必须全面深化改革。不仅需要经济体制方面改革的深化，还需要在人口政策、土地制度、科技体制、教育体制、住房制度、社会保障制度、户籍管理制度等方面进行改革，同时还需要推进国家治理体系的现代化以及文化体制的改革和道德体制的重建。因此，全面深化改革就成为中国经济长期健康发展的前提。

第三章

供给管理政策及其在调节短期经济波动中的应用[①]

导读：在学术界存在一个误区，就是认为供给管理只能用于长期宏观调控，不能用于短期宏观调控。本章指出，由于各种资源的利用率和利用效率决定于生产者的激励，而激励是可以随时发生变化且能够被政府调控的，所以，供给管理从超短期宏观调控到超长期宏观调控均可使用。本章指出，供给管理的短期政策工具包括调节税收、调节要素价格、体制改革、推进技术进步等等。本章同时指出，引入供给管理并不意味着放弃需求管理，恰恰相反，需要将供给管理和需求管理结合使用；本章论述了供给管理跟需求管理的组合方式。

一提起宏观经济政策，人们往往自然不自然地

① 发表于《经济学动态》，2008（6）。

就把它等同于需求管理政策。供给管理政策虽然也是宏观经济政策的一部分，而且在经济实践中被经常采用，但却总是被人们忽视。这种忽视大概起源于凯恩斯。在讨论如何治理大萧条时，凯恩斯认为问题的关键是要降低真实工资。而要降低真实工资，只有两种办法：提高价格和降低工资。提高价格需要刺激总需求，因此属于需求管理政策；而降低工资的目的是降低生产成本，因而属于供给管理政策。在凯恩斯看来，降低工资会受到工人和工会的反对，阻力太大，因此是不可行的。凯恩斯指出：

> 人性与制度既是如此，则只有愚蠢之徒才会挑选有伸缩性的工资政策，而不挑选有伸缩性的货币政策……故说在一个大体上是自由放任的经济体系之中，有伸缩性的工资政策是应有的、必要的附属品，这种说法，刚与真理相反。（凯恩斯(1936)，268～269 页）

凯恩斯对需求管理政策的偏爱以及需求管理政策在战后的成功，奠定了需求管理政策在宏观经济管理中的基础地位，也导致了人们对供给管理政策的普遍忽视。到了 20 世纪 70 年代，滞胀的出现打破了凯恩斯主义经济学的神话，于是供给管理政策得到了人们的重视。这就是所谓的“供给学派经济学”。供给学派强调供给管理政策尤其是税收政策的作用。供给学派观点的一个突出的反映就是其对于政府税收收入与税率关系的解释。供给学派认为，税率的变动会影响人们的工作积极性。当税率提高时，人们的工作积极性逐渐下降，从而总收入下降。如果总收入下降的比例小于税率提高的幅度，则总税收收入会上升。随着税率的逐步增加，人们的工作积极性下降的幅度越来越大，从而总收入下降的幅度也越来越大，最后会达到这样一点：税率提高的幅度恰好等于总收入下降的比例，此时税收收入达到最大。如果政府进一步提高税率，政府税收收入会下降。这就是有名的“拉弗曲线”。因此，在供给学派看来，政府要想刺激经济，增加就业，

最好的办法就是降低税率。

在滞胀的冲击下，供给学派在20世纪80年代初风行一时。里根政府接受了供给学派的政策建议，采取了大量供给学派的政策。这一政策虽然在治理“滞胀”方面取得了成功，但却导致了巨额政府债务。随后，随着人们对滞胀的理解逐步深入，需求管理政策重新占据了宏观经济政策的主导地位，供给管理政策也逐步退出了人们的视野，在宏观经济学的主流教科书中再也找不到关于供给管理政策的只言片语。

然而，供给管理的思想并没有消失，供给管理在实践中依然大量存在。到了20世纪90年代，随着新技术革命带来的产业结构的调整和经济全球化所导致的区域经济布局的调整，产业经济学和区域经济学应运而生，供给管理政策也改头换面，以产业政策和区域经济政策等形式重新回到了经济管理的舞台。实际上，几乎所有的产业政策和区域经济政策都是供给管理政策。而同一时期人们对长期经济增长的关注也导致了增长政策理论的提出，增长政策针对的是长期总供给，因此也是供给管理政策。产业政策、区域经济政策和增长政策因而就成为供给管理政策的几个主要构成部分。

然而，人们对供给管理政策的重视也仅在于其对经济的长期影响，在调节短期经济波动方面供给管理政策的作用并没有受到足够的重视。一般而言，需求管理政策被认为发生作用比较快，而供给管理政策被认为发生作用比较慢。因而供给管理政策常常被认为不能用于短期调控。实际上并非如此，在现实经济中，供给管理政策经常被用于调节短期经济波动，只是很少受到人们的关注，或者不被看作供给管理政策而已，有些供给管理政策甚至被想当然地看作需求管理政策。从下文我们可以看到，弄清楚一种政策是供给管理政策还是需求管理政策是非常重要的，因为这两种政策对价格水平和总产出的影响是不一样的，因而直接关系到我们对政策效果的判断和对宏观经济形势的预期。

本章的目的就在于探讨供给管理政策的短期效应（本章以下所说的“供给管理政策”即是指“短期供给管理政策”）。在第一节，我们分析供给管理政策及其与需求管理政策对经济的总体影响的差异。在第二节，我们讨论供给管理为何可被用于短期宏观调控。在第三节，我们介绍各种供给管理政策工具以及它们对总供给的影响。在第四节，我们探讨供给管理政策及其与需求管理政策的组合及其效果。第五节是总结。

一、供给管理政策与需求管理政策对经济的影响

供给管理政策工具指的是那些能够调节企业的平均生产成本并且能够由政府控制的因素，与此相应，需求管理政策工具指的是那些能够使得总需求发生变动并且能够由政府控制的因素。其效果反映在供求关系图上，就是总供给曲线或总需求曲线的移动。在现实经济中，同一个政策，如果作用于总需求一边，会导致总产出和价格水平的同向变动；而如果作用于总供给一边，则会导致总产出和价格水平的反向变动。因此，如果我们同时关心经济增长和通货膨胀，认清一个政策是供给管理政策还是需求管理政策就至关重要。

面对一个给定的宏观经济问题，既可以采取供给管理政策，也可以采取需求管理政策，还可以采取二者的某种结合，如图 3—1 所示。

图 3—1 采用的是标准的总供求分析框架。图中，横轴为总产出/总收入 Y，纵轴为价格水平 P，AD 表示总需求曲线，SAS 表示短期总供给曲线，LAS 表示长期总供给曲线。Y_f 表示充分就业的产出水平。总需求曲线 AD 与长期总供给曲线 LAS 的交点即为经济的长期均衡。假定经济开始时的产出水平和价格水平分别为 Y_1 和 P_1，此时经济虽然处于短期均衡，但未达到充分就业。要想

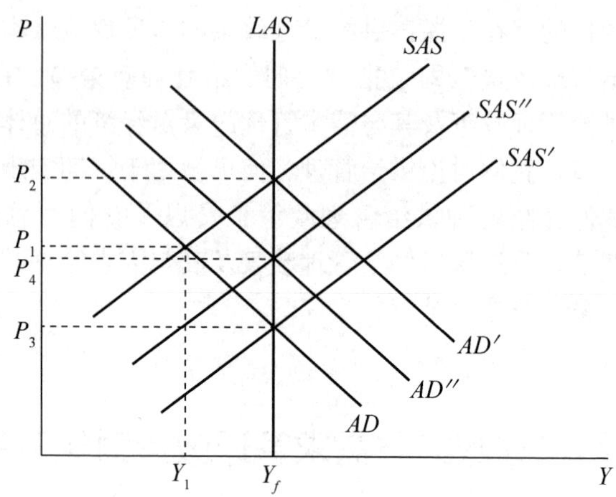

图 3—1　供给管理政策与需求管理政策的组合

实现充分就业，政府可以采取需求管理政策，使得总需求曲线移至 AD'，此时经济在价格水平 P_2 下实现充分就业；政府也可以采取供给管理政策，使得短期总供给曲线移至 SAS'，此时经济在价格水平 P_3 下实现充分就业；政府也可以采取供给管理政策与需求管理政策的任意组合，比如使得总需求曲线和短期总供给曲线分别移至 AD'' 和 SAS''，此时经济在价格水平 P_4 下实现充分就业。不同的政策组合虽然都实现了充分就业，但所经历的通货膨胀路径是不一样的，扩张性供给管理使价格水平降低，而扩张性需求管理使价格水平上升。

二、供给管理为何可被用于短期宏观调控？

在许多人的心目中，总供给决定于一个经济可用的资源总量和技术水平，而一个经济的可用资源总量和技术水平是一个存量，在短期内难以发生大的变化。因此，供给管理被许多人认为只能用于长期

调控，如促进经济增长等，在短期内则不适用。这种观点是不对的。

一个经济的可用资源总量和技术水平在短期内难以发生大的变化，因此无法作为短期调控的变量，这一点没有问题。然而，一个经济的可用资源和技术水平的利用率与利用效率在短期内却是可以发生大的变化的，也是可以通过政府政策进行调控的；而一个经济的可用资源和技术的利用率与利用效率则取决于经济活动的参与者所面临的激励。一个经济的资本、劳动力、自然资源、技术等等在短期内可能无法发生变化，但生产者的激励却是可以随时变化的。正如供给学派的代表人物拉弗所说："一旦人们面临的激励发生变化，其行为就会随之改变。正的激励吸引人们做一些事情，而负的激励阻止人们做一些事情。处于这种情境中的政府的作用就在于改变人们面临的激励，从而影响社会行为。"（Laffer，1983，xv 页）因此，调节生产者面临的激励是短期供给管理政策的核心。

作为一个正在从计划经济向市场经济转轨的发展中国家，我国对激励在宏观经济运行中的作用可谓体会至深。实际上，从新中国成立以来我国任何一次大的经济波动的背后都可以看到激励变动的影子。1959—1962 年间的大饥荒之所以出现，就在于人民公社制破坏了农民生产的积极性；而此后发生于"文化大革命"期间的对"唯生产力论"的批判，则使得许多人对于发展经济望而却步；国有企业中的平均分配现象也使得工人的劳动积极性下降。20 世纪 80 年代初的农村改革实际上就是激励机制的改革，这一改革大大提高了农民的生产积极性，从而为解决温饱问题奠定了基础，而屡次提高粮价实际上也是在提高农民种粮的积极性。可以说，我国的农村改革是最成功的供给管理实践。此后的国企改革、金融体制改革、财税体制改革等等，实际上都是在设法提高经济活动参与者的积极性。

因此，不论从理论上还是从实践来看，经济活动参与者的激励都是可以迅速发生变化的，因而会导致总供给的迅速变化。最近几十年来，信息经济学和机制设计理论深入细致地研究了激励对经济

活动的影响以及如何对激励进行调节。这些就构成了供给管理的理论基础和实践基础。

在应用供给管理进行宏观调控时，应注意以下四个方面的问题。(1) 以间接调控代替直接调控。即运用供给管理政策调节激励、约束生产者的条件，并且这种调节是在公平竞争的市场秩序中和政府行为法治化、民主化的规范当中展开，而不是直接干预和否定生产者本身的行为。(2) 以价格调节代替数量调节。在计划经济条件下，价格信号即市场的作用被否定，数量信号和配额指标成为经济的主要调节信号和基本方式，而在市场经济条件下，对于资源配置来说市场是基础性的，价格信号是基本的，因此在进行供给管理时应以价格调节为主要手段。当然，这种价格调节不能是直接的价格管制，而是以税收、补贴等形式出现的间接影响生产成本的价格调节方式。在市场经济中，企业拥有产品定价权，政府一般不应直接规定产品价格，而应对产品价格进行间接调控。企业应当在制度上，特别是在企业产权制度上具有发现贴切价格信号的动力和能力，也应当面对竞争性市场价格的硬约束。(3) 以宏观调控代替微观调控。在市场经济条件下，运用供给管理政策对企业（生产者）进行调控时，不应直接具体干涉某企业的运营，而应当一方面尽可能使政策针对某一类企业，比如某一行业、某一产业、某一地区，或某种具有相同特征的同类企业；另一方面，尽可能影响这类企业所共同面临的竞争条件和环境，而不是直接影响企业行为本身。也就是说，供给管理政策虽然是针对企业的，但应当尽可能使其“宏观化”、“普遍化”。(4) 以法律手段代替行政手段。法律手段的优势在于它包含了政策执行者和政策作用对象之间的互动机制，也就是说，既包含了对政策作用对象（企业）的法律约束，同时也包含了对政策执行者（政府）的法律规范。市场经济条件下运用供给管理政策，重要的条件之一在于规范政府行为，使之规范化、法治化、程序化，否则供给管理很可能导致政府行政集权。而且，任何政策都可能有漏洞，一方面，政府有可能对经济不了解或对经济的

某些方面缺乏足够的信息，另一方面，个别企业也可能的确面临特殊情况，因而相互之间的互动机制的存在就极为重要。如果说市场经济是法治经济，那么，法治化深入的关键，不仅在于对一般市场经济中的私人主体行为建立和健全法律约束，而且更重要的在于对公权行为主体的行为形成有效的法律约束。否则，以行政手段为主，在政府与企业间只是垂直的行政性管制，而不能形成互动机制，供给管理政策的实施便可能导致管理体制的行政化。

三、供给管理政策工具

那么，政府如何调节经济活动的参与者的激励呢？所谓“激励”，就是驱动生产者做出某种行动的因素。如果只考虑利益驱动的话，对于企业来说激励取决于其盈利能力，对于工人来说激励取决于劳动报酬。如果考虑经济利益以外的驱动因素，则可能涉及心情、荣誉感、利他行为、个人理想或兴趣、感情等多种因素。比如，爱国主义精神可以驱动人们为了国家努力工作或献身，因此鼓动爱国情怀就可以调动或净化人们努力工作的积极性，甚至为了国家而献身。这也是一种供给管理政策。从经济的角度看，供给管理的着眼点就在于调节企业的盈利能力或工人的劳动报酬。企业的盈利能力决定于企业的收入、支出和对要素的利用效率，而工人的劳动报酬则取决于分配制度。因此，相应地，供给管理政策工具就可以分为如下几大类。

（一）调节生产成本的政策

给定产出水平，要素价格就决定了企业的总生产成本。因此，调节要素价格就可以调节企业的盈利能力。这又包括以下几种政策工具。

1. 工资政策

如前所述，工资政策是凯恩斯最反对的一种供给管理政策。在凯恩斯看来，由于工会的存在以及人的本性，工资是刚性的，至少是不可降低的。因此，工资很难被用作政策工具。实际上，调节工资可以有多种方式。而随着经济的发展，对工人支付报酬的方式也从单纯的工资发放发展到包括奖金、各种福利、各种社会保障支出等等，因此凯恩斯当时担心的问题就有了新的解决办法。

（1）工资冻结。

工资冻结就是政府通过强制命令的方式要求企业和工人不得调整工资。这种政策在经济现实中被经常用到，不过常常被用反。例如，美国在 20 世纪 70 年代在石油危机的冲击下出现了滞胀现象。此时，如果经济自动调整的话，工资水平本应下降，从而使得总供给回到原来状态，经济重新恢复原状。但由于工资刚性的存在，这种自动调节过程非常缓慢。因此，如果想通过调节工资来使经济恢复充分就业的话，美国政府本应促进工资的调整。但美国政府选择的却是工资冻结，实际上加剧了工资刚性，使得经济波动幅度加剧，衰退持续时间延长。

工资冻结政策适用于由于非经济因素使得工资过快增长的情形。在其他因素不变的情况下，尤其是在劳动生产率没有提高的情况下，工资增长过快在短期内将导致滞胀，在长期内随着企业利润下降，投资减少，竞争力减弱，最终会减缓经济增长速度。此时，如果由政府出面进行工资冻结，失业率和通货膨胀率就均可得到控制。

（2）工资补贴。

在经济由于总需求不足而陷入衰退的情况下，从理论上说降低工资是可以使经济恢复充分就业的。然而降低工资一方面可能导致社会不稳定，另一方面也可能会由于居民收入水平下降而导致总需

求进一步下降，从而使得经济衰退加剧。此时工资补贴政策可以同时解决这两个方面的问题。具体而言，企业保持给工人的工资水平不变，由政府按工人人数或工资总额的一定比例对企业支付一定的工资补贴。这样，工人的收入水平不变，因此不影响其消费；而企业实际支付的工资成本却下降了。这种政策实际上也是财政政策的一种。这种政策用得较少，一般用于对特殊群体的特殊照顾，比如对企业雇佣残疾人的补贴。

（3）取消或降低雇主缴纳的部分社会保障费用或其他费用。

在现代经济中，在工资报酬之外，企业往往需要以其他形式向工人支付一定的报酬，比如住房公积金、社会保障费用等等。如果以法律形式取消或降低这些支出，就可以降低企业的实际负担，从而使得总供给曲线右移。而对于工人来说，这些收入的使用方式或方向往往受到一定的限制，因此这些收入的降低对工人现期消费的影响不大。1997 年亚洲金融危机期间，新加坡就曾采取过这样的政策。在新加坡，企业必须在工人工资之外，再向工人的住房公积金账户支付工资的 10%。亚洲金融危机期间，新加坡政府宣布暂时取消这一要求，从而使得企业的工资成本降低了同一比例。

2. 原材料和能源价格政策

与工资水平一样，调节原材料、能源价格也可以调节企业的生产成本。与工资政策类似，具体措施包括原材料和能源价格冻结、对原材料和能源的使用征税或给予补贴等等。我国最近几十年来实际上一直采用补贴政策，具体形式是资源税很低，而且人为压低原材料和能源的价格。但价格政策不应长期使用，否则会影响资源配置效率。

3. 货币政策

在传统的宏观经济学理论中，货币政策被视为需求管理政策，实际上，货币政策同时也是供给管理政策，因为它不仅影响总需求，同时也影响总供给。货币政策的主要目的是调节利率，而利率对经济有两方面的影响，它既可以影响总需求，也可以影响总供给，比如降低利率，一方面可以影响投资，促使投资需求扩大，从而增大总需求，货币政策在这里起着需求管理政策的作用；另一方面，利率同时也影响资本的使用成本，利率的降低使生产的要素成本降低，从而影响总供给。也就是说，利率的变动同时具有总需求效应和总供给效应。利率的这两种效应都促使均衡产出增加，但对价格水平的影响是不同的，总供给效应使得价格水平下降，而总需求效应使得价格水平上升。价格水平最终是下降还是上升，取决于这两种效应的相对大小。从货币政策的实际作用效果来看，总需求效应一般大于总供给效应，因为总体来说放松银根的货币政策一般会带动价格水平上升。对于既要关注经济增长又要防止严重通货膨胀的我国宏观经济调控而言，关注货币政策的总供给效应便有着特别的重要性。

那么，货币政策的总供给效应[①]的大小由哪些因素决定呢？货币政策对总供给的影响可以分为三个环节，即货币的变动先是影响利率，然后利率的变化影响生产成本，再而后生产成本的变动影响总供给。相应地货币政策的总供给效应程度的大小便取决于这三个环节。首先，货币政策对利率的影响有多大？在其他因素不变的情况下，货币政策对利率的影响越大，货币政策的总供给效应就越大，而货币政策对利率的影响又取决于货币需求对利率的敏感程度，货币需求对利率越敏感，货币政策对利率的影响就越小，因而，货币政策的总供给效应就越小。其次，利率变动对生产成本的影响程度有多大？这取决于经济中的总资本存量，总资本存量越大，利率的变动对生产成本的影响就越大。随着我国经济的不断发展，超高储蓄导致快速的资本深化，因而我国经济的资本密集度不断加大，这样就会使货币政策的总供给效应越来越大。最后，生产

① 货币政策影响总供给的渠道不仅仅是利率一种，还有其他渠道，比如由于货币政策给经济带来的不确定性等（参见 Tatom，1983，12 页）。

成本的变动对总供给的影响有多大？这取决于总供给的价格弹性，总供给的价格弹性越大，给定的生产成本的变动对总供给的影响就越大[①]，因而，货币政策的总供给效应就越大。那么，在什么情况下，总供给的价格弹性较大呢？一般而言，一个经济的闲置生产能力越大，总供给的价格弹性越大，因此，如果其他条件不变，当经济处于衰退阶段时，货币政策的总供给效应就较大。[②]

（二）调节企业收益的政策

通过对生产者的收益进行调节，也可以调节生产者的总供给。调节生产者收益的方法一般有三种：一是税收，比如征收或调整营业税、增值税、企业所得税、出口退税等；二是补贴，如针对粮食生产的补贴等；三是价格，比如提高粮食价格就有助于提高农民种粮的积极性，从而增加粮食供给。

税收政策是供给学派眼中最重要的政策工具。实际上，20 世纪 80 年代供给学派给里根政府开出的政策处方几乎全都是税收政策。

显然，财政政策的供给效应要比货币政策的供给效应更直观一些，也正因为如此，在供给学派看来，政府要刺激经济、增加就业，最有效的办法便是降低税率。但另一方面，与货币政策相同，财政政策通常也往往被视为是需求管理政策。然而事实上，财政政策同时也具有供给效应。一定的财政政策属于供给管理政策还是属于需求管理政策，主要是视其针对生产者，还是针对消费者，针对消费者的财政政策一般属于需求管理政策，针对生产者的财政政策

---

① 反映在图形上，即为总供给曲线右移的幅度越大。

② 对于货币政策对总成本的影响，我国已经有人注意到了（只不过这些研究是从需求的角度看待这一效应的）。北京大学中国经济研究中心宏观组（1998，以下简称“宏观组”）根据 1997 年前后中国的实际情况做出了估计。据他们分析，从 1996 年到 1997 年，贷款利率下降了 5.17 个百分点，如果以 1995 年底金融机构各项贷款余额 5 万多亿元为基础，这将减轻企业利息负担 2 400 亿元左右。他们认为，“降息的作用在一定意义上相当于减税，而且数量肯定要大于减税（主要是减费）”（宏观组，1998，4 页）。

大都属于供给管理政策。作为供给管理政策的财政政策工具影响的是厂商的成本，包括税收、工资成本、利息成本、原材料成本等。

税收政策对厂商实际成本有重要的影响，显然调节企业所缴纳的各种税收，如增值税、企业所得税、营业税、进出口税等都可以影响企业的实际生产成本，从而增加总供给。同时，对个人所得税的调节也能够影响总供给，因为一方面，个人所得税的调节可以影响人们的储蓄，而储蓄又会影响利率，从而影响平均成本变动；另一方面，个人所得税会对工人的积极性产生影响，从而影响生产效率，相应地影响平均成本。此外，对企业的生产补贴也等于政府对企业的支持，降低了生产成本，其机理与减税是相同的。问题在于，税收政策同样影响总需求，比如减税既可以影响总供给，又可以影响总需求，那么，减税到底是对需求的刺激程度大还是对供给的影响程度大？进而，减税到底是需求管理政策还是供给管理政策？这一问题是从供给学派出现直到目前都还没有完全解决的争议问题。尽管在对总需求与总供给影响程度大小的判断上存在差异，但承认税收政策影响总供给是普遍的共识。我国经济自 1998 年以来一直采取扩张性的财政政策，包括扩张性的财政支出与财政收入政策，这种扩张性的财政政策，一方面对刺激总需求（尤其是扩大内需）有重要作用，但不能忽视其同时作为供给管理政策的效应。自 1998 年起，从纺织品出口退税率的提高（由 9%提至 11%），到取消对企业 20 项行政事业收费；1999 年先后进一步提高服装业出口退税率（提高到 17%），对房地产业的相关税费予以一定的减免，同时取消对企业的 73 项基金收费；2000 年对软件、集成电路等高新技术产业实行税收优惠（宏观组，2005，174～175 页）；2003 年针对“非典”冲击，对航空、旅游等行业实行阶段性减税；2004 年以来一系列减免税收政策相继出台，包括采取新的出口退税办法，取消农村农业税，大规模取消农民的缴费项目，试行企业增值税由生产型向消费型的转变，等等。这些措施都对企业实际生产成本产生了重要影响，对提高企业竞争力产生了重要作用。

（三）生产配给政策

生产配给政策属于行政手段，指的是采用行政命令或协商的方式就各个企业对某种产品的生产规模予以限定，或以同种方式就某种生产资料的使用在各个企业间进行分配。这种手段在计划经济下用得极其广泛。在市场经济条件下也经常采用，比如，美国对粮食生产往往就采取这种方式管理，政府规定各粮食生产企业的最高产量或播种面积。在市场经济条件下，这种政策往往与补贴政策同时采用。

（四）制度变迁政策

制度变迁对企业和工人的生产积极性有着巨大的影响，我国改革开放以来的实践充分证明了这一点。随着制度的变化，企业家和工人的激励因而努力程度也会发生变化，从而即使总的劳动投入数量不变，产量也会发生变化，也就是总供给的变化。因此，随时注意制度改革，充分调动企业家和工人的生产积极性，挖掘企业生产潜力，就有助于增加总供给。当然，这种供给管理政策的局限性比较大，一是一般只能单向调节，也就是只能用来增加总供给，不能用来减少总供给；二是政策的可控性较差，制度变迁往往风险较大，无法预知制度变迁是否能够成功或达到预期的效果；三是一旦制度趋于成熟，进一步改善的可能性就很小，那时很可能就不能再使用这种政策了。要想通过改革刺激供给，就得进行别的改革，如果制度已经相当成熟，这种政策的空间就很小，比如更加成熟的市场经济国家就很难采取优惠政策。

表 3—1 列举了 1998—2003 年亚洲金融危机期间我国实施的以财政政策的形式出现的部分供给管理政策。具体政策工具包括减税、补贴、减少行政事业收费，以及税收优惠。

表3—1　　　1998—2003年中国实施的部分供给管理政策

日期	政策类型	政策内容	效果或作用
1998年2月20日	减税	将纺织品出口退税率从9%提高到11%	支持和扩大中国纺织品的出口，促进出口增长
1998年7月1日	减税	将通信设备等7大类机电产品和自行车等5类轻工产品的增值税退税率从9%提高到11%	支持和扩大机电、轻工产品的生产，促进经济增长
1998年10月24日	取消收费	取消20项行政事业收费项目	体制改革举措，减轻企业负担
1999年7月1日	减税	提高出口退税率，其中服装业出口退税率提高到17%，全年退税622亿元	扶持出口产业，促进出口增长
1999年8月1日	减税	对涉及房地产的营业税、契税、土地增值税给予一定减免	扶持房地产业的增长
1999年11月6日	取消收费	取消73项基金收费	体制改革举措，减轻企业负担
2000年6月24日	税收优惠	对软件、集成电路等产业实施优惠税收政策	鼓励高新技术产业发展和产业结构升级
2003年2月20日	减税	对航空、旅游等行业实行阶段性减税	消除“非典”对这些行业的影响

资料来源：作者根据北京大学中国经济研究中心宏观组（2005）表11—1（174～175页）摘编整理。

除价格（包括工资）监管外，政府对经济还有其他多方面的监管，主要包括：

第一，对资源的使用方向的监管，即政府对资源使用方向加以调控。比如政府规定的专项贷款、专项资金、政府对土地的使用方向和使用条件的规定，以及政府的产业政策、区域经济政策所规定的其他资源的使用方向性调控等。在我国，这些政策被经常用到，

比如我国对土地使用方向的规定非常严格。对资源使用方向的监管措施往往是出于长远和全局考虑的，但在短期内，往往会对总供给产生不利影响。第二，对企业市场行为的监管，即政府的反不正当竞争措施，这些措施会产生供给效应。监管企业经营的经济政策会影响供给，通过监管企业对资源或产品市场的垄断行为，政府可以提高效率。这种监管政策可以通过鼓励竞争、开发和创新行为而实现更快的产出增长（Tatom，1983，10～11 页）。第三，对要素流动性的管制及对这种管制的放松。从理论上来说，在市场经济中，对于要素流动性的任何管制都会导致资源配置效率的降低，从而使经济的生产可能性边界内移。在世界范围内，最常见的是对资金流动的限制和对劳动力流动的限制。这些管制在我国都是极为严格的，虽然经过 30 多年的改革，在管制方面有了相当大程度的放松，但由于我国要素市场化，特别是资本市场化（包括间接融资市场化进展和直接融资市场化程度）严重滞后；劳动力市场化虽有较大进展，但其中包含着深刻的制度性歧视和行政性限制，所有这些限制都严重影响了我国要素配置的效率。对这些管制的放松显然有助于扩大我国经济的生产可能性边界。第四，我国政府今后可能采取的其他监管措施的供给效应。我国是一个经济发展中国家，也是一个转轨国家，在这一过程中，各个方面的监管措施将随着市场经济体制的进一步完善和社会经济发展水平的逐步提高而相应地逐渐发展和完善。比如，伴随着人们生活水平的提高，对产品质量、环境质量、生产安全以及国家经济安全和生活品质等方面的要求也将提高，而这些要求的提高往往会增加企业生产成本，而这种企业生产成本的增加，在很大程度上需要借助政府的强制措施。

四、需求管理政策与供给管理政策的组合及其效果

在短期宏观调控中，供给管理与需求管理政策对经济的影响是

不同的：（1）作用对象不同。需求管理政策针对的是消费者，包括最终消费品的消费者和购买厂房、设备等投资品的企业；而供给管理政策针对的是生产者，包括企业和工人。（2）作用效果不同。首先，同样性质的需求管理和供给管理政策，需求管理政策使得价格水平同方向变动，而供给管理政策使得价格水平反方向变动。其次，供给管理可用于结构调整，比如区域经济的产业政策等等，既可用于实现总量目标，也可用于实现结构目标。最后，供给管理的主要受惠者是本国企业，而需求管理的主要受惠者却有可能是外国人，因为需求扩大后扩大的可能是本国老百姓对外国货的需求。（3）作用方式不同。需求管理政策主要调节购买者的购买力，而供给管理政策主要调节生产者的积极性。

在选择需求管理政策与供给管理政策的组合时，需要考虑经济出现问题的原因。假设经济一开始处于充分就业状态，但由于负的需求冲击导致均衡产出和物价水平下降（如图3—2所示），此时，既可采用需求管理政策，也可采用供给管理政策使经济恢复充分就业状态。但二者的后果是不一样的。供给管理政策将使得价格水平进一步下降至 P_2，这意味着通货紧缩，对私人部门的总需求可能会有负面影响，从而使经济陷入恶性循环。而需求管理政策则使得价格水平从 P_1 恢复到 P_0。这一过程是通货膨胀。通货膨胀将使得私人部门的总需求上升，从而加快经济的恢复。因此，此时应更多地采用需求管理政策。

假设经济一开始处于充分就业状态，但由于负的供给冲击导致均衡产出和物价水平下降（如图3—3所示）。同样，此时既可采用需求管理政策，也可采用供给管理政策使经济恢复充分就业状态。但二者的后果是不一样的。需求管理政策将使得价格水平进一步上升至 P_2，这意味着在失业逐渐消除的同时通货膨胀率较高。而供给管理政策则使得价格水平从 P_1 恢复到 P_0，因而经济可以在不经受或少经受通货膨胀的情况下恢复充分就业。因此，此时应更多地采用供给管理政策。

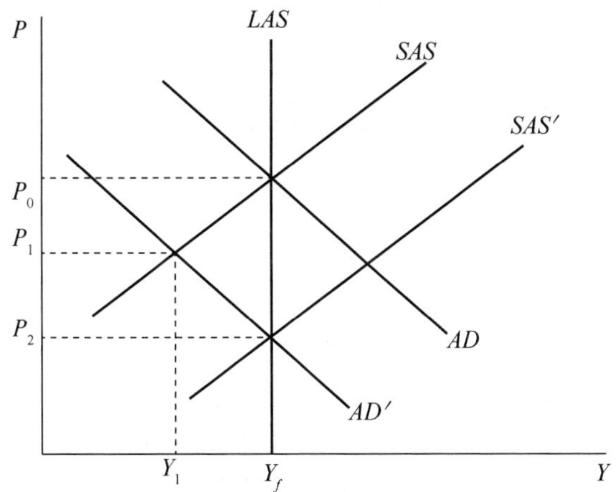

图 3—2 需求冲击

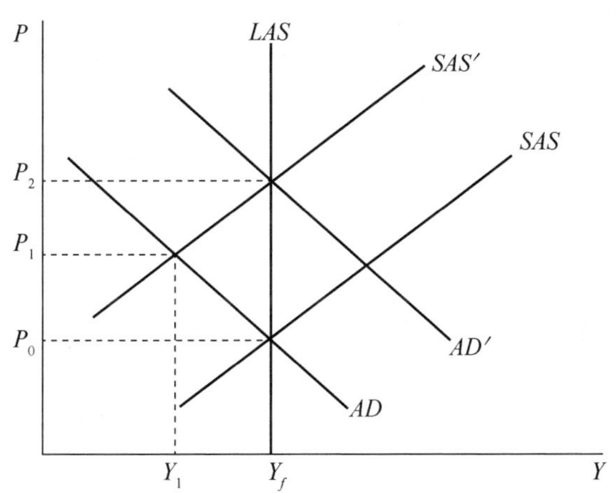

图 3—3 供给冲击

因此，在稳定经济时，应尽量用需求管理政策对付需求冲击，用供给管理政策对付供给冲击。用需求管理政策对付供给冲击，或用供给管理政策对付需求冲击，虽然都能使经济恢复充分就业，但都会对经济产生负面影响，这种负面影响主要体现在物价水平上。

五、总结

在面临多重政策目标的情况下，供给管理政策和需求管理政策的配合就十分有用。菲利普斯曲线在传统的宏观经济政策理论中占有非常重要的地位，菲利普斯曲线指出，政府的目标只能在低失业、高通胀和高失业、低通胀之间进行选择，而在考虑预期的情况下，甚至这种选择都不可行。在引入供给管理政策之后，情况发生了变化。从理论上说，供给管理政策和需求管理政策的配合可以使失业和通货膨胀稳定在任一水平上。比如，要实现低失业和低通货膨胀率，如果单纯用扩张性需求管理政策，可能会抬高通货膨胀率，这时就可以同时采用扩张性供给管理政策来抑制通货膨胀；而如果单纯用扩张性供给管理政策，则可能会导致物价下跌，物价下跌又可能影响消费者的价格预期，从而导致持币待购现象，降低消费需求，这时就可以同时采用扩张性需求管理政策来稳定物价。因此，供给管理政策的引入可以打破单纯采用需求管理政策时面临的菲利普斯曲线的那种被动局面。

随着以技术进步为特征的新经济的到来，新产品不断涌现，任何一个经济的产业结构都在不断地调整之中。而对于我国来说，经济的迅速发展更要求产业结构的迅速调整和升级，因此设计和实施适当的产业政策就成为我国经济政策的重点之一。而几乎所有的产业政策都是供给管理政策。因此，供给管理政策今后在我国将扮演重要的角色。

区域经济政策是供给管理政策的另一重要组成部分。作为一个主权国家的一部分，一个地区的政府没有主权国家政府那样的经济政策手段。比如，一个地区不可能执行货币政策。而如果通过财政政策增加总需求，那么增加的也只是本地区居民的总需求，而本地

区居民的总需求中很可能只有一小部分是对本地产品的需求，因而对本地经济的刺激作用有限。其结果是，一个地方政府花了钱，很可能促进了其他地区经济的发展。因此，需求管理政策对于地区来说是不适合的，供给管理政策因而就成为唯一选择。

经济全球化使得一个国家和地区越来越像主权国家管辖的地区了，各国的经济政策不再独立。商品市场、资本市场的逐步开放都使得需求管理政策的效果越来越差，一国政府需求管理政策刺激起来的总需求很可能不是对本国产品的总需求。但供给管理政策就不一样。供给管理政策的直接受益人就是位于本国主权范围内的相关企业，因此受益最大的是本国企业。其他国家的居民可能也会享受到本国供给管理政策的好处，但毕竟是第二位的。

因此，在调节经济方面，供给管理政策有着其独特的优势。可以预期，随着产业结构的不断调整和经济全球化的不断加速，供给管理政策在宏观调控中的作用将越来越大，应用范围将越来越广泛，也将越来越受到政策制定者的重视。①

参考文献

[1] 北京大学中国经济研究中心宏观组. 货币政策乎？财政政策乎？——中国宏观经济政策评析及增长的建议. 经济研究，1998(10)，http://www.cenet.org.cn/cn/ReadNews.asp? NewsID=14516

[2] 北京大学中国经济研究中心宏观组. 预防通货紧缩和保持经济较快增长研究. 北京：北京大学出版社，2005

[3] 凯恩斯. 就业、利息和货币通论. 北京：商务印书馆，1983

[4] 刘伟，苏剑. 供给管理与我国目前的宏观调控. 经济研

① 然而，正如刘伟、苏剑（2007b）所指出的，在采用供给管理政策时，要严防重新回到计划经济的老路。供给管理是针对企业的，把握不好就会变成对企业经营行为甚至价格的直接干预或管制。关于这一问题的讨论和市场经济条件下供给管理的基本原则，参见刘伟、苏剑（2007a）。

究，2007（2）

[5] 刘伟，苏剑. 供给管理与我国的市场化改革进程. 北京大学学报，2007（5）

[6] 尹伯成，华桂宏. 供给学派. 武汉：武汉出版社，1996

[7] Arthur B. Laffer. "Introduction", in Victor A. Canto, Douglas H. Joines, and Arthur B. Lafer (eds.), *Foundations of Supply-Side Economics: Theory and Evidence*, New York: Academic Press, 1983

第四章 产能过剩背景下的中国宏观调控①

导读： 产能过剩和金融危机是当今世界各国经济面临的问题。本章同时从供给侧和需求侧论述产能过剩的根源，并指出产能过剩是金融危机的根源，金融危机是对产能过剩问题的一种自然治理。因此，不解决产能过剩问题，金融危机的根源就没有被解决，金融危机的可能性就依然存在。世界各国在本次全球金融危机中采取的措施治标不治本，这给我国提供了一个机遇。我国应该采取的政策包括：(1) 紧缩货币以消除资产价格泡沫并降低和固化金融资产与房地产的预期收益率，降低企业投资于实体经济的机会成本；(2) 调整我国的产业结构，淘汰低端产业，发展高端产业，为此应通过增加研发投入、鼓励企业研发等手段加快高端产业向我国的转移；(3) 为企业创造高收益的投资项目；(4) 放松人口政策。

① 发表于《经济学动态》，2010 (10)。

中国的政策走向问题一直是学术界和政界讨论的热点问题。在目前全球金融危机刚刚过去、欧洲债务危机愈演愈烈、世界经济二次探底的可能性越来越大的情况下，我国应该采取什么样的宏观经济政策就是人们关注的焦点之一。本章就探讨这一问题。本章假定世界经济和中国经济都存在比较严重的产能过剩现象，并从此开始展开讨论。因此，本章不探讨世界经济和中国经济是否存在产能过剩的问题、产能过剩的严重程度如何，也不讨论世界经济和中国经济为什么会出现产能过剩，而是从产能过剩的存在出发，讨论我国应该采取什么样的政策组合。

本章共分四节。在第一节，我们探讨产能过剩与金融危机的关系，指出金融危机是经济对产能过剩的自然反应，也是经济自动解决产能过剩问题的一条途径。然后，在第二节和第三节，介绍了世界各国在全球金融危机期间所采取的应对措施及其后果。第四节提出了对我国的政策建议。

一、产能过剩与金融危机

据报道，在谈到全球金融危机时，“林毅夫称，现在的问题主要是产能过剩的问题。”（郑东阳，2010，141 页）林毅夫指出：“尽管危机源自金融部门，但当前的真正挑战来自累积的过剩产能对实体经济的影响。不解决此问题，经济就会有螺旋式下降的风险，危机也有可能拖得更长。”（郑东阳，2010，142 页）那么，产能过剩是怎么引发金融危机的呢？

我们首先设想一下一个没有政府干预的自由市场经济的运行过程，该运行过程图见图 4—1。图 4—1 中的流程图可以分为三个阶段，第一阶段是从第 1 步到第 7 步，这一部分是一个循环，每一步都写在一个椭圆中；第二阶段是从第 8 步到第 14 步，每一步都写

在一个八角形中；第三阶段从第 15 步到第 31 步，每一步都写在一个长方形中。

按经济运行的顺序，我们首先从第一阶段说起。随着经济的发展，人们的收入水平越来越高，在边际消费倾向递减的情况下，人们的储蓄越来越多。随着储蓄的增加，资金供给增加，这一方面导致存贷款利率下降；另一方面，人们对资产的需求增加，导致总体资产价格上升。随着存贷款利率下降，企业投资增加，资本存量越来越大，这会导致产出增加。而按照国民收入的恒等式，这同时意味着收入的增加，而收入的增加又会导致储蓄进一步增加，这就进入了一个新的循环。这个循环一直进行下去，就会导致资本存量的逐步增加，最后导致产能过剩的现象越来越严重。

随着资本存量的增加，企业的产出也会增加（第 8 步），这就进入了第二个阶段。产出的增加意味着商品的供给量增加，这会导致产品价格下降，资本的边际收益率越来越低，实体经济中的投资机会越来越少。随着资本边际收益率的降低，追求利润的资金就会转而考虑其他资产，就流入其他资产市场，这相当于其他资产对实物资产的替代效应（第 8～12 步），于是其他资产的价格就上升。而随着收入的上升，资金供给也在上升，这就导致对其他资产的需求增加，这是对其他资产需求的收入效应（第 13 步）。对其他资产需求的收入效应和替代效应共同作用，且方向相同，经过第一阶段的循环作用，最终会导致其他资产价格以更大幅度上升，形成严重的资产价格泡沫。

这就进入了第三个阶段。随着资产价格的上涨，这些资产的收益率越来越低，风险也越来越大，最终当资产的预期收益率低于货币的预期收益率时，人们就会抛售这些资产，增持货币；于是这些资产价格就会暴跌，资产价格泡沫破灭，导致金融危机。资产价格泡沫破灭导致家庭财富下降，居民户因为财富下降降低消费，消费的下降就会导致企业的销售环境进一步恶化，引发实体经济危机。

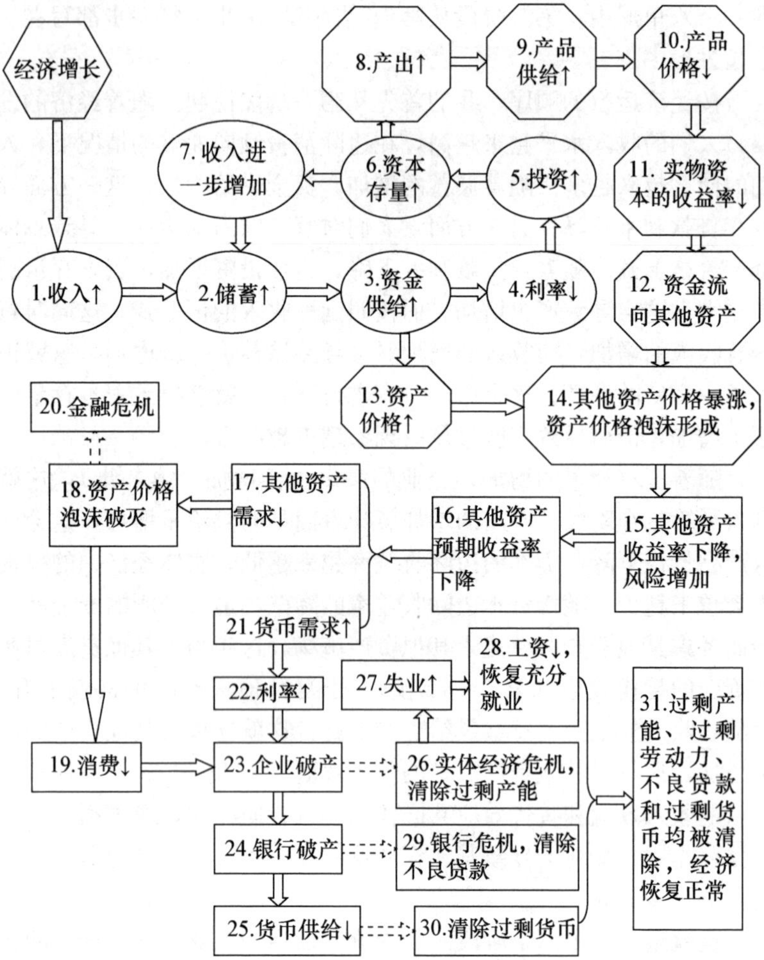

经济增长

1.收入↑

2.储蓄↑

3.资金供给↑

4.利率↓

5.投资↑

6.资本存量↑

7.收入进一步增加

8.产出↑

9.产品供给↑

10.产品价格↓

11.实物资本的收益率↓

12.资金流向其他资产

13.资产价格↑

14.其他资产价格暴涨，资产价格泡沫形成

15.其他资产收益率下降，风险增加

16.其他资产预期收益率下降

17.其他资产需求↓

18.资产价格泡沫破灭

19.消费↓

20.金融危机

21.货币需求↑

22.利率↑

23.企业破产

24.银行破产

25.货币供给↓

26.实体经济危机，清除过剩产能

27.失业↑

28.工资↓，恢复充分就业

29.银行危机，清除不良贷款

30.清除过剩货币

31.过剩产能、过剩劳动力、不良贷款和过剩货币均被清除，经济恢复正常

图 4—1　产能过剩与金融危机

另外，随着人们对货币需求的增加（第 21 步），利率也跟着上升，于是在低利率期间被投资的项目就会亏损，大量企业破产，这一方面导致失业率上升，另一方面导致大量的不良贷款，许多银行破产，引发银行危机。大量企业破产的结果是过剩产能被清除，那

些经营不善、效率低下的企业被淘汰；而大量失业的出现导致劳动力市场的调整，工资下降，这一方面消除了失业，另一方面降低了企业的工资成本，提高了企业的竞争力，为经济的下一步发展扫清障碍。银行破产的结果是一方面不良贷款被清除，效率低下的银行被淘汰，另一方面过剩的货币也被清除。

到目前为止，人们在谈到银行破产的后果时，只强调第一点，即不良贷款被清除，效率低下的银行被淘汰，而不谈第二点，即过剩的货币被清除。我认为这样做不合适。在一个自由市场经济中，银行存款没有政府担保，也没有存款保险制度，其结果是银行破产时，居民户的存款也消失，于是货币供给就下降。这种货币供给的下降是在中央银行的货币基础未发生变化的情况下发生的，因此是由于货币乘数的下降导致的。货币供给的下降就保证了资产价格在短期内不会再涨起来，因而使得经济真正回复到正常状态。当然，居民户的存款消失对居民户来说是一个损失，但这种调整同时也是一个均贫富的过程，因为存款消失最多的是富人，穷人的存款资产本来就少，相对来说损失小一些；而随着货币供给的下降，股票、房地产等资产价格泡沫破灭的格局被确认，这些资产持有者的损失也被固定，同样，穷人持有的这些资产较少，损失也相对较少。

如果银行破产时，居民户的存款没有损失，比如由于国家担保或者存款保险制度，那么货币供给就没有下降。对于货币持有者来说，实体经济投资与金融资产投资之间存在替代关系，货币持有者在利润最大化动机的驱动下，会投资于预期收益率较高的项目，这些货币的存在就会给人们一个资产价格还会涨起来的预期，提高这些资产的预期收益率，在实体经济已经进入正常状态的情况下，他们就不去投资实体经济，而是等着在资产市场抄底。于是，经济的自动调节过程就会失效。这样，要吸引他们把资金投入实体经济，就得使实体经济具有更高的预期收益率，而这就要求更多的产能被清除，造成浪费，并加重实体经济危机的

程度。因此，清除过剩货币是经济恢复正常的必要条件。在一个没有政府干预的自由市场经济中，银行破产就是清除过剩货币的途径。在有了政府干预的情况下，出现银行危机时居民户的存款不再受损失，或者损失不大，过剩货币没有被清除。现在的美国就是这样。

综上所述，金融危机是经济对产能过剩的一种自然反应，是消除产能过剩的一种方式。金融危机通过以下步骤使经济恢复正常。首先，过剩产能和低效率企业被清除。低效率的企业被淘汰出局，高效率的企业幸存下来，产能过剩不再存在。其次，过剩劳动力被清除。在金融危机中，失业的大量存在会引发劳动力市场的调整，工资下降从而使得劳动力供求重新达到均衡，过剩劳动力不复存在。再次，资产价格泡沫被挤除。在金融危机中，资产价格暴跌，恢复到正常水平。最后，过剩货币被清除。银行破产导致居民户的存款消失，而存款是货币的一部分。过剩货币被清除之后，人们的购买力下降，对各种资产的需求都降低，从而能够确保资产价格和这些资产的预期收益率处于合理状态。

二、各国对全球金融危机的应对措施

全球金融危机的爆发是世界经济对全球产能过剩的一种自然反应。在全球金融危机爆发后，世界各国采取了大规模的刺激措施，以避免实体经济危机。这些措施主要包括以下几类：

(1) 大规模增加货币供给。这主要是针对图 4—1 中的第 21 步，即货币需求上升。如上所述，如果没有政府干预，那么货币需求就会上升，从而利率大幅度上升，这就会导致投资下降，最终会导致实体经济危机。因此，在此情况下，如果能够增加货币供给，就可以保证利率不上升；利率不上升，实体经济就不会受影响，因

此增加货币供给就可以把金融体系与实体经济隔开，在实体经济与金融体系之间构筑一道防火墙。因此，美国和世界各个主要国家都采取了大规模的货币扩张政策。美国的货币基础在半年内翻了一番，使得美国商业银行体系的超额准备金增加了四百多倍（苏剑等，2009）；中国也连续采取了降低利率的政策，使得中国的利率降到了历史最低点。

（2）稳定资产价格。如图4—1中第18步到第19步所示，资产价格泡沫破灭会导致消费下降，从而引发实体经济危机。因此，世界各国就都采取了稳定资产价格尤其是房价和股价的政策。美国采取措施挽救了房地美和房利美，并出台了住房购买税收优惠和其他购房鼓励政策；中国各个地方政府在金融危机期间也采取了购房鼓励措施；世界几乎所有国家都把稳定股市作为稳定经济的主要方面之一。

（3）刺激消费。如图4—1第18步到第19步所示，资产价格泡沫破灭会导致消费下降，从而引发实体经济危机。因此，除设法稳定资产价格以外，世界各国都采取了刺激消费的措施。具体措施包括降低个人所得税、消费补贴（如中国的家电下乡、汽车下乡、以旧换新等措施）、税收优惠（比如降低汽车购置税等）等等。

（4）挽救大企业。如图4—1第23步所示，金融危机中许多企业会破产倒闭，这会造成大量失业，尤其是一些大企业，其破产的影响更大，甚至到了政府不敢让其倒闭的地步。于是，世界各国政府尤其是美国政府就展开了对大企业的挽救，美国汽车业几大巨头都得到了美国政府甚至美国中央银行的直接援助就是这种政策的表现之一。

（5）挽救大银行。如图4—1第24步所示，金融危机中许多银行会破产倒闭，而银行却是整个宏观经济的命脉所在，所以政府不敢让大量银行破产，尤其是一些大型银行。于是政府就需要对一些大银行进行挽救。美国中央银行安排的对问题银行的重组等措施实际上就是这种政策的表现。

三、各国对全球金融危机的应对措施的后果

这些政策虽然有助于把实体经济与金融体系隔开，避免实体经济的危机，但是却是治标不治本的。由于金融危机本身不是经济危机的根源，它只是经济危机发生和发展的一个环节，经济危机的根源是产能过剩。因此，这些政策会产生严重的后果，不利于经济的恢复。

第一，资产价格泡沫依然严重，并未被完全挤除。只有资产价格回到正常状态，经济才可能稳定下来。以住房为例，美国的住房价格在金融危机前暴涨，直到现在，虽然房价已经有较大幅度的回落，也只有5%的人买得起房。这么高的房价显然是不可持续的。中国也一样，北京的房价已经比得上日本的东京、美国的纽约和夏威夷、新加坡等发达国家的中心城市的房价，北京人以发展中国家的收入水平面对着发达国家的房价，这显然不合理。

第二，过剩货币不仅未被清除，反而因为大规模的货币扩张政策得以大规模加强。因此，即使资产价格回落，人们依然对资产的收益率有着很高的预期，因此资产价格泡沫就无法被完全挤除。中国政府历次调控房价均成“空调”，即是这一现象的表现。这种大规模的过剩货币的存在，就使得资产的预期收益率高企，人们投资于实体经济的积极性不强，这不仅延缓了经济的恢复，更重要的是，为了吸引人们在实体经济中投资，就必须清除过多的产能，造成额外的浪费，并加重经济危机的程度。

第三，挽救企业的措施使得低效率的产能继续存在，失业也没有达到应有的水平，而工资刚性的存在也使得各国的工资未能降到应有的水平。在金融危机中，虽然许多国家的工资水平都有所下降，但降幅不够，无法使得企业起死回生。因此，过剩劳动

力没有得到清除。挽救企业的措施只是使得低效率企业得以苟延残喘，并没有解决产能过剩的问题，也就没有解决劳动力过剩的问题。

第四，挽救银行的措施使得过剩货币无法被清除，而不良贷款也将继续存在，这些都为经济埋下了隐患。

第五，在经济增长的过程中，财富的分配格局会不断发生变化，由于收入的差距以及资产价格的变动，收入分配的不平等程度会加剧。而金融危机通过挤除资产价格泡沫，实际上是一次对财富进行重新分配的过程，通过这一过程，将使得财富的分配更趋均等化，同时也将使得劳动收入和资产性收入的比例更为合理。政府干预使得财富分配的格局被相对维持住，不利于财富的再分配，也不利于鼓励劳动致富。

综上所述，政府干预虽然使得经济暂时摆脱了危机，但经济危机的根源没有被消除，而且随着技术的进步，产能过剩的程度在不断加大。治标不治本的措施暂时堵住了经济危机的大洪水，但却形成了一个巨大的经济人工湖，但上游的水仍然在不断流入这个湖，使得湖水水位越来越高。政府将不得不步步加高堤坝，稍有不慎，堤坝决口就造成洪灾；即使政府小心谨慎，确保堤坝不决口，但也有政府最终无力继续加高堤坝的那一天，当那一天到来之时，一场巨大的洪灾就不可避免。

四、我国的对策

首先，我国应采取货币紧缩政策。如上所述，清除过剩货币是经济恢复正常增长的必要条件之一，过剩货币不清除，人们对房地产和其他金融资产的预期收益率就降不下来，人们对实体经济投资的积极性就不会高，经济的恢复就无法进行，反而会引起更大

幅度的衰退。在没有政府干预和存款保险制度的自由市场经济中，过剩货币是在金融危机中被银行破产清除的。银行破产会导致储户遭受损失，这被看做是一个缺点，为了保护储户，各国要么采取政府担保的方式，要么采取存款保险制度，其结果是，当银行破产时，储户不受损失或者损失很小，因此过剩货币就无法被清除。

因此，在存在政府担保或存款保险制度的情况下，要想清除过剩货币，就得采取别的办法。如减少基础货币，提高法定存款准备金率，在我国，还可以采取限制银行贷款规模的办法。在我国，要减少基础货币，就得压缩我国的外汇储备规模，因为我国的货币基础主要是通过买入外汇提供的。据中国人民银行提供的数据测算，2010 年初我国的外汇占款与基础货币的比重高达 123%，因此可以说，这一时期买入外汇已经成为我国提供基础货币的唯一渠道，其他调节货币基础的渠道是被用来回收基础货币的。限制"热钱"流入，鼓励我国企业和个人对外投资，大量进口关键原材料和能源，购买外国先进技术等都可以做到这一点。

其次，要进行产品结构和产业结构的调整。我国目前产能过剩的程度已经非常严重。但是，我国的产能过剩只是在低端产业，在高端产业我国是产能严重不足，比如飞机制造、汽车制造等现代制造业，我国还很落后；在通信、电子、航天等领域我国还远远落后于世界先进水平。因此，淘汰低端产业、扩大高端产业就能够解决我国的产能过剩问题。实际上，我国产能过剩的问题最终也只能通过这种办法解决。从我国进出口的格局看，虽然我国的出口占到了 GDP 的 35%～40%，但我国的净出口一般只有 GDP 的 6%～7%，这说明我国的内需是有的，但我国自己满足不了这一部分需求。如果我国能够调整自己的产业结构，把这一部分产品改由国内提供，那么我国的过剩产能也许并不过剩，当然这里面有一个产业结构调整的过程。

调整产业结构的重要措施是加快高端产业向我国的转移。我国

相对于发达国家来说还很落后，因此对于发达国家来说是夕阳产业的东西，对于我国来说可能还是朝阳产业。这就是我国的“后发优势”。我国目前的经济发展阶段比较落后，工人工资水平相对较低，但工人的素质却不低，毕竟经过新中国成立以来60多年教育事业的发展和最近10多年来的高校扩招，我国工人的文化素质大幅度提高，尤其是年轻一代的教育程度已经基本达到发达国家的水平。我国目前也不缺资金。我国的劳动力素质和劳动力数量都能够保证产业向我国的转移。不管是外国企业迁向我国还是我国企业通过自己努力实现产业转移，效果对于我国来说都是一样。实际上，近年来我国企业已经在积极探索这一道路，如吉利收购沃尔沃、联想收购IBM的手提电脑技术等。作为政府来说，应该采取更为积极的措施鼓励中国企业通过各种方式提升自己的产品结构和技术水平。

为了实现产业结构的调整，我国还应鼓励企业进行研究与开发。如果通过我国企业的自身努力实现产业转移的话，就得花大量的力量进行自主研发，即使购买外国先进技术，也得设法消化吸收，最终变成我国自己的竞争力。我国政府可以加大研发投入，着重进行那些具有一定的基础性特征的研究与开发工作，这些研发工作对于企业来说要么成本过大，要么周期过长，得不偿失，因此必须由政府来做。比如电脑的发展就是这样。电脑在20世纪40年代就被发明出来了，但大规模进入家庭却是差不多40年之后。在这么长的时间里，美国政府通过对军事研究的支持，解决了大量问题，实现了电脑的快速化、小型化，为电脑进入家庭扫清了障碍。试想，如果让企业做这件事情，哪个企业能坚持40年？哪个企业愿意付出那么大的投入？又有哪个企业有这么大的财力？企业虽然也做研究与开发工作，但企业做的往往就是最后一步，在水到渠成的那一刹那，打开一个缺口把水放出来。至于水是怎么流过来的，企业根本不会去管。

政府对企业研发活动应该给予税收减免或补贴。毕竟研发都是有外部性的。企业竞争力的提高有助于经济的可持续发展，也有助

于解决就业问题。

最后，政府可以设法创造高收益的投资项目。有了高收益，企业自然就愿意投资。在我国，有许多可能性。比如，我国可以进行大规模的生态开发。我国有 260 多万平方公里的荒漠化土地。可以考虑用土地换投资，也就是说，谁治理好哪一片沙漠，就把那片土地归谁所有，如果企业的积极性还不够，政府可以进行补贴，直到企业愿意投资为止。再比如，如果技术条件允许的话，可以考虑修建通往西藏、新疆等偏远地区的高速路，以高速路两边适当范围内的土地所有权来激励企业投资。当然，除了土地所有权外，企业还可以对过往车辆收费以取得收入。或者允许私人企业进行高速路的投资与开发，即使在发达地区也无所谓，只要企业愿意。我国的基础设施还很缺乏，可以考虑由私人企业进行开发，而不是政府进行，比如机场、港口、桥梁等等，当然企业是追求利润的，必须给企业一定的获益途径。

参考文献

［1］苏剑，刘斌，林卫斌．论中国目前的货币政策选择——基于中国宏观经济特殊性的思考．经济学动态，2010（5）

［2］苏剑，林卫斌，叶淏尹．金融危机下中美经济形势的差异和货币政策选择．经济学动态，2009（9）

［3］郑东阳，林毅夫：跌宕人生路．杭州：浙江人民出版社，2010

第五章

中国目前的通货膨胀：特点、成因及对策①

导读：本章是综合运用供给管理和需求管理解决实际经济问题的一个案例。本章研究的是2010年前后中国出现的通货膨胀问题。本章指出，当时的通货膨胀是由需求拉动和成本推动共同造成的，宏观经济的自然走势呈现出“供给萎缩、需求扩张”的格局，导致中国经济出现了不同于以往的通货膨胀问题。因此，要治理它就得从需求和供给两方面同时下手，我国应该采取“供给扩张、需求紧缩”这样的政策组合。需求紧缩应该主要依靠“量化货币紧缩”政策，具体政策包括进一步加强资本管制和鼓励中国企业对外投资；供给扩张主要依靠降低企业税收的政策、加速人民币升值、深化改革、改善管理，以及技术进步政策。

① 发表于《经济学动态》，2011 (1)，50～55页，被社科院英文刊物*China Economist*全文翻译转载，Vol. 6，No. 4，July-August 2011，pp. 110－118。

进入2010年以来，我国的通货膨胀率逐渐提高，10月份中国的CPI上涨率达到了近年来的新高4.4%，这引起了国内外的普遍重视。央行也随之在10天内连续两次提高法定存款准备金率。那么，本轮通货膨胀有什么特点？成因是什么？我国应该采取什么样的应对措施？本章就讨论这些问题。

一、我国本次通货膨胀的特点

我国目前的通货膨胀有三个特点。第一，基本上是物价普遍上涨。图5—1（a）和图5—1（b）给出了2010年1—10月我国的居民消费分类价格指数（同比）的情况。从图中可以看出，在九大类商品中，除了衣着、交通和通信两大类商品之外，其他各大类商品价格均上涨而且通货膨胀率有上涨的趋势；而家庭设备用品及服务和娱乐教育文化用品及服务两大类商品的价格指数也从年初的低于100逐步上涨到100以上。

第二，食品价格的涨幅远远大于其他类商品，而且食品价格的涨幅与其他各类商品价格涨幅之间的差距不断扩大，10月份食品价格涨幅比居民消费价格总指数高出5.7个百分点。而在食品价格中，蔬菜价格的涨幅又远远高于其他食品价格的涨幅，10月份鲜菜价格的同比上涨率达到31%，鲜果价格的上涨率达到17.7%。[①]

第三，本轮通货膨胀是在资产价格飞涨之后发生的。与商品价格的上涨相比，资产价格在近几年的上涨更为引人注目。从2008年到现在，中国的资产价格尤其是房价高速上涨，其中仅2009年，从年初到年末，北京的房价几乎翻了一番，而政府的房价调控措施几乎毫无效果。玉石、文物、古董、字画、高级酒等可以储藏的商品价格也大幅度上升。

① 参见国家统计局网站。

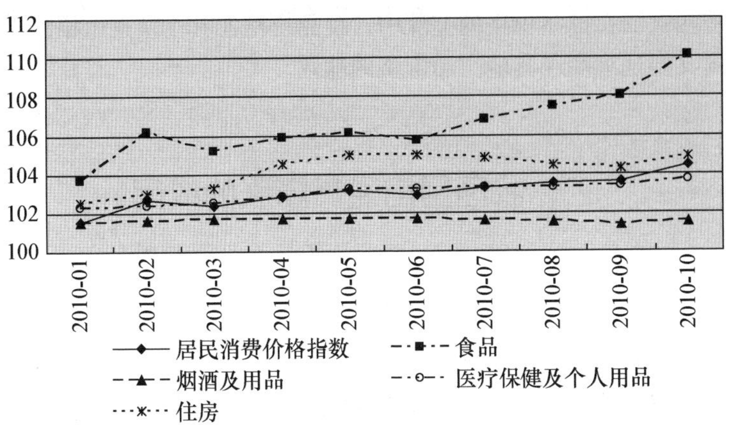

图 5—1（a） 2010 年 1—10 月我国的居民消费分类价格指数（1）

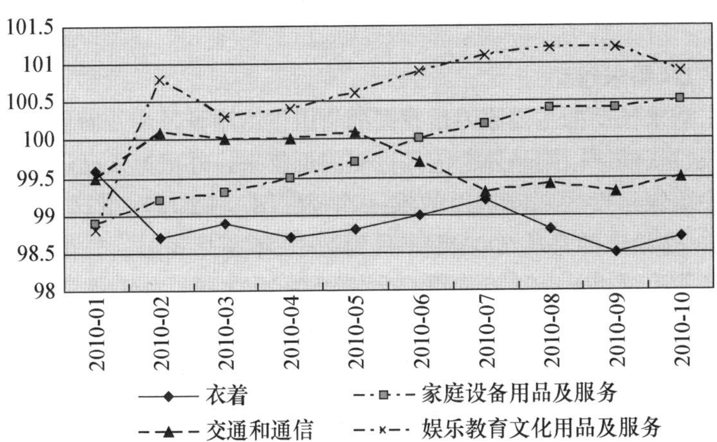

图 5—1（b） 2010 年 1—10 月我国的居民消费分类价格指数（2）

资料来源：笔者根据国家统计局网站（http://www.stats.gov.cn/tjsj/，2010-12-05）提供的数据绘制。

综上所述，我国目前面临的是物价普遍上涨的局面，这种局面包括资产价格的上涨和商品价格的上涨两个部分。其中，资产价格的上涨从时间上领先于商品价格的上涨，涨幅也远远超过商品价格

的涨幅；而在商品价格的上涨中，食品价格尤其是蔬菜价格的上涨幅度又要远远高于其他商品价格的涨幅。

二、我国目前通货膨胀的成因

笔者认为，我国目前的通货膨胀是由需求和供给两个方面的原因共同造成的。这跟以前的通货膨胀有所不同。我国以前的通货膨胀多数为需求拉动型的，现在，随着企业生产成本的上升，我国的通货膨胀中成本推动的作用越来越大。下面我们分别讨论为什么会出现需求拉动和成本推动两个类型的通货膨胀。

1. 需求拉动

需求拉动的主要原因是我国的货币供给增长过快，而货币供给增长过快的原因则是外汇流入过多。近年来，外汇流入已经成为我国中央银行投放基础货币的唯一途径。图 5—2 反映了这种情况。图 5—2 给出的是从 2000 年 1 月到 2010 年 9 月我国的外汇占款与储备货币（也就是基础货币）之比。在 2001 年，外汇占款占基础货币的比例为 43%左右，2006 年初这一比例超过 100%，此后这一比例继续上升，最高时达到 129%，目前维持在 120%左右。这意味着我国的基础货币完全是由购买外汇投放的，不仅如此，中央银行还得通过其他途径回收因购买外汇投放的部分基础货币。

外汇流入导致我国的货币供给增长过快，虽然中央银行采取了大量发行央行票据的政策回收基础货币，但依然无法完全摆脱流动性过剩的局面。其结果是，物价上涨不可避免。但是，我国的物价上涨却有其特殊性。当流动性过剩出现时，首先上涨的是资产价格，随后商品价格开始上涨，而且商品价格的上涨幅度远远低于资产价格的上涨幅度。为什么呢？

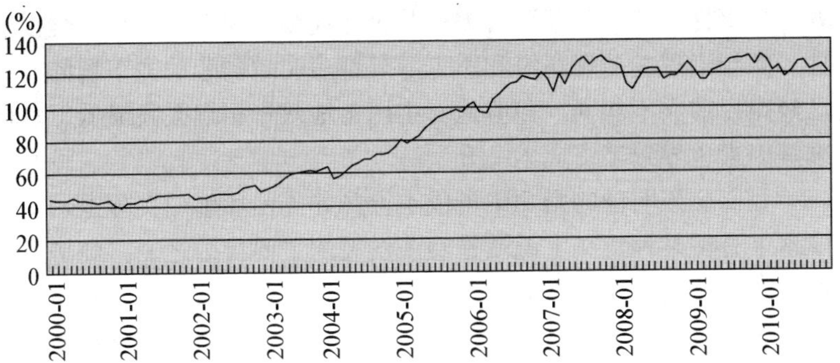

图 5—2　我国的外汇占款与基础货币之比（2000 年 1 月—2010 年 9 月）

资料来源：笔者根据中国人民银行网站提供的数据计算绘制。

原因就在于我国目前存在严重的产能过剩。“产能过剩”是从供给一边说的，从需求一边看就是所谓的“有效需求不足”，二者是一个意思。“有效需求不足”的意思就是老百姓的基本消费需求几乎已经达到饱和①，老百姓的边际消费倾向已经很低，因此随着老百姓手中货币的增加，老百姓并不大量增加消费，而是增加储蓄，而储蓄就是对各种资产的需求。其结果是，资产价格首先上涨，而商品价格由于产能过剩的存在不涨或小幅上涨。随着资产价格的上涨，资产的预期收益率逐步下降，过剩的流动性会逐步流入商品市场，导致商品价格上涨，但由于人们的消费需求不足，因此消费需求增加的幅度远小于资产需求增加的幅度，从而商品价格的上涨幅度要远小于资产价格的上涨幅度。

2. 成本推动

生产成本上升是我国目前的通货膨胀的另一个原因。

首先，工资成本上升。近年来中国劳动力市场出现的各种引人

① 这是在目前的经济体制和收入分配格局下说的，随着经济体制和收入分配格局的变化，我国的消费也会发生变化。

瞩目的事件如“民工荒”现象、某企业连续出现十几次员工跳楼事件、频频出现的劳资纠纷和罢工等等都表明中国劳动力市场的形势已经跟以前大不相同。相应地，中国各地政府相继提高最低工资标准等因素也导致工资成本上升。

我们应该明确的是，工资成本上升并不是坏事。实际上，工资成本上升在某种意义上说就是经济发展的主要目的之一。经济发展的目的就是提高居民生活水平，而居民生活水平又取决于其收入水平，居民收入的大部分是工资收入，因此，要提高人民群众的生活水平，就必须提高工资，这对于企业来说就意味着工资成本的上升。因此，工资成本的提高本身对经济就有了两面性：一方面，工资提高是我们发展经济的目的；另一方面，工资提高又增加了企业的生产成本，给企业生产和宏观调控提出了新的问题。

其次，随着中国经济的发展和经济规模的扩大，中国对原材料、能源等自然资源的需求也大幅度增长，中国对国外资源的依存度也迅速提高。这导致资源价格的上升，也提高了企业的生产成本。

再次，随着节能减排在全世界逐步得到认可，以及我国经济面临的资源压力逐渐加大，我国政府对节能减排也越来越重视，相应的要求和标准也越来越高。为了满足这种要求，企业就得增加人力、物力，这就在客观上进一步加大了企业的生产成本。

最后，随着我国居民收入水平和生活水平的提高，我国居民对生活质量也越来越重视，因而对环境保护、生产安全、食品安全、生活舒适度等方面的要求也越来越高，满足这些要求也需要增加投入，这就在客观上使得生产成本上升，加大了物价上涨的压力。

成本推动型通货膨胀的特点就是所谓的“滞胀”。美国两次石油危机期间的情形就是如此。我国目前的成本上升也会有相同的结果。

3. 小结

以上分析有助于解释我国目前通货膨胀的特点。首先，流动性过剩导致物价的普遍上涨，这包括资产价格和商品价格两方面；其

次，流动性过剩和产能过剩二者共同作用导致资产价格的快速上涨，以及商品价格上涨在时间上落后于资产价格的上涨、在涨幅上低于资产价格的特点；最后，由于生产成本的上升，尤其是劳动力价格的上涨，劳动密集型产品的价格上涨幅度要高于其他产品价格的上涨幅度，因此，在本轮通货膨胀中，农产品，尤其是劳动密集型农产品如蔬菜价格的上涨幅度远高于其他食品价格的上涨幅度。

三、我国目前应该采取的政策组合

那么，我国应该如何应对目前的通货膨胀呢?

如图 5—3 所示，我国目前面临需求扩张、供给萎缩的局面。需求扩张的根源是货币投放过多，反映在图 5—3 中是总需求曲线右移至 AD_2；供给萎缩的原因是成本上升，在图 5—3 中反映为总供给曲线左移至 AS_2。二者的共同作用导致物价上涨。

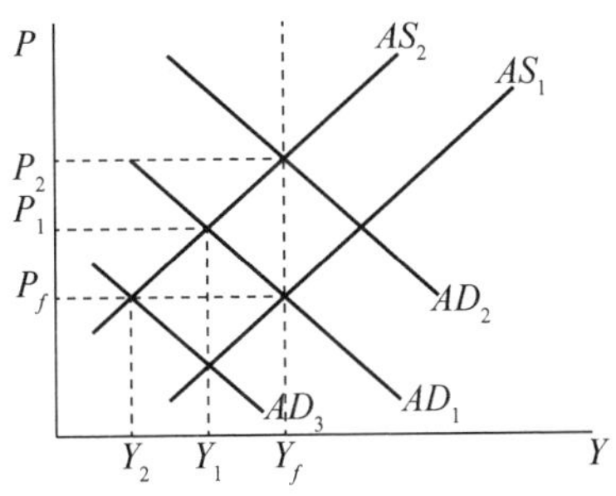

图 5—3　需求管理政策的局限性

在我国目前的经济形势下，我国应该采取“供给扩张、需求紧缩”这样的政策组合，用需求紧缩应对需求拉动型通货膨胀，用供给扩张应对成本推动型通货膨胀。反映在图 5—3 中就是使得总需求曲线和总供给曲线移回原来的位置，从而既避免了需求拉动型通货膨胀，也避免了成本推动型通货膨胀。

在原有的框架下谈论货币政策和财政政策的松紧搭配已经解决不了目前的经济问题，因为在原有的框架下，不管财政政策和货币政策如何搭配都是需求管理政策，不同的只是需求变动的来源和需求结构的变化。无论需求方面如何变化都应对不了成本推动型通货膨胀。

四、我国目前应该采取的具体应对措施

那么，“供给扩张、需求紧缩”这样的政策组合中，应该采取哪些具体政策呢？

1. 需求紧缩

需求紧缩的方式有两种，一是财政性需求紧缩，一是货币性需求紧缩。在需求紧缩的大框架下，需求管理内部财政政策和货币政策也可以松紧搭配，这跟目前的宏观经济政策体系没有区别。

首先，在目前的情况下，财政紧缩不合适，因为财政性需求政策直接影响总需求，因此会直接影响到实体经济，影响我国的经济增长和就业。尽管我国目前面临通货膨胀，但应该承认的是，通货膨胀率只有4.4%，绝对水平并不是很高。无论如何，在一个市场经济中，物价不可能不变，否则价格机制就不可能起作用，因此物价的变动是很正常的。物价上涨率过高，老百姓可能就承受不了；而物价上涨率过低，经济就容易陷入通货紧缩，而治理通货紧缩的难度远远大于治理同样幅度的通货膨胀。因此，一般而言，2%～3%的年通货膨胀率是最佳的，低于2%经济就容易陷入通货紧缩，所以一般而言，一旦通货膨胀率低于2%，调控当局就会紧张起来；而高于3%的话，某些特定人群受到的影响可能过大，政府就

必须应对，原因就在于物价上涨往往不是所有商品价格以相同幅度上涨，而是某些商品价格上涨快，某些商品价格上涨慢，某些商品的价格甚至还在跌，比如目前的经济形势就是这样。因此，目前4.4%的通货膨胀率总体上来说不算太高，但由于食品价格上涨幅度过大，对低收入家庭影响较大，所以应该采取措施治理。在我国目前流动性过剩现象十分严重的情况下，商品价格总体涨幅仅为4.4%，这足以说明商品价格受到了有效需求不足的限制。也就是说，尽管老百姓手中有钱，他们想买的也是各种资产，以使自己的资产保值，而不是大量增加消费，因而资产价格的涨幅远大于商品价格的涨幅。因此，我国就不应采取财政性需求紧缩政策。

其次，我国应该通过数量型货币政策来实施紧缩性需求管理，也就是所谓的“量化紧缩”政策，而不是价格型政策，即加息。

在我国，利率政策和货币政策的关系跟成熟的市场经济国家不一样。在成熟的市场经济国家，利率是市场化的，货币供给和利率之间有因果关系，因此，货币供给和利率之间中央银行只能盯住一个，放开另一个；而在我国，利率不是市场化的，货币供给和利率同时受中央银行控制，二者之间没有因果关系。因此，货币政策的效果跟那些国家就不一样。

假定我国不紧缩货币，但提高利率。结果会如何？加息会导致企业减少投资，这一方面会紧缩实体经济，另一方面会导致企业的交易性货币需求下降，在货币供给不变的情况下，多余出来的货币就会流向资产市场，加剧资产泡沫。因此，加息在我国的效果就是紧缩实体经济、扩张虚拟经济。这不符合我们调控的目的。

而量化紧缩政策的效果就不一样了。假定我国不加息，但设法减少货币供给。由于我国目前面临流动性过剩的局面，所以货币供给减少并不影响资金的可得性，而利率不变也不影响企业的投资成本。因此，在这种情况下，实体经济不受影响，货币供给的减少直接减少了资产市场上的货币供给，因此有助于抑制资产价格泡沫。也就是说，“量化紧缩”不影响实体经济，但紧缩虚拟经济。正好

满足我国目前的调控目标。

那么，如何实施“量化紧缩”呢？首先，应该采取更为严厉的资本管制以限制“热钱”的流入。我国的法定存款准备金率已经高达18%，提高的空间已经很小；公开市场操作、再贴现等政策的空间也很小。因此，传统的货币政策工具已经不足以应对目前流动性过剩的局面。如前所述，外汇流入是导致我国流动性过剩的根源，所以，减少外汇流入就应该被作为紧缩货币的主要着眼点。而在我国目前利率相对其他国家较高、人民币升值预期比较强烈的情况下，利率政策、汇率政策等手段不便采用，实施更为严厉的资本管制几乎就成为唯一的选择。

其次，应鼓励我国企业对外投资。对外投资有助于消化目前我国的巨额外汇储备，化解通货膨胀的压力。而且，我国经济高速发展30多年之后，我国企业的技术水平、管理水平、资金规模等都有了根本性的提高，已经具备了对外投资的条件；而我国对国外资源的依赖又迫使我国通过这一领域的对外投资来保证我国的资源安全。因此，鼓励企业对外投资对我国经济有利无害。

2. 供给扩张

扩张性供给管理政策是应对成本推动型通货膨胀即滞胀的最佳对策。

第一，减税政策。降低企业的税收，比如企业所得税、企业增值税等，这些都有助于提高企业实际得到的利润率，有助于刺激供给。近年来，我国的税收增长率一直高于GDP增长率，意味着资源迅速向政府积聚，政府税收占GDP的比例持续攀升。给企业减税有助于抑制这种趋势，同时也抵消了成本上升给企业增加的负担，增加了总供给。

第二，加速人民币升值。我国目前对外部能源和原材料的依赖性越来越大，人民币升值有助于降低原材料和能源价格，因而有助于降低企业的生产成本。对于我国经济来说，这相当于一个有利的

供给冲击。

关于人民币汇率问题，目前国内多数人对人民币升值充满疑虑，主要是担心其对出口的负面影响。刘伟和苏剑（2010）指出，坚持人民币不升值的人，强调的只是升值后中国产品在国际上的价格优势会被削弱；在刘伟和苏剑（2010）看来，人民币升值也罢、不升值也罢，中国产品的价格优势最终都会被削弱，但不升值反而会导致国内的通货膨胀。他们比较了人民币升值和不升值两种情况。如果人民币升值，那么中国产品在国际市场上的价格优势会立即被削弱；如果人民币不升值，那么这种价格优势会继续维持一段时间，但贸易顺差、人民币升值预期会导致外汇大量流入中国，结果导致国内的资产价格泡沫和通货膨胀，从而引发工资和生产资料价格上升，企业生产成本上升，最后传导到国际市场上，中国产品价格还得上升，从而中国产品在国际市场上的价格优势被削弱。因此，在他们看来，不管人民币升值还是不升值，中国产品在国际市场上的价格优势最终都会被削弱，但升值还能避免国内的资产价格泡沫和通货膨胀，因此，人民币升值对中国经济更有利。

第三，改善管理、深化改革，以降低成本。比如政府行政体制改革有助于改善政府服务、降低企业的运营成本；金融体系改革有助于降低企业的融资成本和交易成本；劳动就业体系改革有助于促进劳动力要素的流动，调动劳动者的积极性，提高劳动生产率；等等。

第四，从长远来看，降低企业生产成本最终还得依靠技术进步带来的生产率的提高，比如促进技术进步，包括促进企业进行技术升级和技术改造、调整要素投入组合、进行自主研发等等，这些都有助于降低企业的生产成本。但这些起作用往往比较慢，从政策实施到效果显现之间时滞比较长，而且不确定性较大。但这些措施有一个优点，那就是只有好处、没有坏处，因此不管其作用什么时候显现，都对当时的经济有利无害，能缓解那时宏观调控的压力。因此，虽然对目前可能效果不大，但也不能忽视。

五、总结

我国目前的通货膨胀与我国改革开放以来出现的历次通货膨胀不同。本次通货膨胀是由需求和供给两方面的因素共同推动造成的，因此，要治理它，就得从需求和供给两方面同时下手。尤其是成本推动型通货膨胀，在目前的宏观经济政策框架下根本找不到好的解决办法。因此，我国目前应该采取“供给扩张、需求紧缩”这样的政策组合。需求紧缩应该主要依靠“量化货币紧缩”政策，具体政策包括进一步加强资本管制和鼓励中国企业对外投资；供给扩张主要依靠降低企业税收的政策、加速人民币升值、深化改革、改善管理，以及技术进步政策。

应该看到的是，随着我国居民收入水平的提高，以及中国经济规模的扩大导致的对资源需求的增加，中国企业的生产成本在今后相当长一段时期内都将呈现出上升趋势，成本推动型通货膨胀将是中国经济的常态。因此，着眼于降低企业生产成本的扩张性供给管理政策应该受到我国政府的足够重视。

参考文献

[1] 苏剑. 供给管理政策及其在调节短期经济波动中的应用. 经济学动态，2008（6）

[2] 刘伟，苏剑. 人民币升值及应对措施. 金融研究，2010（11）

[3] 刘伟，苏剑. 供给管理与我国现阶段的宏观调控. 经济研究，2007（2）

[4] 刘伟，苏剑. 供给管理与我国的市场化改革进程. 北京大学学报，2007（5）

第六章

良性与恶性“通缩”冲击下的中国经济增长和宏观调控[①]

——对近期中国经济趋势的考察

导读： 本章也是综合运用供给管理和需求管理解决实际经济问题的一个案例。本章写作于2014年年底，对2015年中国的经济形势做了分析和预测。本章指出，由于房地产投资增速下降、经济中缺乏好的投资机会、出口疲软，以及油价大幅下跌和改革效果逐步显现等原因，2015年中国经济将呈现“需求萎缩、供给扩张”的自然走势。由于“需求萎缩”和“供给扩张”二者都压低物价，因此2015年中国将肯定出现低通胀的局面；由于需求萎缩抑制经济增长，而供给扩张促进经济增长，二者一长一消，2015年中国的经济增速无法判断。本章指出，虽然2015年中国将出现低通胀甚至是通缩的局面，但这种通缩一部分是供给扩张引起的，与之对应的是经济扩张和就业增加，因此是良

① 发表于《经济学动态》，2014（12），与刘伟合写。

性通缩；而另一部分是需求萎缩引起的，是传统的通缩，是恶性的，因此2015年中国经济的低通胀甚至通缩是“良性”和“恶性”通缩叠加的结果。对于良性通缩，政策上无须多虑；对于恶性通缩则必须予以扼制。

鉴于2015年中国经济将呈现“需求萎缩、供给扩张”的自然走势，我们建议的政策组合是“需求扩张、供给紧缩”；需求扩张的具体方式是货币中性、财政扩张；供给紧缩则主要通过启动一些会提高成本的改革（比如要素价格体系改革等等）来进行。

一、2014年中国经济增长的进程和特点

总体上看，2014年中国宏观经济运行及其增长实现了良性组合状态，突出表现在以下几个方面：(1) 总体上呈现了较高经济增长、低通胀和较高就业增长、低失业率的宏观良性态势，预计全年经济增长率应在7.4%以上，通胀率为2.0%，更为重要的是，全年提前3个月实现了就业目标。(2) 这种宏观经济状态表现出中国经济增长及宏观调控已开始适应“新常态”下的新变化和新失衡，“新常态”下经济增长无论是在需求方面（增速开始下降）还是供给方面（成本开始上升）都对经济增长抽紧，经济失衡表现出既有通胀潜在巨大的压力，又有“下行”的严峻威胁的“双重风险”，进而财政与货币政策的目标和方向难以统一到单一方面，政策效果会形成一定的相互抵消的效应，在这种条件下，宏观经济目标呈现良性组合的实现态势，表明调控适度。(3) 全年经济增长波动性不显著，较为稳健，第一季度从上年第四季度的7.7%降至7.4%后，第二季度略有回升，为7.5%，第三季度虽有下降但幅度很小，仍为7.4%，第四季度预计在7.4%左右，全年预计会在7.4%以上，季度间虽然内需和外需均有较复杂的变化，但增长波动性很小。(4) 国内需求总体呈增

速放缓趋势，但放缓趋势基本上能够控制，同时呈现内需疲软的态势，在出口需求稳中有升的对冲下，缓解了经济增长下行趋势。(5) 通货紧缩态势呈现，PPI 总体上负增长已成定势，CPI 上涨幅度也有所下降，且已临近“通缩”警戒水准，但通缩的原因来自需求和供给两方面，需求疲软是一方面，供给方面的结构调整和改革措施带来的生产者活力以及国际油价等大幅下降因素，降低了国民经济中的生产总成本，推动物价上涨水平的下降。这种通货紧缩的出现是良性的，并不伴随增长衰退和失业率升高，提升了国民经济对“通缩”的承受力。

具体来看，2014 年中国经济季度之间的变化，表现出投资下行、出口支撑、流动性衰退式宽松。第一季度经济增速出现快速下行，总需求“三驾马车”同时趋软，GDP 增速从上年第四季度的 7.7%降至 7.4%，全社会固定资产投资增速从 2013 年的 19.6%降至 2014 年第一季度的 17.6%，房地产开发投资与制造业固定资产投资增速下滑明显，社会消费品零售总额增速从上年的 11.5%降至 10.9%，贸易顺差也明显收缩，从上年第一季度的 420 亿美元收缩至 170.9 亿美元，工业品价格通缩压力增大，PPI 同比降幅由上年 12 月的 1.36%扩大至 3 月的 2.3%。

第二季度开始出现短期企稳，GDP 增速达到 7.5%，虽然投资需求仍然下行，主要还是受房地产开发投资增速和制造业投资增速下滑拖累，制造业投资增速下滑速度稍有放缓，房地产投资增速下滑进一步加速，但出口状况和基建投资增速均有改善和提升，出口增速由第一季度同比下降 3.45%回升至同比增长 5%，基建投资增速从第一季度 20.9%的高位继续上升至 22.8%，形成对投资需求增速放缓的对冲。

第三季度 GDP 同比增速小幅下行至 7.4%，虽然存在基数拖累作用，但主要还是由于投资需求疲软，房地产开发投资增速由第二季度的 14.1%进一步降至 12.5%，制造业投资增速由第二季度的 14.8%降至 13.8%，基建投资增速由第二季度的 22.8%降至 21%，经济增长速度的主要支撑在于出口，其增速由第二季度的

5%上升至13%，但未能充分对冲投资需求疲软的影响，工业品价格通缩压力再度增强，宏观经济政策的刺激力度有所提升。

第四季度以后，由于财政政策积极倾向加强，批复建设项目力度加大，政府基建投资增长加快，央行定向宽松的货币政策力度加大，自第三季度基础货币供应和流动性释放的政策效果开始体现，第四季度进一步降息，显示货币政策进一步放松，虽然对企业融资成本降低的效果仍不明显，但对缓解经济下行的压力具有一定积极作用，总体经济增长稳中偏弱，但快速下行的风险减少，通胀处于低位，更趋积极的货币政策对经济下行的压力产生了一定的对冲效果。

二、总需求的自然走势

假定不采取进一步刺激措施，在现有宏观政策格局和力度下讨论总需求。① 总体来说，在其他因素不变的条件下，总需求增长率是下滑的。

1. 固定资产投资

2009年以来，中国固定资产投资增长率逐年下降，2013年降至20%以下，2014年受房地产市场低速和产能过剩等因素影响，进一步下降，全年在16%左右。2015年则可能继续下滑，原因在于，首先，制造业投资增长率受产能过剩和结构升级乏力、投资机会不足的困扰，难以回升；其次，房价受中国人口总量和结构变动等因素

① 这里讨论的是“需求的变动”，而不是“需求量的变动”，反映在供求关系图上，即为总需求曲线本身位置的移动，而不是沿着需求曲线的移动。在总供给扩张的影响下，总需求量可能会增加，那是内生的变化，在图形上反映为沿着总需求曲线的变化。

的制约，长期拐点已临近，特别是二线城市，供给过剩较为严重，2015 年高于 2014 年的可能性不大；最后，基础设施投资增长尽管相对较稳定，但随着地方政府收入增长放缓及投融资能力和举债能力的限制加强等因素的作用，其增长率难以提升，甚至会低于 2014 年。

2. 消费

自 2010 年以来，中国消费支出的实际增速持续下降，社会消费品零售总额增长率从 2010 年的 18.4%下降至 2013 年的 13.1%，2014 年进一步降至 13%以下。若无进一步刺激，特别是收入分配结构和政策若无显著改变，2015 年还将进一步下滑。

3. 净出口

出口面临的形势复杂。首先，出口受到两大因素的制约：一方面，全球经济总体不容乐观，2015 年难以走出疲软状态，欧洲、日本、俄罗斯、巴西等地区和国家经济面临较大衰退风险，将减少对中国的进口；另一方面，欧元区和日本等实施的量化宽松的货币政策可能会导致人民币对这些地区和国家的货币升值，在一定程度上抑制中国的出口增长。其次，出口也面临机遇：一是美联储加息预期上升，使得人民币对美元可能会有所贬值，有利于出口，同时，美国经济复苏势头强劲，需求回升，将会刺激对中国的进口；二是国际油价自 2014 年下半年以来持续大幅下跌，预计对全球经济会产生积极影响，从而拉动中国的出口；三是 2014 年已经出台的刺激出口的举措会进一步发生作用。①

进口同样面临挑战和机遇。挑战主要在于国内经济下行的风险

① 例如 2014 年 5 月出台的《国务院办公厅关于支持外贸稳定增长的若干意见》，“一带一路”计划的推进，高铁项目的国际扩展，以及 2014 年 11 月 26 日国务院常务会议部署加快发展服务外包产业，打造外贸竞争新优势等举措，对于拉动 2015 年出口增长都可能具有积极作用。

存在，会对进口产生较大影响。机遇则在于两方面：一是随着欧洲和日本等地区和国家采取量化宽松政策，人民币对欧元、日元可能会升值，从而可能刺激中国进口；二是国际油价大幅下跌，可能刺激中国进口原油。

总的来看，影响 2015 年中国进出口的因素很多，不确定因素增大，包括全球经济下行的压力，各国货币政策和财政政策带来的风险，以及地缘政治冲突等的影响。综合进出口，预计 2015 年我国贸易顺差比 2014 年将进一步增大，达到 4 400 亿美元左右（2014 年不到 4 000 亿美元），也就是说，净出口增长率可能会提高，但净出口占中国经济比例低，况且，近年来净出口对经济增长的贡献作用在负值水平上（2012 年为－2.2%，2013 年也近－2%），2014 年虽有缓解，但对中国经济的拉动作用也不显著，难以抵消总需求增长率下滑的总体趋势。

三、总供给的自然走势

2015 年中国的总供给面临两个比较大的良性冲击，一是十八届三中全会以来采取的各项改革措施的效果开始显现，二是 2014 年下半年以来油价的大幅下跌，两者都将降低企业的生产成本，刺激企业供给。

1. 改革红利

十八届三中全会以来，中国进入全面深化改革新阶段（刘伟、苏剑，2014a），改革红利日益凸显，尤其是对国民经济的交易成本的影响和对经济预期的影响显著。2014 年 8 月 18 日中央全面深化改革领导小组第四次会议通过的《党的十八届三中全会重要改革举措实施规划（2014—2020 年）》所提出的 60 项改革任务已经启动 39 项，其中财税体制改革、土地改革、国有企业体制改革等方面均取

得了新的实质性的进展。这些改革措施降低了交易成本和非税收入非税成本，对经济产生了良性冲击。首先，改革使市场更有效，并使政府效率提高，降低了企业的交易费用；其次，取消多种审批，降低企业市场准入门槛，新企业成本降低，从而刺激供给；最后，通过财税体制改革，切实降低了企业税收，尤其是小微企业的税收，客观上提高了企业收益率，对总供给形成了扩张性作用。①

2. 油价下跌

自2014年6月至12月，国际油价从每桶110美元持续降至60美元左右，降幅达45%以上。从2014年到2015年，全年平均油价降低30%以上。我国是石油消费大国，石油对外依存度长期在55%以上，且仍有上升趋势。国际油价的下跌有助于降低国民经济的生产和运行成本，特别有助于降低制造业生产成本，总生产成本的下降首先会反映为企业利润的增加，随后伴随竞争的加剧，将逐步反映为价格和产量的调整。因而，总生产成本的下降最终将由利润上升、价格下跌和产出增长三部分分担。经测算，若油价下跌30%，将会使中国的总生产成本下降近0.9%。总生产成本下降会导致利润上升、价格下降和产出增长，具体如何体现取决于供求态势。假定总生产成本的下降由利润上升、价格下降和产出增长各体现1/3，那就意味着，油价下跌将使通货膨胀率下降0.3个百分点，使经济增长率上升0.3个百分点。在中国现阶段通货膨胀率仅为2%左右的情况下，通胀率下降0.3个百分点是一个很大的幅度。同样在中国经济增长率下降至7.4%左右的情况下，增长率提高0.3个百分点也是很大幅度的上升。因此，生产总成本下降0.9个百分点，对于现阶段中国经济是一个很显著的良性供给冲击。②

① 十八届三中全会以后的新改革举措主要包括：土地制度改革、国有企业改革、文化体制改革、科技创新体制改革、财税体制改革、司法体制改革，进一步加快、加大简政放权等多方面，并且在每一方面都做出了具体部署，通过了多项决议和制度规定。

② 具体测算的计量模型分析见《北京大学经济研究所宏观经济分析报告2014》。

四、2015 年中国经济的自然走势

展望 2015 年中国经济，一方面面临良性供给冲击，同时需求萎缩对经济形成负面的需求冲击，两者共同作用，对价格的作用方向是相同的，即推动物价下跌。无论是需求萎缩还是供给扩张，都会促使物价降低；但对于产出来说，总体变动方向和幅度却难以判断。良性供给冲击会刺激产出，而需求抑制的负面效应会紧缩产出，所以产出的总体变动方向和幅度难以估计。有可能出现三种情况：一是总需求状况较 2014 年没有发生变化，但改革红利和油价下跌等导致的对供给的良性冲击，使产出增加、价格下降、失业率下降、就业增加。虽然会出现低通胀局面（或者有人认为是“通货紧缩”），但可视为良性通缩，因为与之相联系的是产出增加和失业下降，较高增长和低通胀并存的格局（“长缩”）是较理想的均衡。二是总供给未变，但总需求出现萎缩（在这种情况下，总需求曲线会向左移动），价格将下降，产出和就业相应都下降。这时的“通缩”便属恶性通缩，经济衰退和低通胀并存的格局是扭曲的均衡。三是供给扩张和需求萎缩同时发生，良性通缩和恶性通缩的效果叠加，会导致 2015 年通货膨胀率进一步下降。无论是良性的供给冲击，还是负面的需求冲击，都会促使价格下降，因此 2015 年低通胀的局面成为必然。但产出和就业的变化不明，因为供给扩张可增大产出和就业，而需求萎缩会减少产出和就业。在两相抵消的情况下，“长缩”未必出现，很可能出现的是通缩更为严重而经济增长率基本不变的格局。

五、CPI 上涨率

尽管 2015 年中国经济将出现更为严重的通货紧缩局面，但“缩”主要体现在与 GDP 相关的价格指数上，比如 GDP 平减指数、非食品 CPI 等。CPI 本身的变动还受其他因素影响，未必下降很大。

影响 2015 年 CPI 变化的因素，一是油价下跌。油价下跌不仅反映在 CPI 组合中的燃料类上，而且由于石油在国民经济中的广泛使用，对国民经济总成本影响程度高，所以，油价波动会影响几乎所有消费品价格，对 CPI 的影响是全局性的，预计油价若下跌 30%，对 CPI 上涨率的影响将使其下降 0.3 个百分点。二是猪肉价格的变动。在 CPI 食品价格中，猪肉价格对 CPI 食品类的影响突出，且两者同比增速正相关性最高（2005 年以来，两者同比增速相关系数高达 0.91）。① 主要原因在于肉类食品之间存在很强的替代性，价格往往同涨同跌，并且在 CPI 中占比较高，周期性波动幅度也最大，所以对 CPI 食品类价格影响最为显著，甚至起决定性作用，猪肉价格对 CPI 的影响至关重要。根据母猪存栏数据等，预计 2015 年猪肉价格会有较大幅度的上升。参照上一轮猪周期，预计 2015 年猪肉价格将上涨 10%左右，使得 CPI 上涨率提高 0.3 个百分点。② 综合油价下跌和猪肉价格上涨这两个影响我国目前 CPI 的主要因素一长一消的变化，预计 2015 年 CPI 上涨率与

① 参见《北京大学经济研究所宏观经济分析报告 2014》。

② 虽然这轮母猪存栏数已低于上轮低点，但 2015 年通胀上行风险要弱于上轮猪周期期间，原因有以下几点：一是上轮猪周期启动年 2010 年有规模不小的瘟疫，通过供给紧缩和涨价预期加大了猪肉价格上涨压力，而本轮到目前还未见较大瘟疫；二是技术进步使母猪产仔数有所上升，在一定程度上抵消了母猪存栏数减少的压力；三是养殖规模化和养殖户理性化，有利于减少物价波动；四是经济进入“换挡期”，本轮需求端会弱于 2010 年复苏期的需求。

2014 年大体持平或略低，在 2%左右。

总的结果，如果政策走向和宏观调控的松紧力度没有大的变化，中国 2015 年经济增长率和 CPI 上涨率的组合将是 7.4%和 2.0%左右，与 2014 年的格局大体相同，但其中的逻辑不一样。

六、2015 年的政策走向及对经济的影响

以上分析是指政府政策方向和力度不变情形下的自然走势，但根据 2014 年 12 月 11 日中央经济工作会议的精神，2015 年经济增长目标会下调，预计经济增长目标应在 7%或略高。鉴于 2015 年会出现供给扩张的局面（供给面临良性冲击），所以，即使政策基本不变或较 2014 年略有从紧，实现预计 7%的目标也没有大问题。但按照会议精神，2015 年政策目标将稳增长置于首位，为此，虽然继续采取积极的财政政策和稳健的货币政策的松紧搭配反方向组合，但财政政策扩张力度会加大，货币政策要更注重松紧协调，显然，总体宏观政策相对于 2014 年更显宽松。若政策倾向相对于 2014 年更为宽松，那么，2015 年的总需求应当会有所增加，或者说宏观政策对总需求会产生扩张效应（反映在图形上，总需求曲线会因政策作用而向右移动），从而促使通货膨胀率和经济增长率都有所上升，可能会形成较高增长和较低通胀的局面，即所谓“长缩”的现象。

因而，2015 年中国经济的表现有两种可能：第一，政府保持 2014 年政策不变，结果是以 GDP 平减指数衡量的通货紧缩会较 2014 年加重，物价水平上涨率低于 2014 年，经济增长率基本上维持在 2014 年的水平，大体保持在 7.4%左右。第二，政府刺激经济的政策格局不变但力度加大，即在财政与货币政策松紧搭配格局下，加大积极的财政政策刺激力度，同时稳健的货币政策松紧力度适度

调整，结果是通货膨胀率在 2014 年的基础上有所上升，或者可能略高于 2014 年水平，同时经济增长率较 2014 年或也可能提高。

七、政策建议

1. 宏观经济政策目标选择

(1) 目标经济增长率。稳增长的主要目的之一是保就业，中国现阶段已经（或即将）进入劳动力总量减少时期，因而从总量上看，中国就业的总量压力会逐渐减轻，存在的主要是劳动力转移问题，需要创造足够的城镇非农产业就业机会。根据现阶段中国劳动力增量和转移量的分析，同时根据对 2010—2012 年中国经济增长对劳动力需求带动作用的估算，目前，年经济增长率达到 6.5%即可实现保就业的目标（刘伟、苏剑，2014b)，即新增劳动力能够充分就业，同时原有就业者实际工资水平能够上升。若考虑2010—2020 年的 10 年发展中经济增长翻一番的目标要求，年均增长 7.2%即可，但在已过去的 4 年里，实际增长率均高于 7.2%，在其余 6 年里，年均只要达到 6.8%左右即可实现倍增目标，因而，6.8%的增长目标即可实现中长期增长目标的要求。若考虑 2014 年预定的增长目标为 7.5%，实际实现的为 7.4%，直接降至 6.8%，甚至 6.5%，年度间波动幅度量过大，从均衡增长的要求看，2015 年政策目标定在 7.0%较适中，既可保就业，也能符合实现中长期增长目标的要求，同时不会引发严重的通货膨胀。

(2) 目标通货膨胀率。由于改革红利和油价下跌等因素形成对生产总成本的良性冲击，2015 年的通货膨胀率可能会低于 2014 年的水平，因而目标通货膨胀率的上限应低于 2014 年的目标上限 (3.5%)，我们建议 CPI 上涨率的目标上限为 3%。但是，需要指

出的是，更应关注通货膨胀率的下限，以往关注更多的是通货膨胀率的上限，很少关注其下限，主要原因在于物价上涨是人们生活中关注的重要问题。而 2015 年中国的经济态势很可能出现新特点，随着良性供给冲击带来的总生产成本的下降和负面需求冲击带来的总需求疲软，中国通货膨胀率同时受供给和需求两方面抽紧，可能会很低，有些月份 CPI 上涨率有可能逼近 1%，甚至降到 1%以下(其间最可能降到 1%以下的是 1 月份和第二季度)。通货膨胀率过低会影响人们的预期，从而进一步降低总需求的增长率，从需求一边进一步抑制经济。所以，为稳定价格预期和经济增长，2015 年宏观调控政策的重要任务之一应是避免通货膨胀率过低，因此，在 2015 年通货膨胀率政策目标中，除关注通胀的上限外，应增加通货膨胀的下限，这个下限应当是 CPI 上涨率不低于 1%，这样，2015 年政策目标通货膨胀率应当是一个区间值，即 1%～3%，下限是不低于 1%，上限是不高于 3%。

2. 宏观经济政策方向选择

鉴于 2015 年中国经济面临着需求萎缩、供给扩张的格局，因而政策选择总体组合上，在需求方面中性偏扩张，在供给方面稳健偏紧缩，同时要引导价格预期。

(1) 需求管理政策。需求管理政策应设法抑制物价过度下跌。第一，在货币政策上，随着通货膨胀率的走低，真实利率可能上升，因此，为使真实利率处于合理水平，我国应当降低基准利率。应当注意的是，由于我国的基准利率由央行确定，而市场利率由供求关系确定，2015 年市场利率降低的可能性较大，反映了经济的自然走势。降低基准利率只是因应市场利率的下降，无须货币政策的更多配合。所以，在货币政策方面，利率需要下调，但货币未必需要扩张。这属于中性的货币政策。第二，在财政政策上，应当采取扩张性政策。在基础建设投资方面，首先，伴随“一带一路”计划的推进以及国家加大对基础设施项目的批复力度，预计 2015 年

基础设施投资的力度会增大，投资将增加。其次，考虑到农村土地确权改革的展开等因素，有可能会促进农村要素的市场化及相应的基础设施投资加快。第三，中央政府需要有效激励地方政府和国有企业“有所作为”，提高项目的开工率，并且伴随新的财税体制改革的推进，地方政府土地财政的风险控制及中央对地方政府举债能力的提升，有可能增强地方政府基础设施投资的能力。第四，尽管房地产经济仍然萎靡，但增速下滑趋势已逐渐平缓，预示着房地产的此轮波动或将在2015年见底，房地产投资增速或有可能稳定下来。第五，由于企业现在仍面临产能较严重的过剩，仍处于主动去产能阶段，所以预计制造业投资增长状况在2015年上半年难有明显的改变，但随着国家去产能政策效应的逐渐显现，2015年下半年制造业投资增速可能出现小幅反弹，因而，在坚持结构升级和优化的前提下，政府应给予制造业，特别是高端设备制造业方面更多的优惠政策，以刺激投资扩张。

（2）供给管理政策。要稳增长同时防止通货膨胀率过低，一方面需要扩张性的需求管理政策，另一方面，还可以借此机会加快对宏观经济具有紧缩性作用的改革。全面深化改革涉及的方面广泛，其中有些改革对经济有扩张作用，有些改革对宏观经济有紧缩性作用。2015年，我国十八届三中全会以来加大改革的举措对刺激供给的良性冲击逐渐显现，同时国际油价持续大幅下跌，等等，都对供给形成良性冲击。但由此也会导致通胀率的下降，若要防止通货膨胀率过低，可以也有必要借此时机加快对宏观经济具有紧缩性作用的改革。而这些改革在经济形势不佳时往往难以展开，因此，2015年在通货膨胀率下降的条件下，为防止通胀率过低，可以加快这些可能对经济具有紧缩性作用的改革，在产能严重过剩、经济发展方式亟待从主要依靠要素投入数量扩张转为主要依靠效率提高拉动经济增长的时期，加快可能对经济增长具有紧缩性作用的改革更为重要，以有效抑制经济复苏扩张期的盲目性。这些可能对经济增长具有紧缩作用的改革包括：一方面，加快要素市场化的改革，事实上中国的市场化进程重点，已经从商品市场化转向了要素市场化、要素价格体系的市场化，包括土地（自然）、劳动、利率市场化、资源价格的市场化等等；另一方面，提高企业生产的环保标准，促进节能减排和治理污染，相应地推进新材料、新能源的运用。这些改革至少在短期内可能提高对企业的约束力度，增大企业的成本，从而对经济产生抑制作用，但可以预期的是，2015 年我国改革会进一步全面加速，这些改革中绝大多数对宏观经济会产生良性供给冲击，因而也就为提高环保标准、加快要素价格市场化等对宏观经济具有紧缩性作用的改革创造了可能和机会，乘机将难以推进的改革深入展开，为经济持续均衡增长创造体制条件。

（3）价格预期引导。2015 年可能出现通货膨胀率过低的问题，但这种低通胀与以往的低通胀不同，以往的低通胀是需求不足引起的，与之相联系的是经济增长率下滑和失业率上升，而 2015 年的低通胀则是由需求萎缩和供给扩张两方面共同作用引起的，其中部分通缩是良性的，部分通缩是恶性的，二者叠加导致通货膨胀率过低，其中良性通缩是好的经济态势，一般不需要采取调控措施去应对。但由于这种好的通缩态势少见，即低通胀和较高增长及低失业率的格局较少见，人们对此的认识往往不足，可能把这种情况与以往的恶性通缩视为一体，从而导致预期错误，错误预期进一步影响经济，引发过度的扭曲性的经济波动。对此，政府应该及时对公众说明情况，引导公众正确理解经济态势和低通胀出现的原因，说明 2015 年即使出现低通胀也并不表明经济运行出现了严重问题，对经济运行的判断主要还应该依据经济增长和就业状况，应将通货膨胀、经济增长、失业率变化三者联系起来分析。当然，政策制定者本身更需要对这种情况的原因做出深入判断，区分不同性质的通缩，采取不同的政策，不能简单地反通缩，也不必过于担忧通缩，进而在政策上采取过于激烈的反应。

参考文献

[1] 刘伟，苏剑．新常态下的中国宏观调控．经济科学，2014（4）

[2] 刘伟，苏剑．从就业角度看中国经济目标增长率的确定．中国银行业，2014（9）

[3] 刘伟，苏剑等．2015 年中国宏观经济形势展望．北京大学经济研究所宏观经济报告

第七章

如何治理滞胀？①

导读：本章是运用供给管理解决实际经济问题的一个案例。滞胀是许多国家都曾遇到过的经济现象，在只有需求管理政策的情况下，治理滞胀就面临两难选择：不管怎么安排，需求管理都只能同时对付其中一个问题，而且在对付其中一个问题的时候，都会使另一个问题更加恶化。引入供给管理之后，问题就迎刃而解，“滞”和“胀”可以通过扩张性供给管理政策同时解决。

一、引言

随着通货膨胀和全球性经济增长放缓的形势逐

① 发表于《北京行政学院学报》，2012（1）。

渐严峻，近期中国经济是否会出现滞胀引起了社会和学术界的广泛关注。所谓“滞胀”，就是成本推动型通货膨胀，此时经济增长率下滑和通货膨胀并存。滞胀现象最早出现在 20 世纪 70 年代的美国，而我国目前也面临这样的问题。魏捷、陈予以企业家信心指数和消费者信心代替通胀预期指标进行分析，认为企业在 2010 年经济形势好转的情况下滞后性过度扩张和 2010 年以来原材料成本上升是当前通胀形成的主要原因。

而实际上，这次成本推动并不仅仅由于目前国际商品市场波动等外在原因，与我国长期的经济情况有着一定的关系，是我国发展转型中必然要遇到的问题。刘伟、蔡志洲指出，生产要素市场化进程较慢，产权界定含混导致市场失灵，使得中国经济存在大量的隐性成本，而自然资源枯竭与生产要素成本的逐步上升将导致经济活动中积聚的成本压力在一定时期内集中释放出来。

在很长时间内，通货膨胀被认为是一种货币性问题，在治理通货膨胀方面，货币政策应当发挥更大的作用。但由于我国外汇占款等问题的存在，我国货币政策的独立性很差，此时财政政策的地位更加凸显，但目前学界主流提倡的需求管理政策体系下的财政政策对于目前的形势也具有一定的局限性。王文龙就指出，继续推动积极的财政政策只能使经济泡沫更大，通货膨胀预期更强烈；传统的经济调控手段作为短期措施或许能够解决问题于一时，但从长期来看，却可能使问题更加严重。因此，在目前的状况下，以供给管理为主的政策体系会更加有效且有着更低的负效应。

笔者认为，在治理滞胀方面，需求管理政策具有内在缺陷，而旨在调节企业的有效成本的供给管理政策在这一方面效果良好，因此，应该从这一方面着手来制定政策。本章分析了我国目前的滞胀与其他国家面临的滞胀的区别，针对我国的特殊性提出了自己的政策建议。

本章分为五节，第一节是引言；第二节从目前我国实际面临的经济状况出发，指出我国目前所面临的问题所在；第三节分析传统

滞胀情况下经济进行自然调整的路径与应对政策；第四节引入供给管理政策这一框架，分析我国所面临的滞胀特点并提出我们的政策建议；第五节是结论。

二、我国目前的经济现实

进入2010年以来，我国经济已经逐渐走出了2008年世界金融经济危机所带来的影响，然而，取而代之的却是后危机时代所面临的各种新问题。首当其冲的就是一路攀升的通货膨胀率。进入2010年特别是2011年后，通货膨胀率的上升趋势明显，2011年7月份的通货膨胀率甚至达到了6.5％的峰值。

对我国的通货膨胀状况进行深入分析就会发现，目前的通货膨胀主要可以分为需求拉动型和成本推动型两种成因。需求拉动这一原因大家讨论得比较多，本章不予讨论。

我国目前通货膨胀的另一种成因是成本推动，这是本章讨论的重点。成本上升中最重要的部分就是工资成本上升。近年来中国劳动力市场出现的各种引人瞩目的事件如"民工荒"现象、某企业连续出现十几次员工跳楼事件、频频出现的劳资纠纷和罢工等等都表明中国劳动力市场的形势已经跟以前大不相同。在工资快速上涨和"民工荒"已经持续多年并且愈演愈烈的情况下，我国许多经济学家都认为中国已经濒临甚至已经越过"刘易斯拐点"。卢锋指出，非农就业扩张导致了劳动者工资较快上涨，据统计，2005—2009年农业劳动力净减少5 560万人，1999—2009年劳动者工资年均增速近13％，2002—2009年农民工月工资名义增加1.21倍，年均增长12％，用同期消费者价格指数调整后年均增长9.4％。

这些讨论都有力地证明了我国的富余劳动力基本上已经转移殆尽，这样的情况造成了工资率的快速上升。需要注意的是，这样的

工资成本上升是我国二元经济向一元经济转型过程中必然要面对的，是经济发展的必然过程，因此工资的增长是一个不可遏制的过程。成本推动型通货膨胀的其他成因还包括国际商品市场上原材料价格的上涨、经济结构转型所必需的环保性和节能性所带来的成本上升等。而成本推动型通货膨胀的特点就是所谓的滞胀，正如 20 世纪 70 年代末的美国，我国目前的成本上升也会有相同的结果，也就是说，我国面临滞胀的风险很大。

三、滞胀的自然调整和传统应对

(一)“滞胀”一词的来源及产生的原因

20 世纪 30—60 年代末，在凯恩斯理论的指导下，人们一般认为产量和价格的运动是由总需求曲线的变动引起的。甚至滞胀也一度被认为是由加速的总需求拉动型通胀衍生出来的一种特例。

进入 70 年代，随着埃及等 12 个阿拉伯国家向以色列发动“斋月战争”所引发的一系列次中东政治形势变动，OPEC 通过主动运用提价、禁运、国有化等“石油武器”，使依赖石油进口的资本主义国家生产成本大大增加。这一做法最终触发了 1973—1975 年的世界经济危机。到了 1978 年，世界第二大石油出口国伊朗爆发伊斯兰革命，推翻了巴列维王朝，该国的石油出口受到破坏，引起了第二轮石油价格上涨。之后“两伊战争”爆发，两国石油生产完全停顿，全球市场油价动荡、供应紧张，直接酿成了第二次石油危机。两次石油危机之后，西方主要发达经济体都受到了不同程度的冲击，经济指标表现为失业率与通货膨胀率同时升高。

对于滞胀发生的原因，也存在着不同的解释。舍曼（Sher-

man）和麦克法兰（McFarland）考察了当时美国国内的经济结构，认为成本冲击下的国内寡头同时提升价格并缩减产量是产生滞胀的原因。而另一方面，也有一些经济学家认为滞胀源于当时美国国内宏观经济政策的失误。巴斯基（Barsky）和基利安（Killian）也考察得出结论，认为商品价格在石油危机之前就已经有大幅上升的趋势，且与当时扩张性货币政策有直接联系，并进一步指出石油价格的上涨对通胀的影响程度比较小。同样，魏加宁指出，当时美国国力下降和错误的扩张性财政政策是导致滞胀形成的根本原因，政府追求短期绩效的行为在不知不觉间将菲利普斯曲线推到很高的位置，导致滞胀的产生。

目前，学术界比较统一的观点是，滞胀的根源是成本的上升，滞胀的产生和不利的供给冲击有着密切的关系。生产成本的上升导致企业一方面提高价格，一方面削减产量和就业，这就导致了滞胀。不利的供给冲击的可能来源有：（1）原材料或能源价格上涨；（2）工会要求提高工资；（3）加成上升，比如地租、利息等要素成本或利润留成上升。

（二）滞胀情况下经济的自然调整

假定开始时经济处于充分就业状态。由于成本上升，经济由此偏离了长期均衡，价格水平上升，均衡产出下降，经济中有失业存在。在理想的状态下，劳动力市场中存在失业则意味着劳动力市场开始进行缓慢的调整。此后工资缓慢下降，引发生产成本下降，于是价格也开始回落。通过漫长的调整过程，经济将回到原来的均衡状态。此时，虽然价格水平和均衡产出与未出现供给冲击时一样，但由于名义工资降低，真实工资下降了。滞胀的自然调整虽然最后也会回到均衡状态，但是这样一个缓慢的调整过程对经济的影响是非常大的，在调整的过程中必须忍受长期失业以及工资下降的痛苦，因此，在面对滞胀问题的时候，各个经济体通常会采取一定的

经济管理政策来对经济进行干预。

（三）传统应对措施

自从20世纪70年代滞胀出现以来，滞胀问题就一直没有得到很好的解决。到目前为止，人们用于治理滞胀的政策依然是需求管理政策。以米尔顿·弗里德曼为代表人物的现代货币主义坚持市场自发调节能使经济自动均衡的观点，认为滞胀问题可以用自然失业率来解释，通货膨胀与失业之间在长期不存在菲利普斯曲线式的交替关系。因此，他们主张以下三种需求管理政策：（1）采用“单一规则的货币政策”，即将货币供应量每年保持在3%～5%的增长率水平上，与生产增长相适应；（2）主张自由汇率制度，反对固定汇率制度；（3）主张精简政府机构，压缩政府开支，减少政府对经济的干预。

按照货币主义的观点，由于从长期看货币是中性的，解决滞胀问题就变成只需要解决经济发展停滞问题，所以政府应该采取扩大需求的政策甚至是加速通胀型需求管理政策。通过扩张性货币政策，就可以使经济迅速回到充分就业状态。在新的长、短期均衡处，价格水平上升，名义工资未变，真实工资下降。

实际上美国政府最先尝试的也是这样的政策建议。70年代危机开始后，一方面，美国联邦储备委员会即刻实施扩张性货币政策，以刺激经济、减少失业。另一方面，尼克松政府于1971年8月以突然袭击的方式宣布了“新经济政策”的第一阶段：实行为期3个月的工资物价管制和停止用黄金兑付美元。

但为管制工资、价格而成立的工资委员会和物价委员会实际上根本不起作用。正如图7—1所示，1972年物价在管制的条件下仍然上涨3.2%，失业率也保持在5%的水平上。1973年6月，实行价格冻结，一个月后开始解冻，转而采取财政金融双紧政策来控制

物价。但是这样的政策实施效果并不理想，到 1974 年 8 月福特就任美国总统时，滞胀的局面已经形成。

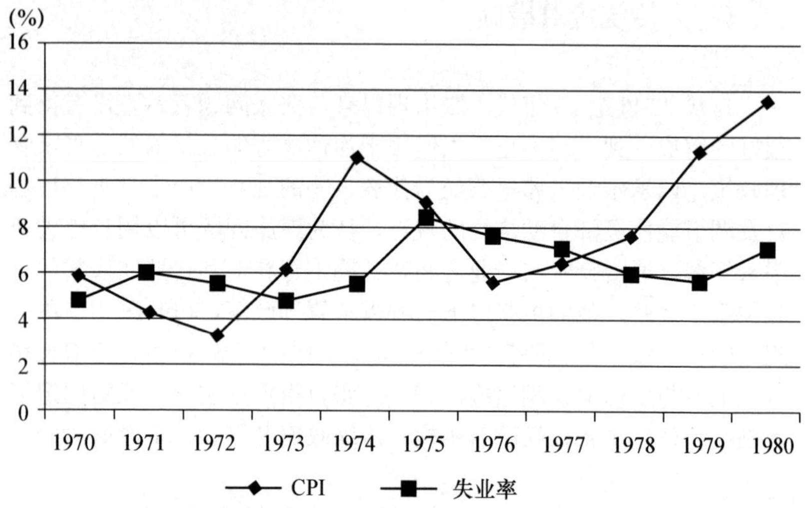

图 7—1　美国的通货膨胀率与失业率：1970—1980 年

资料来源：笔者根据国际货币基金组织（IMF）2011 年发布的数据整理绘制，失业率来源于调查失业率。

进入卡特政府阶段，为应对失业率又开始施行双宽松的财政货币政策。1977—1979 年 3 年间 M1 的增长创战后最高纪录（见图 7—2），1978 年的环比增速达到了 8.2%。这导致 1979 年的通货膨胀率达到了 11.3%，而这样的情况给 1980 年也带来了极其不利的影响，这一年的通货膨胀率高达 13.6%。1976 年第四季度到 1979 年第四季度，在黄金价格和石油价格都迅猛上升的同时，美元不断贬值，失业率却一直在 6%～8%之间居高不下。

这一阶段的宏观经济政策是典型的需求管理政策，从中可以看出：需求管理政策在治理滞胀方面效果并不理想。需求管理政策虽然稳定了就业，但却使得通货膨胀率明显更高。

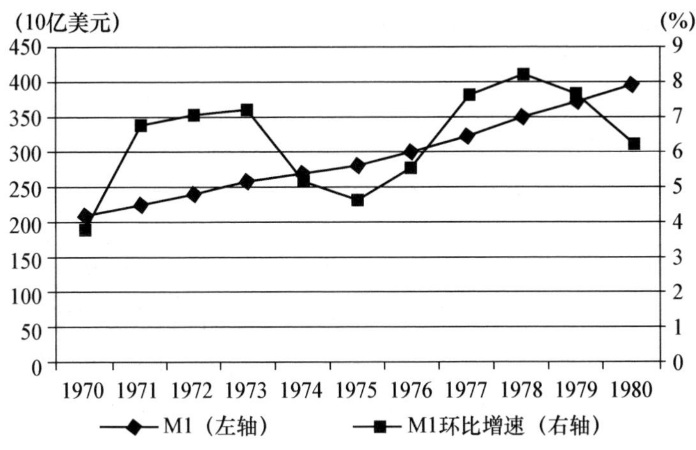

图 7—2　美国货币投放情况：1970—1980 年

资料来源：笔者根据美联储 2011 年发布的数据整理绘制，数据经过季节调整。

四、中国目前滞胀的特点及对策

（一）中国滞胀的特点

由上文的分析可知，在面对滞胀的时候，如果让经济自然调整，就必须经历工资下降这一过程。同样地，如果采用传统的需求管理政策，也要靠真实工资的下降来使生产成本回到不利供给冲击前的状态。但是中国目前的经济现实可以接受这样一个过程吗？这还需要从中国滞胀的特点进行进一步的分析。

工资上涨是造成成本推动型通胀的原因之一，但其他国家处于滞胀时期时并不存在这一原因。就中国工资上涨问题而言，巴曙松指出，劳动力成本上升的趋势是对物价压力的反应，但通胀并非仅仅是 2011 年的新问题，而是长期的结构性问题，很可能是 CPI 整

体提升并稳定在一个较高水平上。而苏剑等的研究也得出了相同的结论。从我国目前的农村富余劳动力状况来看，我国长期的“人口红利”正在消失，并进一步指出劳动密集型产业结构将使得我国高端劳动力和低端劳动力工资在逐步趋同。这就意味着随着经济的发展，低端劳动力的工资还具有很大的上升空间，我国大部分生产型企业的劳动力成本还将继续上升。

由原材料、能源价格上涨引起的滞胀可以通过降低工资来应对，但中国目前的情况有很大的不同，工资上涨恰恰是造成中国目前的滞胀的原因之一，而且工资上涨将是中国今后相当长一段时期内的常态。所以，不能通过降低工资来应对。

（二）供给管理政策的引入

既然传统的需求管理政策试图从总需求一侧刺激经济的想法在现行的局面下已经无法奏效，我们自然想到要运用总供求模型从另一侧也就是总供给的层面来起到调节经济的作用。20 世纪 70 年代美国滞胀的出现，形成了“供给学派”。该学派强调重新审视供给管理政策在宏观调控中的作用，但里根政府上台后运用供给管理政策的成效不大，使得供给管理政策又逐渐被需求管理政策所取代。就理论而言，是指长期的供给管理的核心在于提高技术进步率，促进长期总供给曲线（即促进总产量曲线）增长，以达到促进增长、稳定物价的目的。

对于短期宏观经济调控而言，调节生产者面临的激励是短期供给管理政策的核心，也是往往被经济学家所忽视的一点。苏剑指出，降低个人税对总供给的影响可能会很有限，但降低企业税却是实实在在地相当于降低了企业的成本，因此其效果在短期内还是很明显的。既然油价上涨能够导致滞胀，那么同等幅度的减税自然就能够消除滞胀。随着企业生产成本的下降，在保证同等利润率的情况下企业就可以降低价格，同时扩大生产，这就既抑制了通货膨

胀，又提高了经济增长率。

五、政策建议

针对中国现在面临的滞胀风险，我们必须转变之前完全依靠需求管理政策体系的局面，引入供给管理框架，从刺激总供给曲线的角度来设计新的调控体系。这一调控体系的核心在于通过降低企业的成本来扩大总供给，在此过程中仍需要相关需求管理政策的配合。既然滞胀是由成本上升引起的，那么如果能把成本降下来，滞胀自然就会被消除。降低成本长期来看必须依靠技术进步，但短期内可以采取的供给管理政策也并不少。具体来说有以下几种。

1. 降低企业税费

在短期供给管理政策中，最直接也是最有效果的自然是减税。为了增加企业的生产能力，应当降低企业缴纳的各种税费。企业缴纳的各种税费相当于企业的成本，因此减税就相当于降低了企业的成本。值得注意的是，降低企业税收和降低个人税收虽然都是减税，但对经济的影响不一样。降低个人税收通过增加个人可支配收入增加了消费需求，因此是需求管理政策；这种政策有助于提高经济增长率，但却会加剧通货膨胀。但降低企业税费是供给管理政策，因为它降低了企业的生产成本，因此能够很好地应对滞胀问题。通过减税政策，企业能够在原材料位于高位的情况下维持其原售价，同时又提高了企业扩大生产能力的激励，从而一方面稳定了物价，另一方面又促进了经济增长。

减少企业生产税费不仅仅从生产成本角度降低了企业的成本，从交易成本的角度而言，减税政策一方面压缩了税收机构的运行成

本，降低了政府对实体经济的干预，减少了政府规模；另一方面也同样减少了企业的缴税成本，能够为企业正常运营管理节约更多的经费，激发企业内部管理活力。

2. 降低物流成本

降低物流成本显然有助于降低企业的生产和销售成本。我国目前的物流成本很高，据统计，2011 年上半年我国物流成本占 GDP 的 18%，同比提高 0.1 个百分点，相比而言美国全国的物流成本大约只有 GDP 的 8%。中国的物流成本很大比例是由于高速公路的垄断收费权使得物流成本居高不下。

实际上，我国近年来一直在采取降低物流成本这种政策，但主要针对农产品，对抑制农产品价格上涨起到了很大的作用。在当前形势下，应该扩大到所有产品的流通过程。由于一国的总生产成本肯定小于其国内生产总值，因此我国社会物流总成本占总生产成本的比重肯定大于 18%。因此，我国要想抑制滞胀，其实办法很简单，只要把物流成本降低 10%，就会使我国的总生产成本降低至少 1.8 个百分点。假定这会一比一地反映在价格上，那就意味着通货膨胀率下降至少 1.8 个百分点。2010 年我国的 CPI 上涨率是 3.3%，要把它降到 2%的合理范围内，只要把物流成本降低 7.2%就够了。因此，这种政策的效果应该非常好。而且政府只需要出台一个降低高速路收费标准的规定就行了，不需要政府增加支出。

3. 金融体制改革

正如苏剑指出的，企业乃至行业制度的变迁能够有效调动劳动者和企业的生产积极性。金融行业是实体经济的润滑剂，是储蓄和投资的桥梁，金融体系的稳定和高效运转，直接关系到实体经济的运营成本。2010 年美国金融业的一大特点是宽松的货币政策导致银行用大量资金来购买国债，导致巨大的流动性没有注入实体经

济，却在金融界引发了新的泡沫。与此对比，我国金融业面临的巨大问题是进入 2011 年以来准备金率的持续上调，导致大量资金被人为限制在金融领域。实体经济反而得不到充分的金融服务，中小企业出现融资困难，于是纷纷转向地下钱庄。林毅夫等指出，这主要是由于中小企业和大型企业相比提供财务报表等“硬信息”的能力较弱，而更多的是通过向非正规金融机构提供“软信息”来获取信贷。

在一定的可控范围内，非正规金融机构为中小企业融资提供了极大的便利，但是这一金融服务的脆弱性也日益凸显。长三角和珠三角地区的“倒闭潮”与企业资金链的断裂有巨大的关系，这并非简单的高利贷违约现象，很可能意味着当地地下钱庄业陷入流动性危机。因此，进一步深化金融改革的关键点就在于建立完善的金融信息回馈系统，降低企业融资成本，这对在短期内增加供给，化解滞胀风险具有很大的意义。

4. 深化企业改革，改善管理，提高生产效率，降低成本

我国的企业无论是国有企业还是私有企业，大部分都面临着管理相对落后的局面，而企业管理的好坏直接关系到生产效率的高低。这同时也意味着企业改革有着巨大的边际效益，进行企业改革并建立现代企业制度可以有效降低成本，而在全国范围内推行的深化企业改革可以从微观基础的层面为整个宏观经济释放出巨大的潜力，缓解由成本上升所带来的供给冲击。具体的政策不应仅仅局限在国有企业改革的范畴，虽然国有企业改革仍然是我国深化企业改革的重要部分，而且其在 20 世纪 90 年代改革以后释放出的巨大的生产潜力是有目共睹的，但强化私营企业的管理对我国也有着重大的经济意义。

目前，财务管理、成本管理等在国外已经很先进的技术仍然没有在国内得到推广，很多可以提高管理效率的技术并没有机会被广大企业所熟知。因此，改革的重点可以放在多进行管理科学的研

究，以及国外先进管理理念在国内的推广和介绍上。这样，科学管理这一知识所带来的正外部性就可以最大范围地辐射到各个经济组成部分。这也正是对企业而言，降低原材料及劳动力成本上升所带来的生产性冲击的重要方法。

六、结论

目前我国经济面临着通货膨胀与经济增长放缓并存的风险，究其原因，成本上升是重要因素。随着我国工资水平的提高，以及中国经济规模的扩大导致的对资源需求的增加，中国企业的生产成本在今后相当长一段时期内都将呈现出上升趋势，成本推动型通货膨胀将是中国经济的常态。我国目前正处于由二元经济向一元经济转型的过程中，基本上已经经过了“刘易斯拐点”，这就意味着我国的劳动力工资尤其是低端劳动力的工资在今后较长一段时间都将面临不可逆转的上升。

此时，我们就需要转变之前完全依靠需求管理政策体系的局面，引入供给管理框架，从刺激总供给曲线的角度来设计新的调控体系。我国目前可以采取的短期供给管理政策包括降低企业税收、减少物流成本、深化企业改革以及金融体制的改革等具体措施。

参考文献

［1］苏剑．中国目前的通货膨胀：特点、成因及对策．经济学动态，2011（1）

［2］魏捷，陈予．从通胀预期角度看国内通胀的成因．统计与决策，2010（13）

［3］刘伟，蔡志洲．需求拉动的机构性通胀与供给推进的总量性通胀．中国金融，2008（11）

[4] 王文龙. 经济“滞胀”预期与应对策略. 社会科学研究，2011 (1)

[5] 蔡昉. “刘易斯转折点”近在眼前. 中国社会保障，2007 (5)

[6] 卢锋. 量价齐增：中国今年劳动力市场特征描述，开放宏观视角下中国劳动市场研讨会，2011-06

[7] Leonard W. Martin. “Stagflation: A Condition Created by Accelerated Demand-Pull Inflation”, *American Journal of Economics and Sociology*, 1985, 44 (4)

[8] Howard Sherman. “Monopoly Power and Stagflation”, *Journal of Economic Issues*, 1977, 11 (2)

[9] Floyd B. McFarland. “Markup Pricing and the Auto Industry: A Partial Explanation of Stagflation in an Oligopolistic Economy”, *The American Journal of Economics and Sociology*, 1982, l41 (1)

[10] Robert B. Barsky and Lutz Killian. “Do We Really Know that Oil Caused the Great Stagflation: A Monetary Alternative”, *NBER Macroeconomics Annual*, 2001 (16)

[11] 巴曙松. 中国经济：硬着陆可能性不大，存在局部超调风险（上). 中国经济时报，2011-07-02，005 版

[12] 苏剑，盛磊. 刘易斯拐点、大学生就业难和“民工荒”问题研究. 广东商学院学报，2010 (3)，总第 110 期

[13] 苏剑. 供给管理政策及其在调节短期经济波动中的应用. 经济学动态，2008 (6)

[14] 周治宏. 为什么一涨价就骂声一片?. 北京晨报，2011-05-20，B01 版

[15] Bob Mckee. “The Unfolding Sovereign Debt Crisis”, *World Economics*, 2010, 11 (4)

[16] 林毅夫，孙希芳. 信息、非正规金融与中小企业融资. 经济研究，2005 (7)

第八章

里根经济学对我国供给侧改革的启示[①]

导读： 里根经济学通常被认为是供给学派理论的一次政策实践，不过里根所施行的经济政策却同时包含了供给管理和需求管理的内容。里根经济学在帮助美国走出“滞胀”的同时也带来了不少负面影响。本章通过分析里根经济学的背景、措施以及正负面效果，指出了里根经济学对我国供给侧改革的启示。

里根经济学指的是里根 1981—1989 年担任总统期间所施行的经济政策。和罗斯福新政一样，里根经济学是至今仍广为人知的以总统名字命名的经济学名词之一。关于里根经济学，目前国内学术界褒贬不一。对里根经济学持正面观点的人以里根经

① 与刘颖合写。

济学成功帮助美国走出滞胀论证其对于中国供给侧改革的价值，并主张中国采用里根经济学中的供给侧改革措施，包括结构性减税、减少简化行政审批制度、打破垄断、促进市场的自由调节作用等（李栋，2012；庞业军、蒋敏杰、郭辉铭，2013）。而对里根经济学持批评态度的人则以里根经济学造成了美国储蓄率的下降、财政赤字、国债以及对外债务的增长等不良后果否认其对于中国供给侧改革的参考价值（张伟，2015；罗思义，2016）。关于中国供给侧改革应否参考里根经济学的这两种不同态度来源于人们对于里根经济学本身的不同认识，可以说自从里根经济学问世以来这一争论就一直存在，以后也会继续存在下去。

要弄清楚里根经济学对我国目前供给侧改革的意义，就得弄清楚里根经济学出台的背景、里根经济学的具体内容、里根经济政策的效果，然后据此并结合中国经济目前的实际情况讨论里根经济学对中国的意义。这也是本章行文的顺序。

一、里根面临的经济问题

里根 1980 年在总统大选中击败卡特，并于 1981 年就任美国第 40 任总统。那些日后成为里根经济学主要组成部分的经济政策在竞选过程中就得到大力宣扬，并在里根就任总统后被逐步推行。里根所提出的经济政策自然是针对美国当时所遇到的经济问题，所以，要理解里根经济学，需要先了解里根经济学出现的经济背景。

我们可以从里根在 1980 年 7 月 15 日主持通过的《1980 年共和党纲领》来了解里根经济学的经济背景。《1980 年共和党纲领》描述了共和党的执政目标："我们在国内的最大目标是单纯的，这就是没有通货膨胀的经济发展和全部就业……美国经济政策需要进

行彻底的改革。近年出现的‘滞胀’不仅使数百万市民陷入困境，而且扼杀了美国人民巨大的独创性和创造力。”① 可见里根此时将“滞胀”作为美国经济的头号敌人。在此我们可以先简要分析一下20世纪70年代末期美国经济的滞胀现象，这一现象的出现是里根经济学兴起的主要经济原因。

表8—1和图8—1给出了1961—1980年美国国民生产总值增长率、消费者价格指数变动和失业率的具体数字，我们可以以此观察美国的滞胀现象。

表8—1　1961—1980年美国GDP增长率、通货膨胀率和失业率

年份	GDP增长率（%）	用消费者价格指数衡量的通胀率（%）	失业率（%）
1961—1965	5.1	1.3	5.5
1966—1970	3.5	4.2	3.9
1971	3.3	4.3	6
1972	5.2	3.3	5.6
1973	5.6	6.2	4.9
1974	−0.5	11.0	5.6
1975	−0.2	9.1	8.5
1976	5.4	5.7	7.7
1977	4.6	6.5	7.1
1978	5.6	7.6	6.1
1979	3.2	11.3	5.9
1980	−0.2	13.5	7.2
1971—1980	3.2	7.9	6.5

资料来源：GDP增长率和通胀率数据来源于世界银行数据库，失业率数据来源于U.S. Bureau of Labor Statistics。

① 杨鲁军：《第二次革命——论里根经济学》，57页，上海，格致出版社，2009。

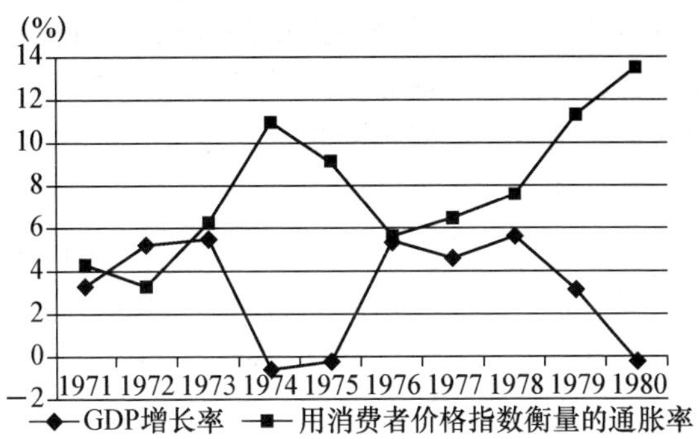

图 8—1　1971—1980 年美国 GDP 增长率和通货膨胀率

资料来源：GDP 增长率和通胀率数据来源于世界银行数据库，失业率数据来源于 U. S. Bureau of Labor Statistics。

由表 8—1 和图 8—1 可以看出，1961—1965 年，美国 GDP 增长率为 5.1%，而通胀率平均维持在较低的 1.3%的水平，失业率为 5.5%，大致为美国的自然失业率水平。1966—1970 年，美国的 GDP 增长率下降为 3.5%，通胀率则上升为 4.2%，失业率下降为 3.9%，三个数据中 GDP 增长率适中，通胀率略高，失业率则较低，总体说来较为正常。而 1971—1980 年的 GDP 增长率为 3.2%，通胀率高达 7.9%，失业率为 6.5%，可见 GDP 增长率进一步下降，通胀率和失业率都很高，经济已进入滞胀状态。进一步看具体年份的数据。1979 年、1980 年 GDP 增长率分别为 3.2%、−0.2%，通胀率分别为 11.3%、13.5%，失业率则分别为 5.9%、7.2%。可以说滞胀现象已经非常严重了，难怪共和党将其“在国内的最大目标”定为“没有通货膨胀的经济发展和全部就业”。

二、里根经济政策的经济学背景

里根经济学是供给学派、货币主义经济政策的一个实用主义的

综合。从政治角度来说里根经济学是提倡低税收、自由放任，反对大政府、高福利、高税收的保守主义思想在经济政策上的反映。从经济学理论的角度来看，里根经济学则是对从战后一直盛行的凯恩斯经济学的反对。

二战以后，凯恩斯经济学占据了学术界和经济政策界的主流。描述通货膨胀和失业率之间关系的菲利普斯曲线被用来说明凯恩斯式需求管理的有效性：如果通过财政或货币政策增加总需求就可以降低失业率但会带来通货膨胀，如果减少总需求就会降低通货膨胀但会造成失业率的上升，政府可以根据菲利普斯曲线所反映的取舍关系来调节经济，以达到合意的通胀率和就业水平。菲利普斯曲线在20世纪70年代以前表现良好，但70年代的滞胀现象让菲利普斯曲线失效了，这同时也被看作是凯恩斯式需求管理的失效。因为一方面，菲利普斯曲线没法说明为什么会出现滞胀现象，另一方面，凯恩斯式的需求管理也无法说明如何消除滞胀现象。随着美国经济滞胀现象的加深，以及主流凯恩斯理论的无力，其他各派经济学逐渐兴起，其中影响较大的是供给学派和货币学派。

供给学派并没有系统的理论和政策体系，代表人物的观点也不尽相同，之所以会成为一个学派，主要是因为他们都主张从供给而不是仅从需求角度来看经济问题。供给学派的重要代表人物拉弗认为，滞胀现象是美国长期奉行凯恩斯主义造成的。由于过度刺激总需求，导致经济的储蓄率下降，从而投资率也下降。高税率也减少了居民努力工作的激励。这两方面的结合使得经济的供给不足。这时如果通过凯恩斯式需求管理政策来刺激经济，必将导致通货膨胀率上升。供给不足和需求扩张的结合导致了滞胀现象。供给学派认为摆脱滞胀的办法就在于刺激总供给，提高经济效率。具体的措施包括减税、削减政府开支、减少国家干预和管制、减少社会福利支出等。

对里根经济学影响较大的另一个经济流派是以弗里德曼为代表的货币学派。与供给学派相比，货币学派有着更为系统的理论和政

策体系，在学术界也有着更高的地位。货币学派认为货币量只有在短期才能影响产出。而在长期，货币只能影响名义变量从而是中性的，货币供给量超过经济潜在增长率的部分最终都会体现在通货膨胀上，从而通货膨胀是一种货币现象。要控制通货膨胀率就需要严格控制货币增长率。货币学派还认为市场经济具有内在的稳定性，政府应当减少对于经济的干预与管制。因此，弗里德曼反对凯恩斯式的需求管理政策，在货币政策方面主张实行“单一规则”，即维持一个固定的货币增长率，这个增长率应在保持适当的通货膨胀率的情况下与预计的实际国民收入的长期增长率相一致。

三、里根的经济政策

由于里根经济学供给学派、货币主义的背景，里根执政之初的经济政策可以说是这两派的一个综合。1981 年 2 月 18 日，里根向国会提交了“经济复兴计划”，同年 3 月和 5 月，里根向国会分别提出削减预算法案和减税法案，两个法案最终于同年 8 月正式实施。[①] 这些政策计划的主要内容如下：

1. 减税

根据供给学派的理论，减税可以增加经济主体的激励，提高居民的劳动供给和储蓄率，从而可以刺激投资、推动经济增长。因此，里根将减税作为其经济复兴计划的首要举措。里根在其两个任期内都有税制改革和减税法案，法案分别于 1981 年和 1986 年通过。两个法案都降低了个人所得税税率并削减了企业税，其中 1986 年的法案

① 参见杨鲁军：《第二次革命——论里根经济学》，59 页，上海，格致出版社，2009。

还大力推动了税制改革，被里根称为“第二次美国革命”。

（1）1981年法案。

先看个人所得税方面。从1981年开始屡次降低个人所得税税率，其中1981年10月1日削减5%，1982年7月1日和1983年7月1日再各削减10%。1982年将个人收入中利息、红利等收入的最高税率从70%削减为50%。资本利得税税率在1981年6月从28%降为20%，遗产税也有所降低。1985年开始以经通货膨胀调整的实际收入作为纳税基础，避免居民因通货膨胀而过多纳税。在企业税方面，加速固定资产折旧并简化分类，这相当于对企业减税。对于企业的某些投资也给予了税收优惠。[①]

（2）1986年法案。

1986年法案在降低企业税收和个人所得税税率的同时更加注重税制改革。在个人所得税方面，将最高税率为50%、最低税率为11%的15级累进税制改为15%、28%和33%的三级税制。此外还提高了个人实际纳税额。在公司税方面也进行了简化与改革，将原来最高46%的五级税率改为最高34%的三级税率。另外，还降低了资本利得税，并扩大了研究与开发费用的抵免范围。不过，新法案提高了固定资产折旧年限，取消了资本收益的税收优惠。总的说来，对于公司税，新法案有减有增，更注重税制的改革。[②]

2. 紧缩货币

由于20世纪70年代末期的高通胀，美联储在里根成为总统之

---

① 1981年法案的情况参见杨鲁军：《第二次革命——论里根经济学》，59～60页，上海，格致出版社，2009。

② 1986年法案的情况参见王曙光：《供应学派的税收思想与里根政府的税制改革》，载《黑龙江财专学报》，1987（4）；杨鲁军：《第二次革命——论里根经济学》，235页，上海，格致出版社，2009；以及章嘉琳：《变化中的美国经济》，379页，上海，学林出版社，1987。

前就已经试图控制通货膨胀。不过由于各种原因，美联储的货币政策时松时紧，缺乏坚定性，因此美国的通胀率一直居高不下。里根上任后将控制通货膨胀作为其经济复兴计划的重要内容。美联储也开始实施坚定的反通货膨胀政策。

从 1980 年 11 月到 1982 年 8 月，美联储实施了相当严厉的货币政策，严格控制国内货币供应量的增长，使通货膨胀率迅速下降。美联储 1981 年规定的 M1 增长指标为 3%～6%，而实际上只有 2.1%。[①] 1980 年 11 月—1981 年 10 月，联邦基金利率几乎都在 15%以上。1981 年 12 月，美联储察觉到 1981 年第四季度美国经济增长率可能急剧下降，但也只是将货币政策略微放松，1981 年 10 月将贴现率从 14%降为 13%，12 月再次降为 12%。[②] 由此直到 1982 年 10 月，美国贴现率始终保持在 11%～12%之间。由于美联储持续紧缩的货币政策，美国通胀率迅速下降，从 1980 年的 13.5%下降到 1982 年的 6.2%。同时美国经济也陷入衰退，经济增长率大幅下滑，失业率大幅上升。由于通胀下降以及失业率上升，1982 年 7—8 月间，美联储严厉的紧缩性政策开始转向。美联储从 1982 年 7 月开始下调贴现率，每次下调 0.5%，到 1982 年年底下降到 8.5%。[③] 自此，美联储严厉的紧缩性政策告一段落。

3. 削减一般政府开支，增加国防开支

1981 年 3 月的预算法案包含了以后几年的预算削减计划：1982 年削减支出 352 亿美元，1983 年削减 460 亿美元，1984 年削

① 参见章嘉琳：《变化中的美国经济》，359 页，上海，学林出版社，1987。

② 参见马丁·费尔德斯坦主编：《20 世纪 80 年代美国经济政策》，92 页，北京，经济科学出版社，2000。

③ 参见章嘉琳：《变化中的美国经济》，361 页，上海，学林出版社，1987；马丁·费尔德斯坦主编：《20 世纪 80 年代美国经济政策》，94 页，北京，经济科学出版社，2000。

减 514 亿美元。[①] 总的说来里根成功地削减了一般社会福利计划支出，包括食品券、其他食品补助、低收入住房补助、失业保险金等。不过，里根试图削减一般社会保障的努力却失败了，由于政治原因，社会保险中的基本退休金、医疗保险、退休军人福利等都被政府列为不能削减的开支[②]，这使得里根削减政府开支的计划效果有限。在尝试削减社会保障和福利支出的同时，里根却加大了国防开支。1980 年美国军事费用占国民收入的比例为 5.0%，此后这一比例保持上升趋势，到 1986 年上升为 6.5%，此后才开始下降，1989 年仍有 5.9%。军事费用占联邦支出的比例与此有着相同的趋势，这一比例在 1980 年为 22.6%，此后保持上升，1987 年达到 28.2%，1989 年下降为 26.6%。[③]

4. 放松政府管制

1981 年 2 月里根就任总统后指示暂缓实行所有政府机构已经制定但尚未实行的条例，并对工商企业活动管制规章的改革制定了五条政策原则。随后，行政管理和预算局根据这五条原则又制定出相应的指导方针。这些原则要求政府减少对具体经济运行的干预和管制，对于所制定的规章应该进行科学全面的成本—收益分析。同年 3 月，里根批准成立了以布什副总统为主任的放松管制工作小组，监督和指导对工商企业活动的管制规章的改革。行政管理和预算局、放松管制工作小组对大量的法令规章进行了审核、修订，切实保障了政府管制的减少与放松，涉及工业行业管制、石油价格管制、劳动力市场管制、金融业管制等众多领域。[④]

---

① 参见杨鲁军：《第二次革命——论里根经济学》，60 页，上海，格致出版社，2009。

② 参见杨叔进：《里根经济学与美国大选》，载《世界经济》，1984 (6)。

③ 参见马丁·费尔德斯坦主编：《20 世纪 80 年代美国经济政策》，207 页，北京，经济科学出版社，2000。

④ 参见杨鲁军：《第二次革命——论里根经济学》，61 页，上海，格致出版社，2009；章嘉琳：《变化中的美国经济》，390 页，上海，学林出版社，1987。

四、里根经济政策的效果

美国经济的滞胀现象是里根经济学所要应对的首要问题。单从这一目标看，可以说里根经济学取得了成功。在里根就任总统的头两年，美联储坚定的紧缩性货币政策让通胀率大幅下降，从 1980 年的 13.5%降为 1983 年的 3.2%，此后多年也都保持在较低的水平。从经济增长的角度看，1981—1982 年的紧缩政策造成了短暂的经济衰退，1981 年的 GDP 增长率为 2.6%，1982 年为−1.9%，这是控制通货膨胀所付出的代价。1983 年后美国经济开始复苏，1983 年 GDP 增长率为 4.6%，1984 年达到 7.3%。再看失业率，和经济增长数据类似，紧缩政策造成失业率的进一步上升，1981 年 12 月的失业率为 8.5%，到 1983 年 2 月失业率上升为 10.4%。此后失业率开始逐步下降，至 1984 年 12 月降为 7.3%，直到 80 年代末，失业率一直保持着大体下降的趋势（见表 8—2）。综合经济增长率、失业率和通货膨胀率的数据，可以认为美国经济已走出滞胀。

表 8—2　1980—1989 年美国 GDP 增长率、通货膨胀率和失业率

年份	GDP 增长率（%）	用消费者价格指数衡量的通胀率（%）	失业率（%）
1980	−0.2	13.5	7.2
1981	2.6	10.3	7.6
1982	−1.9	6.2	9.7
1983	4.6	3.2	9.6
1984	7.3	4.3	7.5
1985	4.2	3.6	7.2
1986	3.5	1.9	7.0
1987	3.5	3.7	6.2
1988	4.2	4.0	5.5
1989	3.7	4.8	5.3

资料来源：GDP 增长率和通胀率数据来源于世界银行数据库，失业率数据来源于 U. S. Bureau of Labor Statistics。

不过，经济学界对于美国走出滞胀的具体原因却存在着争议。首先是对经济增长的解释问题。有一种观点认为不应把经济增长率的恢复归因于里根的减税政策，而应该归因于军事支出的大量增加。因为减税并没有像供给学派预测的那样增加美国的储蓄率和投资率，事实上美国个人储蓄率从 1981 年的 7.5%一直下降到 1987 年的 3.8%。[①] 其次，对于通货膨胀率下降的原因也有不同的看法。一种观点把通货膨胀的下降归因于第二次石油危机结束所带来的石油价格下降。还有观点认为美国的高汇率政策也减缓了物价的上升。汇率的大幅上升使进口商品价格下降，抑制了国内物价的上升，而汇率上升吸引大量外资流入美国，弥补了美国巨额财政赤字的资金需求，也减缓了通货膨胀压力。[②] 笔者认为，上述两种看法都有一定的道理，军事支出的大量增加对于在紧缩货币政策时支撑总需求起到了重要的作用，但是减税政策对促进经济增长也有着重要贡献。[③] 石油价格的下降和汇率的上升在一定程度上有利于通胀的下降，但也不能因此否认紧缩货币的主导作用，通货膨胀是一种货币现象，不紧缩货币显然不可能导致通胀如此大幅度的下降。

里根的经济政策达到了使美国走出滞胀的预定目标，同时在放松政府管制、增强经济活力方面，也取得了较大的成绩。不过，里根在平衡预算、减少财政赤字方面却失败了。一方面因为里根大量减税，导致财政收入的减少；另一方面，里根在削减社会保障支出不太成功的同时大量增加了军事支出，这给联邦政府带来了大量的财政赤字，同时国债数量也大量增加。1981—1989 年里根的两届任期内，财政赤字和财政赤字占 GNP 的比例都呈现先上升后下降的走势，整个 80 年代赤字占 GNP 的比例平均为 4.1%，1983 年最高时占比达到 6.3%。而 60 年代财政赤字占 GNP 的比例只有 0.8%，70 年代也只有 2.1%。美国的实际国债余额和其占 GNP 的

---

①② 参见薛伯英：《“里根经济学”的盖棺论定》，载《世界经济》，1988 (12)。

③ 参见章嘉琳：《变化中的美国经济》，377 页，上海，学林出版社，1987。

比例也一直在上升，1980 年为 21.6%，1982 年就上升到 26.4%，最高时为 1987 年和 1989 年，占比达到了 37.3%。里根政府的高汇率政策也使得美国的出口产品竞争力下降，从而在整个 80 年代美国都保持着巨大的贸易逆差，逐渐使美国成为世界上最大的债务国（见表 8—3）。[①] 此外，里根削减政府福利支出、减少管制、鼓励自由竞争的政策也导致美国的贫富差距不断扩大。

表 8—3　　美国财政赤字/GNP、国债/GNP 和贸易赤字

年份	财政赤字/GNP（%）	国债/GNP（%）	贸易赤字（百万美元）
1970	0.3	21.4	2 254
1975	3.5	20.8	12 404
1980	2.8	21.6	−19 407
1981	2.6	22.3	−16 172
1982	4.1	26.4	−24 156
1983	6.3	28.6	−57 767
1984	5.0	31.4	−109 072
1985	5.4	34.4	−121 880
1986	5.3	37.2	−138 538
1987	3.4	37.3	−151 684
1988	3.2	36.5	−114 566
1989	2.9	37.3	−93 141

资料来源：财政赤字/GNP、国债/GNP 数据引自马丁·费尔德斯坦主编：《20 世纪 80 年代美国经济政策》，北京，经济科学出版社，2000；贸易赤字来源于 U. S. Census Bureau。

五、里根经济学对我国的启示

里根经济政策的实践对我国有以下启示。

① 参见章嘉琳：《变化中的美国经济》，221 页，上海，学林出版社，1987。

1. 供给管理可以用于短期宏观调控

面对当时美国的经济形势，在短期宏观调控中里根采用了供给管理。对许多人来说，经济的总供给应该取决于该经济的技术水平和可用资源，而这些变量在短期内是不变的，所以许多人认为供给管理不能用于短期宏观调控。但当时的供给学派认为，一个经济的技术水平和可用资源在短期内可能不变，但它们的利用率和利用效率在短期内是可变的，因此，只要能够调节生产者的激励，就能调节技术和可用资源的利用率和利用效率，因而就能进行短期宏观调控（苏剑，2008）。苏剑（2008）论述了供给管理在短期宏观调控中的应用，从调节机理、政策工具、政策效果到供给管理与需求管理在短期宏观调控中的组合均有论述。

2. 供给管理和需求管理不是截然对立、有你无我的，应该结合使用

里根经济学通常跟供给学派联系在一起，不过就里根执政时期的经济政策来说，里根经济学是各种经济学派建议的经济政策的一个综合。实际上，里根经济学从诞生起就是实用主义的。它首先是里根在竞选过程中向选民关心的问题交出的一份答卷，至于它会包含什么样的经济政策，要视选民关心的问题而定。里根竞选总统之时美国经济面临的最大问题无疑就是滞胀现象，这自然也成为里根经济学要解决的首要问题。要知道具体采取何种经济政策，需要首先分析滞胀现象出现的原因，这方面就有赖于学术界的分析了。从经济理论演进的角度看，滞胀现象的出现意味着二战后占据学术界主导地位的凯恩斯经济学的破产。这时就需要有新的经济理论替代凯恩斯理论来解释滞胀现象，并给出解决滞胀的经济政策。供给学派和货币学派承担了这个任务。供给学派从供给角度出发，认为凯恩斯主义的需求管理政策恰恰是滞胀现象出现的原因，要解决滞胀现象只有通过放松管制、减税等措施鼓励供给。货币学派则认为市场经济具有内在稳定性，凯恩斯主义的需求管理恰恰会破坏这种稳定性，并导致通货膨胀。货币学派从通货膨胀是一种货币

现象的结论出发，给出了通过限制货币增长率来治理通货膨胀的政策措施。供给学派和货币学派分析了经济停滞和通货膨胀的原因，也给出了相应的政策措施，于是它们就成为里根经济学的理论指导。里根就职初期所推出的经济政策主要就是供给学派和货币学派的政策。此外，里根的经济政策如扩大军事开支还有着凯恩斯主义的成分。

因此，在里根的经济政策中，并没有在采取供给管理的同时完全摒弃需求管理，没有把需求管理和供给管理看作是截然对立、互不相容、有你无我的，而是把它们看作是互补的，在实际操作中综合运用各个流派中能够起作用的各种政策。

把里根采取的所有经济政策作为整体来看，可以看出，里根的政策组合是供给扩张、需求方面松紧搭配的组合。[①] 供给扩张政策包括降低企业税收、放松政府管制。供给扩张有助于抑制通货膨胀，因而可以解决滞胀中的“胀”；同时供给扩张又有助于促进经济增长和就业，因而可以解决“滞”的问题。在需求管理方面，紧缩性政策包括紧缩货币、削减一般政府开支，扩张性政策包括减税、增加国防开支等，因此是松紧搭配的。

不过，我们也应该认识到里根经济学不只是里根为应对特殊的经济现象所采取的经济政策，也不仅仅是供给学派和货币学派的经济理论的一次政策实践。里根经济学所处的历史时点的特殊性、其所应对的经济现象的特殊性使里根经济学具有超出具体历史时点的意义。经济学理论通常都有其政策含义，这个政策含义往往意味着该经济理论所倾向的政治理念。就社会思潮来看，供给学派和货币主义反对凯恩斯主义不仅仅是经济理论的争论，也是自由主义的理念与政府干预理念的争论。从这个角度看，里根经济学是有着经济政治理念的含义的，这就是供给学派和货币主义背后的自由主义。实际上这也是许多人在谈到里根经济学时所暗指的东西。借助里根

① 关于供给管理和需求管理的政策组合，参见苏剑（2008）。

经济学应对滞胀问题的成功，里根经济学所包含的自由竞争、减少管制的理念的价值也自动得到了证明。

那么，我们该如何看待里根经济学呢？里根经济学首先是为应对具体问题的实用主义的政策组合，在其具体的实施过程中也随着具体的经济政治条件而变化。我们可以具体评价里根在其执政过程中的重要经济政策的具体效果，这是里根经济学的学术和政策含义。从这个意义上说里根经济学是一些经济政策的组合，这些政策组合不必全是正确的或错误的，而里根经济学本身则无所谓正误。其次，就经济理念的角度来看，里根经济学意味着减少政府干预的经济自由主义。这个意义上的里根经济学则使我们超出具体的经济政策而从整体上审视经济现实，审视我们所抱有的经济理念。

3. 要重视并尽量减小宏观调控的负面效果

就里根经济学的政策效果来看，可以说是有好有坏。减税、放松管制、控制货币供给的措施在促进经济增长和降低通货膨胀方面确实起到了重要作用，滞胀现象在1983年后基本消失。不过，里根计划削减政府开支的政策却不太成功，军事开支的大量增加使得在里根执政期间，财政赤字处于较高的水平，国债余额也连年上升。高利率引起的高汇率使得出口增长率低于进口增长率，贸易赤字连年增加，美国也因此成为世界最大的债务国。此外，里根的政策也造成了美国贫富差距的扩大。正因为里根的经济政策有着多重后果，人们对里根经济学的评价也是褒贬不一。有的人因为里根经济学成功解决了美国的滞胀问题，以及里根采取的减税、减少政府管制等自由主义改革措施而把里根经济学当做保守主义经济学的一次成功实践。另外一部分人则通过重新分析美国走出滞胀的原因并抓住里根经济学所造成的比如美国储蓄率的下降、财政赤字、国债以及对外债务的增长等负面结果而指责里根经济学将美国带入更大的困境。

单就事实而论，里根经济政策的正面或负面结果都十分鲜明，因此对于里根经济学或褒或贬都可以找到理由。里根经济学后果的

双重性是由于其本身就有着内在矛盾。在减税、削减开支不力的情况下增加军事支出必然意味着财政赤字和国债的上升。而在紧缩货币的情况下，如果没有军事支出的大量增加可能会导致更严重的经济衰退。可以说，这些是治理滞胀所必须付出的代价，尽管有可能通过合适力度的政策措施减小代价。

4. 供给管理的理论是适合中国的，但在实际操作中需要考虑中国特色

近年来中国的经济增长速度显著下行，政策界和学术界都在探寻经济下行的原因，2014 年中央提出“新常态”的概念来总结中国近年的经济状态。“新常态”的特征是三期叠加，即“增长速度换挡期、结构调整阵痛期、前期刺激政策消化期”。可见，“新常态”的概念主要是从供给方来认识当前的中国经济的。正是基于对中国经济“新常态”的认识，2015 年 11 月以来，中央又提出“供给侧改革”作为中国经济改革的一个指导。此后，政府和学界对于供给侧改革的讨论逐渐增多，对供给侧改革的认识也不断深入。在这个过程中里根经济学作为供给学派的一次政策实践也不断被提及，不过，对于里根经济学是否适用于中国存在正反两种态度。

就现阶段中国面临的供给方面的问题来说，里根经济学具有重要的参考价值。如“新常态”这一概念所概括的，中国面临着经济减速、结构调整、产能过剩等多方面的问题，这些问题都需要通过供给方面的调整、改革来解决。这样作为里根经济学重要内容的减税、减少行政审批、促进经济自由化等供给侧政策对于提升中国潜在增长率、促进结构调整、化解产能过剩就具有了重要意义。此外，供给侧改革也完全可以超出里根经济政策的范围，实行针对中国特殊国情的改革，比如我国的全面深化改革，包括国企改革、户籍管理制度改革、教育体制改革、科技体制改革、人口政策的调整、司法体制改革、促进劳动力自由流动、促进区域平等、改革财

政金融体制等。[①] 实际上，由于中国不像当时的美国一样需要大规模扩大军事支出以应对苏联威胁，也不需要紧缩货币以衰退为代价来遏制通胀，因此在中国实行供给侧改革可能并不会造成里根经济学的负面后果。

此外，里根经济学有着超出一般经济政策的理念价值，这就是其所代表的减少政府干预的经济自由主义。就政府和学者的各种论述来看，中国的供给侧改革也正是“要充分发挥市场在资源配置中的决定性作用”[②]，通过政府和市场的相互配合来解决中国所面临的供给侧问题。从这个意义上讲，通过学习研究里根经济学回到里根经济学所代表的自由主义经济理念，以反思政府与市场在经济生活中的关系或许是里根经济学对于中国供给侧改革的最大意义。

参考文献

[1] 陈宝森. 评里根时代的美国经济. 世界经济，1998（8）

[2] 陈宝森. 美国经济与政府政策. 北京：社会科学文献出版社，2014

[3] 贾康，徐林等. 中国需要构建和发展以改革为核心的新供给经济学. 财政研究，2013（1）

[4] 贾康. 以供给侧结构性改革引领升级版新常态. 金融时报，2016-01-15，002版

[5] 罗思义. 中国供给侧改革应吸取“里根经济学”的灾难性教训. http://www.guancha.cn/LuoSiYi/2016_01_12_347684.shtml

[6] 李栋. 里根经济学的政策实践及启示. 财政研究，2012（1）

---

① 参见贾康：《以供给侧结构性改革引领升级版新常态》，载《金融时报》，2016-01-15，002版；《七问供给侧改革——权威人士谈当前经济怎么看怎么干》，载《人民日报》，2016-01-04，002版。

② 参见《七问供给侧改革——权威人士谈当前经济怎么看怎么干》，载《人民日报》，2016-01-04，002版。

［7］刘霞辉．供给侧的宏观经济管理——中国视角．经济学动态，2013（10）

［8］马丁·费尔德斯坦主编．20 世纪 80 年代美国经济政策．北京：经济科学出版社，2000

［9］庞业军，蒋敏杰，郭辉铭．优化政府监管——里根经济政策对我国的启示．金融发展评论，2013（10）

［10］苏剑．供给管理政策及其在调节短期经济波动中的应用．经济学动态，2008（6）

［11］王曙光．供应学派的税收思想与里根政府的税制改革．黑龙江财专学报，1987（4）

［12］张伟．里根经济学的真相．海派经济学，2015（1）

［13］薛伯英，曲恒昌．美国经济的兴衰．长沙：湖南人民出版社，1988

［14］薛伯英．“里根经济学”的盖棺论定．世界经济，1988（12）

［15］杨鲁军．第二次革命——论里根经济学．上海：格致出版社，2009

［16］杨叔进．里根经济学与美国大选．世界经济，1984（6）

［17］章嘉琳．变化中的美国经济．上海：学林出版社，1987

［18］七问供给侧改革——权威人士谈当前经济怎么看怎么干．人民日报，2016-01-04，002 版

第二篇 供求调整与“新常态”

导读：本篇分析了中国和世界供给侧和需求侧发生的重大变化，指出中国经济和世界经济各自都进入了自己的“新常态”，并分析了两个“新常态”下经济的运行规律，提出了政策建议。随后，对“新常态”下中国能源的中长期需求做了预测。

第九章

“新常态”下的中国宏观调控[1]

导读：前面说过，供给管理在宏观调控中从超短期到超长期均可使用。本章就是综合运用供给管理和需求管理应对长、短期经济问题的一个案例。本章从供给和需求两个方面讨论了中国经济“新常态”出现的根源。指出这个“新常态”的表现就是经济增长率下降、滞胀隐患出现、就业压力减小、消费占比提高、产业结构从劳动密集型向资金密集型和知识密集型转换，以及对自主研发的需求增加。在“新常态”下，我国应该适度降低经济增长目标，深化改革，加快产业结构调整和自主创新，实行供给和需求双扩张的政策组合，在需求管理方面，实行货币稳健或小量紧缩、财政扩张的政策组合。

就目前而言，我们不建议采取大规模的扩张性

① 发表于《经济科学》，2014（4），与刘伟合写。

政策，而是建议采取以供给管理为主、需求管理为辅的定向“微刺激”政策体系，既保证经济增长和就业，又尽可能促进结构调整。

一、问题的提出

2010年以来，我国的经济增长率持续下滑，季度同比增长率从2010年第一季度的11.9%下降到2014年第一季度的7.4%和第二季度的7.5%。

同时，我国的物价上涨率也在2012年5月降到了3%以下，从此之后在1.7%～3.2%之间波动。尤其是2014年4月降到1.8%，达到了18个月以来的新低。5月份和6月份，居民消费价格同比上涨率分别为2.5%和2.3%。

物价上涨率和经济增长率双双达到近期的最低点，这引发了人们对今后中国宏观经济形势的担忧。在这样的情况下，如何判断目前中国的宏观经济形势就成为我国宏观经济研究方面目前面临的重要问题，也成为我国的宏观经济政策设计的基础。

本章首先分析“新常态”的根源，其次分析中国经济“新常态”下的自然走势，然后讨论“新常态”下中国的宏观调控政策，接着结合我国目前经济形势的特点，讨论目前我国的宏观经济政策选择，最后是总结。

二、“新常态”的根源

中国经济进入了“新常态”。所谓“新常态”，依我们理解，是指在新的发展阶段出现的新机遇、新条件、新失衡等，正逐渐成为

经济发展中较长时期稳定存在的特征。总之，经过30多年的高速发展，中国经济的确出现了前所未有的新特征，这些新特征就决定了中国经济将出现“新常态”。理解“新常态”，将有助于理解中国经济的新形势，也有助于设计中国的宏观经济政策（刘伟，2014）。

要理解“新常态”，特别是认识经济增长和宏观经济运行的新特征，就要找到它出现的根源。而其根源，首先是供给和需求两个方面。因此，要理解“新常态”，就得从需求和供给两个方面的自然变动趋势入手。

1. 供给方因素

从供给一侧看，影响我国经济的主要因素有两个。

（1）要素成本上升。其中，首先也是最重要的是劳动力成本的上升。要明确的是，劳动力成本的上升也就是劳动力收入的上升，也就是居民生活水平的上升，因此这是我国经济发展的结果，也是我们取得的成就。但是，劳动力成本的上升也导致原有技术条件下企业生产成本的上升，这对企业来说是不利的一面。劳动力成本的上升有两个原因，一是经济发展导致劳动力需求增加，一是长期执行的计划生育政策导致劳动力供给减少。我国近几年来工作年龄人口开始下降，2012年工作年龄人口减少了345万人（朱剑红，2013）。

其次是原材料和能源价格的上升。原因与劳动力成本上升类似，一是经济发展导致对原材料和能源的需求增加，二是我国自然资源供给有限。我国2013年石油的对外依赖度已经高达58%（李平，2013），就是一个明确的表现。

（2）从技术进步的方式看，学习型技术进步的空间越来越小，技术进步的成本加大。

最近30多年来，我国技术进步的主要方式是学习和模仿。这就是所谓的“后发优势”。由于改革开放初期我国的技术水平跟世界科技前沿差距很大，所以学习和模仿的空间很大。由于学习和模

仿具有成本低、风险小的特点，这就导致我国的技术进步严重依赖学习和模仿，相对而言，自主创新的贡献就不大。实际上，对于企业而言，需要的技术往往不是最先进的技术，而是使其成本最小化的技术（林毅夫、苏剑，2007）。

随着我国经济的发展和技术的进步，我国的科技水平跟世界科技前沿之间的距离越来越小，学习的空间也就越来越小，“后发优势”越来越弱。在有些领域，我国甚至处于世界领先水平，比如高铁，已经几乎不存在学习的空间。因此，学习型技术进步在我国正在迅速走向尽头。技术进步低成本的时代将迅速成为过去。

2. 需求方因素

从需求一侧看，中国经济呈现以下两个新特征：

（1）投资收益率下降。

随着中国经济的发展，中国经济中好的投资机会越来越少。改革开放初期，中国经济百废待兴，到处都是好的投资机会。随着经济的发展，首先是最好的投资机会被用掉，然后是收益率低一点的投资机会，再就是收益率更低的投资机会。然后通过引进国外先进技术和新产品的方式提高收益率。到现在，当学习的空间越来越小的时候，投资收益率再想提高一点非常困难，企业再也难以找到好的投资机会。

（2）外需拉动型经济增长方式难以为继。

最近30多年来，我国采取的是出口导向型经济增长方式，出口占中国GDP的比重曾经高达35%左右，这意味着中国的总产出中有35%卖给了外国人，中国对国际市场的依赖性之大可想而知。随着中国经济的增长，中国经济的总规模越来越大，到现在，中国经济的总规模高居世界第二。如果中国出口占GDP的比重依然高达35%，这么大规模的出口，世界市场将难以消化。

三、“新常态”下经济的自然走势

由于中国经济出现了以上新特征，中国经济将出现以下“新常态”。

1. 经济增长率将下降

从供给一侧看，生产成本上升，同时技术进步率将下滑，因此中国经济将出现供给紧缩；而从需求一侧看，随着投资收益率的下降，投资增长率将下降，同时随着出口导向型增长方式难以为继，出口也将受到抑制，在消费需求的增长率基本稳定的情况下，这也意味着中国经济将出现需求紧缩。因此，中国经济将面临供给、需求双紧缩的局面，经济增长率下滑就成定局。

2. 成本推动型通货膨胀将成为常态，通货膨胀的结构性特征将更为明显

随着经济的增长，生产成本将持续上升，这将导致成本推动型通货膨胀。尽管在现实中，由于需求紧缩、技术进步等因素的存在，通货膨胀率可能未必有多高，但成本推动型通货膨胀的基因是有的，一旦在某一时期技术进步率下滑，滞胀的局面将会出现。

成本推动型通货膨胀的另一表现是通货膨胀的结构性特征。由于劳动力成本的上升，劳动密集型产品的通货膨胀率将高于其他产品，劳动生产率提高较慢的产品的通货膨胀率将高于其他产品。具体而言，作为劳动生产率比较难以提高的行业，农产品的通货膨胀率将高于工业品，而在农产品中，劳动密集型农产品的物价上涨率将高于其他农产品。这种情况在我国近几年已经有所

体现。

3. 随着劳动力短缺的出现，就业压力将减轻

我国目前已经达到就业高峰，近几年来，中国的工作年龄人口逐年下降，这加大了劳动力成本上升的压力，但却减轻了就业压力。这就给宏观调控留出了较大的空间。

4. 消费占比提高

随着投资增长率和出口增长率的下降，“三驾马车”中，消费占比自然将会上升。

5. 产业结构将向资金密集型和知识密集型产业转换

随着劳动力成本的上升，资金丰裕程度的提高，中国科技水平的进步，尤其是高学历人才占比的增加，劳动密集型产业逐步走向衰落，资金密集型和知识密集型产业将会成为新的增长点，中国的产业结构将势必产生调整，产业升级也将必然发生。

6. “后发优势”越来越弱，技术进步将不得不越来越多地依靠自主创新

随着中国的科技水平越来越接近世界科技前沿，学习和模仿的可能性越来越小，要想技术进步，中国就不得不更多地依靠自主创新，这意味着中国将被迫加大自主研发投入。

四、“新常态”下的宏观调控

“新常态”下，要求中国的宏观调控做出调整。

1. 调低经济增长目标，围绕“新常态”进行调控

在“新常态”下，中国经济将面临供给、需求双紧缩的局面，经济增长率下滑不可避免。所以，在宏观调控中，就应该适度调低经济增长目标。

但在“新常态”下，经济增长率下滑也可能有两种情形。

（1）实际增长率和潜在增长率一起下滑。与这种情形相应的是扩张性政策下通货膨胀率较高。此时，由于潜在增长率与实际增长率一起下滑，如果采取扩张性政策，实际增长率很容易就会接近甚至超过潜在增长率，这就会引发通货膨胀。所以，在扩张性政策下，通货膨胀率会大幅度上升。

（2）实际增长率下滑，但潜在增长率没有下滑。与这种情形相应的是扩张性政策下通货膨胀率不高。在这种情形下，潜在增长率依然较高，但由于需求约束，或者由于有效供给不足，从而经济中存在大量过剩产能，导致实际增长率下滑。此处所谓的“有效供给”，指的是符合市场需要的供给，如果产能很大，但能生产的东西却是市场不需要的，这就是无效供给。比如，我国内地对奶及奶制品的需求很大，导致香港政府立法限制内地居民购买，而内地奶及奶制品的产能其实也不小，但这种产能属于无效供给，因为其食品安全无法得到保障。当然，无效供给这种情形出现的原因更可能是居民对本国生产的各种产品的需求已经达到饱和点，超出的产能就是无效供给。在这种情形下，如果通过扩张性政策提高经济增长率，由于实际增长率以较大幅度低于潜在增长率，即使实际增长率有所提高，依然离潜在增长率较远，所以通货膨胀率一般不会大幅度上升，主要原因就是产能过剩。在这种情形下，虽然可以在没有通货膨胀的情况下提高经济增长率，但这个高增长导致无效供给得以维持甚至继续增加，将埋下经济危机的隐患。

我国目前的情况很可能属于第二种情形。目前我国学术界的主流观点是中国的潜在增长率已经下降，在他们的心目中，所谓的

“新常态”在很大程度上就是潜在增长率下降（吴振宇，2013）。这种观点可能不符合我国经济的实际情况。首先，从我国经济目前的实际表现来看，我国7.5%左右的经济增长率其实并不低，但与它相应的通货膨胀率也就是在2%～3%之间，相当低；即使采取了扩张性政策使得经济增长率提高，通货膨胀率也没有显著上升。这表明，我国的经济现实与“潜在增长率下降”的说法不一致。其次，从直觉来看，潜在增长率要大幅度下降，总得有个原因。中国经济中出现了什么大事情，导致潜在增长率突然下降？我们知道，潜在增长率决定于资本增长率、全要素生产率的增长率（包括技术进步、人力资本、制度变迁等因素的贡献）、劳动力增长率。在这三类因素中，我国只有劳动力开始下降，增长率为负，拖累潜在增长率的增长，但劳动力增长率原本就不高，每年充其量就是1%，对潜在增长率的贡献本来就很小，劳动力增长率的下降不大可能导致潜在增长率大幅下降。尤其是不可能导致潜在增长率突然大幅度下降，因为劳动力增长率是缓慢下降的。资本增长率主要决定于储蓄率，我国的储蓄率大幅度下降了吗？好像没有。在全要素生产率增长率的决定因素中，技术进步率突然大幅度下降了吗？我们想象不到有什么因素导致中国的技术进步率突然大幅度下降，也没有观察到这一点。人力资本的增长率下降了吗？由于1999年开始的高校扩招，中国人力资本的增长率近年来更可能提高而非下降。制度变迁减慢了吗？这个倒是有可能，但好像中国的改革也没有突然刹车，而且如果原因真的如此，加快改革就可以消除这一因素的影响，也就是说，这不是克服不了的问题。

如果我国经济真的是处于第二种情形，那么就应该通过增加有效供给和加快改革来提高经济增长率，增加有效供给的政策包括加速技术进步、产业结构调整、改革三类。当然，这三类政策即使在潜在增长率下降的情况下也适应，只不过在这种情形下，它们促进的主要是潜在增长率。

2. 深化改革

由于改革可以在多个领域展开，而不同领域的改革对经济有不同的影响，有的改革措施刺激需求，有的刺激供给，所以深化改革有助于兼顾宏观调控的多个目标。

（1）消化劳动力成本上升的影响。

通过劳动用工制度改革调动劳动者的积极性，提高其生产效率，有助于降低单位产品的平均成本。通过教育体制改革提高教育系统的效率，培养适合市场需要的高素质劳动力，也可以降低产品的平均成本。通过科技体制改革释放科技工作者的活力，促进企业进行和扩大研发活动，通过技术进步来降低平均成本。

这有助于应对成本推动型通货膨胀。

（2）促进有效供给。

在我国问题突出的食品安全领域，通过产品生产安全制度和司法制度的改革，加大处罚力度，确保消费安全。这有助于把中国的食品供给变为有效供给，促进经济增长。

通过改革强化市场力量，加强市场竞争，淘汰落后产能，减少无效供给。

（3）刺激需求。

改革可以提高投资收益率，从而刺激投资需求。比如土地制度改革，农村耕地确权会导致农民对土地投资的增加，农村宅基地确权会导致农民住房投资的增加。市场竞争方面的改革也会降低一些行业的准入门槛，刺激民间投资，等等。

3. 产业结构调整

产业结构调整既可以增加有效供给，也能够刺激需求。我国居民的消费需求其实非常旺盛，但大量需求给予了外国货，原因就在于缺乏有效供给。我国居民在国外大量购买奢侈品就是明证。所以，只要我国能够生产出足够好的产品，这部分外需就可以转化为内需。

另外，淘汰落后产能、引进先进产能也能提高整个经济的投资收益率，从而刺激投资需求。

4. 加强自主创新

如前所述，学习型技术进步在我国已经走到尽头，所以加强自主创新就不可避免。加大科技投入、改革科技体制和教育体制，由国家主导进行大规模的基础科学技术研发，开展大规模的空间探索、海底探索等项目，促进科技进步，并改革科技成果的扩散和转化机制，提高投资收益率和资源利用效率，同时刺激需求和供给。

5. “新常态”下的宏观经济政策组合

如前所述，“新常态”下，中国经济将面临供给、需求双紧缩的局面，因此，要想促进经济增长，就需要实行供给、需求双扩张的政策。供给扩张的政策包括降低企业税收，通过改革提高经济效率，加大对外开放以降低原材料成本等。

在实行供给管理的时候，要注意避免用行政手段直接干预企业经营，尽量采用间接手段和法律手段。供给管理走向极端就是计划经济，所以要十分警惕。我们提倡的供给管理是给企业更大自主权、更大发展空间、更大活力的供给管理，比如降低行业准入门槛、加大对外开放等改革措施和降低企业税收等政策。

6. “新常态”下货币政策与财政政策的短期组合

我国目前存在严重的产能过剩，产能过剩一般意味着资金过多。因为如果产能不过剩，那么就有投资机会，资金就有去处。产能过剩了，经济中就缺乏好的投资机会，所以资金在实体经济中就没有去处，那就只能流向虚拟经济，导致资产价格上升。所以此时正确的货币政策应该是稳健甚至带点紧缩性的货币政策，而不应该

是扩张性货币政策。

在货币政策稳健的情况下，要扩大需求，就只能采取扩张性财政政策。因此，“新常态”下货币政策与财政政策的短期组合应该是货币稳健或紧缩、财政扩张的政策组合。如果此时采取双扩张政策，必然导致资产价格快速上涨。

五、对我国目前宏观经济形势的认识

我们进而讨论一下我国目前面临的宏观经济形势和应该采取的政策。首先要弄清楚的是，在目前的宏观经济政策基本维持不变的情况下，中国经济 2014 年的走势如何，然后再根据这一判断确定以后的政策立场和具体政策措施。

（一）净出口

2014 年的净出口形势应该会有所好转。原因主要有两个。首先，国际环境在改善。随着欧洲和美国经济形势的好转，我国面临的国际经济环境在改善。

其次，2014 年以来出现了人民币贬值的现象。人民币对美元的汇率从此前的升值转变为贬值，对中国出口的同比增长有促进作用。

2014 年上半年，我国的出口增长率逐渐恢复，5 月份出口增长 9.5%①，6 月份增长 7.2%。但这一增长率与我国以前相比并不算高，只能算是温和恢复。由于美国和欧洲经济虽然在恢复，但前景

① 本章所用数据如果没有特别说明，均来自国家统计局公报或根据国家统计局公布的数字计算。

并不明朗，风险依然存在，所以我国的出口虽然在改善，但对其可持续性不好判断。

（二）消费

消费是总需求中相对比较稳定的部分。2014 年 1—2 月社会消费品零售总额实际增长率比 2013 年同期高 0.4 个百分点，3 月和 4 月的社会消费品零售总额实际增长率分别比 2013 年同期低 0.9 个百分点，6 月份社会消费品零售总额实际增长率比 2013 年同期低 1 个百分点。这说明 2014 年消费的增长情况可能比 2013 年差。与此同时，根据国家统计局公布的数字，居民收入的增长率却比 2013 年同期高：2013 年第一季度，城镇居民可支配收入的真实增长率是 6.7%，农村居民人均现金收入的增长率是 9.3%；2014 年第一季度，两个数字分别为 7.2%和 10.1%，均比 2013 年高。消费增长率和收入增长率背道而驰，说明 2014 年我国居民的消费倾向比 2013 年有所降低。因此，不能期望 2014 年下半年消费增长率会有大的反弹。

（三）投资

按照国家统计局公布的数字，2014 年上半年，固定资产投资（不含农户）同比名义增长 16.3%，增幅比上年同期回落 3.8 个百分点。

在我们看来，2014 年投资的增长率也不乐观。

首先，在经济存在比较严重的产能过剩的情况下，经济中缺乏好的投资机会。企业投资的积极性下降。

其次，房价走低导致房地产投资增长率下滑。按照国家统计局公布的数字，上半年，全国房地产开发投资同比名义增长 14.1%（扣除价格因素，实际增长 13.1%），增速比第一季度回落 2.7 个

百分点。房屋新开工面积同比下降16.4%，其中住宅新开工面积下降19.8%。全国商品房销售面积同比下降6.0%，其中住宅销售面积下降7.8%。全国商品房销售额同比下降6.7%，其中住宅销售额下降9.2%。房地产开发企业土地购置面积同比下降5.8%。6月末，全国商品房待售面积54 428万平方米，同比增长24.5%。

这些数字都表明，2014年的房地产市场不乐观，房地产投资增长率大幅下滑几乎已成定局。

最后，利率将维持在较高位置。导致中国利率上升的因素主要有：(1) 随着美国量化宽松（QE）退出的可能性提高，人们对中国外汇流入的方向和幅度都产生了怀疑，资金回流美国可能导致中国的货币紧缩，形成利率上升的预期。(2) 中国的利率市场化。随着利率市场化的逐步推进，目前中国没有市场化的利率只剩下存款利率，但由于各种理财产品的出现，存款利率实际上已经开始迅速市场化，这将导致中国存款利率的上升，提高银行和企业的资金使用成本。(3) 中国金融体系改革的过程中，金融业进入的门槛逐步降低，大量小金融机构出现，这些金融机构的出现必然需要资金，这就导致资金需求量上升，也将推高利率。

(四) 总体判断

综上所述，从需求一侧看，如果没有更多的刺激措施，2014年的中国经济形势将不甚乐观。要实现2014年的经济增长目标，政府必须采取一些扩张性政策。

六、中国目前的经济政策选择

从根本上说，宏观调控的目标不是保增长，而是保就业。就中

国而言，目前宏观调控是多目标的，即“稳增长、促改革、调结构”。因此，经济增长目标的确定不仅要考虑就业，还要考虑别的因素。在本章中，我们主要考虑保就业和调结构两个目标。

1. 为了更快地调整产业结构，在保证就业的情况下，经济增长率越低，越有利于结构调整

中国经济增长的政策目标应该是保就业。2014 年 7.5%的经济增长目标应该足以保证就业，所以不需要过度刺激。实际上，如果撇开年初确定的经济增长目标，目前中国的经济运行状况是良好的。一方面，经济增长率保持在 7.5%左右，即使第三季度以后增长率下滑到 7.0%，也能够保证就业目标。另一方面，通货膨胀也处于理想区间，预计 2014 年的 CPI 上涨率会处于 2%～3%之间。全年增长率在 7%以上、通货膨胀率在 2%～3%之间，这一运行状况实际上是良性组合。

由于中国的通货膨胀率并不高，所以存在进一步刺激经济、提高经济增长率的空间。实际上，在目前中国存在严重的产能过剩的情况下，中国实现 8%的经济增长率都不是不可能的，只要中国愿意承受更高的通货膨胀（以及更大程度的产能过剩）。那么，中国 2014 年需不需要实现更高的经济增长率？我们认为，中国近期经济增长目标的选择应该基于以下原则：在保证就业的情况下，中国的经济增长率应该尽量压低。中国经济目前除了保就业之外，还有一个非常重要的长期目标，就是调结构。而调结构的重要一环是淘汰落后、低效产能。而要淘汰落后、低效产能，有两个办法，一个是政府命令，比如我国以前的限产压锭、近几年的强制关闭一些落后产能等等。这个手段简单、有效，但也显得武断、粗暴，所谓的落后产能由政府人为认定，而不是市场认定，为一些人留下了寻租空间，同时容易引起社会矛盾。第二种手段是通过经济手段淘汰这些产能。经济危机是淘汰落后产能的有效办法，但经济危机会导致严重的失业，所以也不利于社会稳定和经济的平稳运行。因此，如

果能在保证就业的情况下，尽量减少对经济的总量刺激，从而使得经济增长率维持在较低状态，这就对落后产能构成了严峻的生存环境，迫使它要么退出、要么升级。经济增长率不宜过高，否则就是保护落后产能。

2. 经济政策不要大起大落，要微调，进行精细化管理

目前中国的经济运行处于良性区间，只是由于年初确定的经济增长目标是7.5%，为了实现这一目标才需要采取措施。如果经济增长目标本身不是必须实现的，其实甚至都不需要更多的刺激措施。在国际经济形势和国内经济形势没有大的变化的情况下，经济运行的状况是可预期的，因此不需要大规模的刺激措施。大规模的刺激措施会使得经济大起大落，尤其是在目前的情况下，我国的经济结构亟须调整，就更不能采取大规模的总量刺激措施，否则只会给落后产能留下苟延残喘的空间，不利于结构调整。

因此，我国目前宏观调控政策总的倾向是：不要大起大落，在目前经济运行良好的情况下，不要采取大规模的扩张措施，代之以由多种小剂量刺激政策构成的“微刺激”政策体系，实现宏观调控的精细化。在目前的经济形势下，我国采取的“微刺激”、定向宽松措施是非常合适的。大规模刺激会救活落后产能，同时可能使得资金流向资产市场尤其是房地产市场，导致资产价格泡沫加剧。定向宽松政策有助于经济增长，能够调整经济结构；同时能够控制资金流向，避免资产价格泡沫的加剧。

3. 目前的宏观调控应以供给管理为主、以需求管理为辅

目前，在保就业问题不大的情况下，实现其他目标尤其是“调结构”就成为值得考虑的目标。这就要求中国的宏观调控以供给管理为主、以需求管理为辅。需求管理用于保增长和就业，而供给管

理既被用于保增长和就业，又被用于调结构。这是因为“调结构”本身就是供给管理，它调整的就是供给的结构，一方面要刺激一些产品的供给，一方面要减少一些产品的供给，二者都是供给管理。调结构的首要手段就是不能让经济增长速度过快，否则过剩产能就难以被顺利淘汰。

4. 目前可以选择的供给管理政策

首先，是减税和其他一些优惠政策，当然最好是定向的，比如对小微企业、涉农、高新技术、特定地区（用于调节经济的区域结构）的企业的优惠政策。尽量减少对传统产业尤其是产能过剩产业的刺激措施。

其次，加速改革。加速国有企业改革，提高国有企业的经营效率；加速财税改革，促进税负公平，切实减轻企业税负；加速司法体系、行政体系改革，降低企业的交易成本，使经济运行更为流畅、平稳、简单、有效；促进反垄断，强化公平竞争，降低各个行业准入门槛，让所有行业对民营企业开放，通过公平、充分的竞争提高经济运行的效率；加强对外开放，充分利用外国先进技术、管理、自然资源和其他资源，同时扩大参与国际市场竞争，提高效率；加速金融体系改革，解决中小企业融资难的问题；等等。

最后，利用产业政策和区域政策调节经济的产业结构和区域结构。

5. 目前可以选择的需求管理政策

需求管理同样应坚持保就业、调结构的目标。

在财政政策方面，可以通过税收、补贴等定向性的财政政策针对教育、科学研究、企业研发等活动予以支持，对小微企业减税来刺激投资。

在货币政策方面，应继续坚持保就业、调结构的目标。因

此，货币政策的倾向是：（1）不实行全面降息，甚至也不实施定向降息。降息刺激出来的往往是低效投资，对经济安全不利。（2）在不降息的情况下，可以通过定向货币数量扩张的方式刺激需求。定向降准、定向再贷款、定向购买等措施均可考虑，但以定向降准优先，少采用定向再贷款，尽量不采用定向购买。这三类定向货币政策中，定向降准相对来说比较公平，比较符合市场原则；定向再贷款则加剧了整个经济的负债率，同时使得货币市场的信号失真，使货币市场反映金融机构经营状况的信息功能受损，这也是西方国家几乎不使用再贷款的原因，这是我国应该借鉴的；定向购买直接涉及相关非金融类企业，针对性过强，具体操作过程中留给政策执行者的自由裁量空间过大，容易产生寻租行为。

6. 应该适时调整房地产调控的方向和力度

我国目前房价出现松动。应该注意的是，房价不论是大起还是大落对经济都不是好事情。目前我国的房价尤其是一线城市的房价泡沫已经相当严重，但泡沫严重并不意味着需要房价大幅度下跌来挤出泡沫。一方面，房价大幅度下跌会拖累经济增长，因为房地产投资在总的投资需求中占比很大，房价下跌会导致投资需求下跌；另一方面，房价大幅度下跌可能会导致银行坏账增加，埋下金融危机的隐患。我国应该设法维持房价基本上稳定，既不大涨也不大跌，然后用经济增长和居民收入的增加来逐步消化房价泡沫。

随着房价趋稳甚至下跌，我国应该采取措施防止房价大幅度下跌，同时这也是以前采取的行政性调控措施比如限购等退出的良机，逐步取消这些行政性调控措施，使房价调控逐步回到主要用经济手段调控的道路上，摆脱行政性调控措施带来的各种扭曲。

七、总结

生产成本上升、技术进步方式变化、投资收益率下降、出口导向型增长不可持续，这几个因素使得中国经济进入了一个“新常态”。这个“新常态”的表现就是经济增长率下降、滞胀隐患出现、就业压力减小、消费占比提高、产业结构从劳动密集型向资金密集型和知识密集型自然转换，以及对自主研发的需求增加。在“新常态”下，我国应该降低经济增长目标，深化改革，加快产业结构调整和自主创新，实行供给管理和需求管理双扩张的政策组合，在需求管理方面，实行货币稳健或小量紧缩、财政扩张的政策组合。

根据目前的国际国内经济形势，如果政府不采取更有力的刺激措施，我国 2014 年的经济增长目标可能难以实现。鉴于我国目前面临产能过剩的问题，所以我们不建议大幅度推高经济增长速度。在实现经济增长目标并保证就业的情况下，经济增长率越低，越有利于通过经济手段淘汰落后产能，实现结构优化。在这一原则的指导下，我们不建议采取大规模的扩张性政策，而是建议采取以供给管理为主、需求管理为辅的定向“微刺激”政策体系，既保证经济增长和就业，又尽可能促进结构调整。供给管理应以改革为主；需求管理应以财政政策为主，主要体现政府的产业政策、区域经济目标等，货币政策以定向降准为主，在需求管理中起到辅助作用。

参考文献

［1］李平．发改委主任称我国石油对外依存度达 58%左右．中国矿业报，2013－03－12，http://www.mlr.gov.cn/xwdt/

jrxw/201303/t20130312_1189304. htm

［2］林毅夫，苏剑．论我国经济增长方式的转换．管理世界，2007（11）

［3］刘伟．我国经济增长及失衡的新变化和新特征．经济学动态，2014（3）

［4］石岩．“新常态”能否带领中国经济走出怪圈?．中国新闻网，2014－06－17，http://finance. chinanews. com/cj/2014/06－17/6287132. shtml

［5］吴振宇．基于省际数据的潜在增长率测算：前瞻至 2020 年．改革，2013（9）

［6］朱剑红．劳动年龄人口首次下降．人民网—人民日报，2013－01－19，http://finance. people. com. cn/n/2013/0119/c 1004－20256249. html

［7］钟经文．论中国经济发展新常态．经济日报，2014－07－28，1 版

第十章

发达经济“新常态”的根源和表现①

导读：本章从供给和需求两个方面讨论了发达经济“新常态”的根源以及表现，并提出了通过科技进步提供新产品的供给来创造优质需求的政策建议。本章指出，发达经济“新常态”的根源有两个，一是科技进步率下滑，一是凯恩斯主义需求管理的长期化和常态化。其结果是，发达经济长期在流动性陷阱中运行，量化宽松货币政策和财政政策就成为宏观调控的主要手段。在这两个政策的作用下，经济可能会增长，但增长的质量却是下降的，经济健康状况恶化，对外来冲击的抵抗力减弱，患上了“肥胖症”；经济将时刻面临债务危机、金融危机的威胁。要把发达经济从这种“新常态”中挽救出来，必须依靠科技革命，通过新产品的供给来创造新的优质需求。

① 发表于《学术研究》，2015（7），与林卫斌合写。本章是国家开发银行委托课题“全球双环流下中国与亚非拉协调机制研究”的阶段性成果。

2008年全球金融危机之后，发达经济出现了前所未有的新形势，2009年5月美国太平洋投资管理公司（PIMCO）前CEO穆罕默德·埃里安称之为“新常态”，这就导致了“新常态”这个词的出现。

发达经济“新常态”的根源是什么？有什么表现？未来的前景如何？对这些问题的理解不仅关系到中国目前和未来的国际经济环境，更有助于我们理解中国经济的未来发展趋势、面临的问题和应对措施。

笔者认为，发达经济“新常态”的根源有两个，一是科技进步率下滑，一是凯恩斯主义需求管理的长期化和常态化。其结果是，发达经济相继陷入了流动性陷阱，并将长期在流动性陷阱中运行；由于流动性陷阱中利率已经无法降低，所以以凯恩斯主义需求管理为特征的宏观调控体系就不得不把量化宽松货币政策和财政政策作为宏观调控的主要手段。在这两个政策的作用下，经济可能会增长，但增长的质量却是下降的，经济健康状况恶化，对外来冲击的抵抗力减弱，患上了“肥胖症”；经济将时刻面临债务危机、金融危机的威胁，发达经济的各种经济危机将此起彼伏，危机将成为发达经济的“常态”。要把发达经济从这种“新常态”中挽救出来，必须依靠科技革命。科技革命将带来更多、更好的投资机会和消费热点，提高投资收益率，使经济走出流动性陷阱，成功“减肥”，改善经济健康状况，提高经济对外来冲击的抵抗力，降低各种危机爆发的概率。

本章共分五节。第一节讨论科技进步率下滑与发达经济“新常态”的关系，第二节讨论凯恩斯主义需求管理长期化、常态化对发达经济“新常态”的影响，第三节在前两节的基础上讨论发达经济“新常态”的两个主要运行特点，即经济在流动性陷阱中运行、量化宽松政策和财政政策的大剂量采用；第四节讨论发达经济“新常态”的具体表现，即需求不振、经济低增长，低通胀与资产价格快速上涨并存，经济“肥胖症”的出现，存在债务危机和金融危机隐

患等，第五节展望世界经济的前景。

一、科技进步率下滑是发达经济“新常态”的主要根源

科学技术的进步从需求和供给两方面推动着经济的增长。在需求方面，生产工艺的革新将提高生产效率，从而刺激投资；而产品创新将形成新的消费热点，刺激新的消费需求，并为企业提供好的投资机会，创造新的经济增长点。在供给方面，新设备、新技术、新工艺的采用，能够提高生产效率，使单位时间和单位劳动投入所带来的产出增加；科技的重大进步甚至可以促使产业结构升级，通过产业结构的优化来提高经济效益。

基于科技进步的长周期理论属于经济周期理论的一种，又称康德拉季耶夫周期，是1926年苏联经济学家康德拉季耶夫提出的一种为期50～60年的经济周期（康德拉季耶夫，1986）。

本轮长周期始于20世纪60年代开始出现的信息技术，并于20世纪90年代达到高潮，引领了第五轮长周期的繁荣时期。随着新技术革命的动力逐渐释放完全，由美国次贷危机引发的全球经济衰退宣告世界经济进入本轮长周期的下降期。2008年的金融危机，看似是资产价格泡沫破灭的产物，实际上背后有着更深刻的原因——作为带动本轮长周期增长的技术群和产业群的核心，信息技术创新的持续降温和信息产业发展的后劲乏力，导致技术出现僵局，难以推动经济的持续增长。

查里（Chari et al.，2000）研究了美国1900—2000年整整一个世纪的劳动生产率和全要素生产率的变化，如图10—1所示。总的来说，一个世纪以来，美国的全要素生产率和劳动生产率都呈上升趋势。二者一个明显的下降发生在20世纪30年代末40年代初，正是著名的大萧条时期。随后，20世纪50年代初，全要素

生产率和劳动生产率均恢复了高速增长，并持续了整个 50—60 年代。70 年代后期，两个生产率的增长率开始下降，越往世纪末，两个生产率，尤其是全要素生产率越见平缓。这张图清楚地表明，在 20 世纪，美国的科技水平一直在进步，但科技进步的速度在放缓。

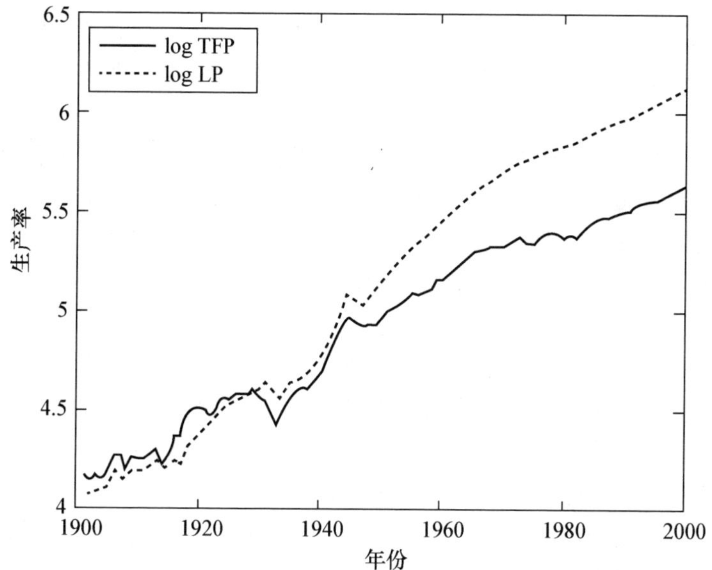

图 10—1　1900—2000 年美国全要素生产率（TFP）和劳动生产率（LP）

资料来源：V. V. Chari，Patrick J. Kehoe，and Ellen R. McGrattan，“Business Cycle Accounting”，*Econometric*，2007，75（3），781－836；转引自 Larry E. Jones and Alice Schoonbroodt ，“Baby Busts and Baby Booms：The Fertility Response to Shocks in Dynastic Models”，Working Paper 16596，http://www.nber.org/papers/w16596。

科技进步率的下滑导致实体经济中好的投资机会越来越少，投资收益率逐步下跌，投资开始下跌，导致经济增长率下滑。为了应对这种情况，世界各国政府都采取了凯恩斯主义需求管理政策，后者成为发达经济“新常态”的另一根源。

二、凯恩斯主义需求管理是发达经济“新常态”的另一推手

凯恩斯有句广为流传的名言：“在长期，我们都死了”。虽然不能说凯恩斯不关注长期经济状况，但其提出的需求管理的初衷的确是着眼于短期的。

一般而言，市场经济是具有自动调节功能的，能够在没有政府调控的情况下自动运行，价格机制、竞争机制能够使经济在多数情况下处于大体均衡的状态。只有在大萧条之类的极端情况下，通过自身的自动调节功能经济已经无法实现均衡并将长期处于萧条状态的时候，才需要政府的帮助。也就是说，在理想状态下，应当是尽可能让市场机制发挥作用，让经济自动运行，无须政府干预；只有在市场已经无能为力的情况下才需要政府。就跟一个人一样，多数情况下人体能够自动调节适应外部环境的变化，且具有一定的抵抗力和免疫力，即使生点小病也能依靠自身的抵抗力和免疫力恢复健康。只有在病情较重、自身的抵抗力和免疫力无法使人恢复健康的时候才需要看医生，才需要吃药。

然而凯恩斯主义自诞生以来近80年的经济实践却表明，凯恩斯主义需求管理被长期化、常态化了。1965年，弗里德曼曾说过：“我们都是凯恩斯主义者”。尽管后来他声称他的话被断章取义了，但这确实是当时经济学家和决策者们思想的真实写照——反周期的财政政策是应对经济周期的正确且有效的方式。换句话说，遇到经济衰退时，加大政府开支、减少税收、降低利率等凯恩斯主义需求管理政策，是治疗经济的正统药方。当意识形态方面的隔阂被数次金融危机冲破，凯恩斯出版《就业、利息和货币通论》30年后，他的政策建议已然成了各国政府普遍接受的教条，无怪乎美国前总

统尼克松也说道：“我们现在都是凯恩斯主义者了。”

时至今日，美联储关于货币政策的会议仍保持大致一个月一次的频率，近些年来频频在货币政策会议上推出量化宽松的货币政策，经济一旦不景气便向市场释放流动性几成常态。同样的情况在世界其他国家也多有出现。其他国家的宏观调控也一样，包括中国在内，政府时时刻刻都盯着经济，企图“熨平”经济波动。

这种常态化的宏观调控实际上已经把政府当成了宏观经济的监护人，实际上意味着调控当局对市场经济的自动运行功能的不信任，以及对经济波动的过度恐惧。常态化、长期化的宏观调控实际上也把市场经济的自动调节功能给作废了，经济运行对宏观调控的依赖性急剧提高，现在已经到了离开政府的宏观调控，经济几乎已经无法正常运行的地步。在这种调控思路下，宏观经济被当成了没有生活自理能力的“病人”，时时刻刻都离不开“医生”的监护，随时都需要吃药、打针。于是，在政府这个“医生”的长期、常态化监护下，经济对政府越来越依赖，最终变得无法离开政府，真的成为没有生活自理能力的“病人”，甚至最后变成“植物人”。

三、发达经济“新常态”的运行特点

在当今世界各发达国家，一方面，科技进步率下滑，另一方面，凯恩斯主义需求管理被长期化、常态化。在这种情况下，发达经济的运行就呈现出不同于以往的特征。这种特征主要有以下两个。

1. 经济在流动性陷阱中运行

由于我们关注的是目前的发达经济，所以我们就着重讨论发达

经济在本轮长周期中的表现。本轮长周期的核心是信息革命。而信息革命则始于第二次世界大战。

苏剑、刘斌（2009）探讨了科技进步与经济增长之间的关系，并据此来解释 2008 年全球金融危机爆发的根源，也说明了美国经济陷入流动性陷阱的原因和过程。他们从二战期间交战各方在尖端武器研发方面的大规模支出说起，讨论了这种尖端武器的研发在此后直到东欧剧变之前对美国科技进步的巨大推动作用。这些研发活动导致了计算机、互联网、无线通信等方面技术的快速进步，也导致了相应的新行业的产生，于是经济中存在大量优良的投资机会，也出现了这些方面的消费热点，这就导致了经济的快速发展。东欧剧变后，随着美国在尖端武器研发方面投入的削减，美国的科技进步率也开始下滑，好的投资机会和消费热点也快速减少，于是，为了刺激投资，避免衰退，美国就开始降息，随着利息逐步降低，越来越差的投资项目被采用，这就导致了“次贷危机”。为了把美国经济从“次贷危机”中挽救出来，美联储继续降息，最后当利率降无可降的时候，别说好的投资机会，连不好的投资机会都被利用完毕，经济就陷入了流动性陷阱。为了挽救经济，美联储不得不继续扩大货币供给，这就是所谓的“量化宽松政策”，希望通过货币政策的非利率传导渠道刺激经济。

继美国之后，被欧债危机缠身多年的欧盟也推出了自己的低息政策，并于 2014 年 6 月正式进入“负利率”时代，意图推高通胀、刺激经济。

至于在萧条中苦苦挣扎的日本，更是“零利率”政策的代表。20 世纪 90 年代末期，为拯救房地产泡沫破灭后的经济，日本政府便推行过零利率政策，无奈收效甚微。之后有过回调，但进入 21 世纪再次采用零利率。2006 年，日本政府试图退出零利率，然而经济危机很快袭来，又不得不继续回归零利率甚至负利率，并一直持续到今日。2012 年以来，日本央行已多次扩大货币宽松规模，国债购买量从 55 万亿日元大幅提高到 91 万亿日元，但经济并无太

大起色。

从美国、欧洲、日本的经验可以看出，宽松的货币政策甚至是零利率政策，短期内可能有些效果——随着商业银行资金借入成本的下降，商业银行的贷款利率也跟着下降，放贷条件也越来越宽松，有利于增强企业投资的积极性。但长期下来，市场反应将越来越不敏感，居民消费趋于饱和，企业投资的热情也因缺乏新的消费热点而逐渐减弱。经济最终陷入流动性陷阱。

2. 量化宽松政策和财政政策成为宏观调控的主要工具

一般来说，央行想要放松银根，可以有两种方式——压低货币价格（即利率）和增加货币数量。正统的凯恩斯主义货币政策向来以前者为重心，通过调节准备金率、购买短期证券等方式对利率水平进行微调。但当经济处于流动性陷阱中时，货币政策的传统传导机制即利率机制就失灵了，此时，由于美国、欧洲、日本宏观调控的工具箱里只有需求管理政策，所以只能继续采取需求管理政策，于是不得不推出量化宽松政策，并重新重视和加大财政政策的力度。由于财政政策没有什么新意，此处只讨论量化宽松政策。

量化宽松（quantitative easing，QE）是一种货币政策，主要指各国央行通过公开市场购买国债等中长期债券、银行金融资产等方式来增加基础货币供给。与利率杠杆等传统工具不同，量化宽松被视为一种非常规的工具。

2008 年美国爆发金融危机后，美联储为刺激经济，推出了多轮量化宽松政策。自 2010 年 4 月份开始，美国的复苏前景不妙，美联储在伯南克的领导下开启了第二轮量化宽松政策。2012 年 9 月 14 日，美联储实施了第三轮量化宽松政策。

2012 年 12 月 13 日，美联储宣布推出第四轮量化宽松（QE4）政策，每月采购 450 亿美元国债，替代扭曲操作，加上 QE3 每月 400 亿美元的宽松额度，美联储每月资产采购额达到 850 亿美元。此外，美联储保持了零利率的政策，把利率保持在 0～0.25％的极

低水平。[1]

2014 年 10 月底，日本央行也启动了量化宽松政策，将每年基础货币的货币刺激目标加大至 80 万亿日元（此前目标为 60 万亿～70 万亿日元），并且在 2014 年 11 月份日本央行再次强调维持货币政策不变，承诺以每年 80 万亿日元的速度扩大基础货币。

继日本央行之后，欧洲央行于 2015 年 1 月 22 日宣布推出欧版量化宽松（QE）政策，每月采购 600 亿欧元资产，持续到 2016 年 9 月。从 2015 年 3 月 1 日启动计算，本次欧洲版 QE 将持续 19 个月，总额度为 1.14 万亿欧元，新增额度 9 500 亿欧元。[2]

四、发达经济“新常态”的具体表现

在“新常态”下，发达经济呈现出以下特点。

1. 需求不振，导致产能过剩和低增长

由于经济科技进步率下滑，且利率已经降低至零，这意味着经济中即使非常差的投资机会也已经被利用殆尽，投资已无法增长；同样，由于没有好的新消费品出现，经济中没有好的消费热点，消费增长率也上不去。于是经济增长率下降，经济将长期在低增长状态下运行，最终如果没有科技进步率的恢复，就将陷入衰退甚至

① 参见《美国 QE4 或引发全球货币战争》，http://finance.qq.com/zt2012/cjgc/qe4.htm。

② 参见《欧盟推 QE 加入货币大战　中国楼市何去何从》，http://suzhou.house.qq.com/a/20150208/010133.htm。

危机。

2. 低通胀与资产价格快速上涨并存，且资产价格的波动性加剧

大规模量化宽松政策的结果必然是流动性泛滥。而由于经济科技进步率下滑，实体经济中已经没有投资机会，泛滥的流动性就只能流入资产市场，导致资产价格泡沫加剧。同时，由于产能过剩，商品价格又涨不上去，就出现低通胀的局面。于是，就出现了低通胀和资产价格泡沫并存的局面。在流动性泛滥且缺乏基本面支撑的情况下，资产价格既有上涨的动力，又缺乏有力的支撑，就只能随着各种资产市场之间的投机性流动而大幅波动，不确定性增加。

3. “虚胖”的各国经济

在科技进步率下滑和凯恩斯主义政策理论的指导下，超低利率成为常态，由超低利率刺激出来的投资的预期收益率当然也是超低的。比方说，假定在正常市场利率下，投资回报率至少达到5%的项目，才能保证投资者有能力偿还贷款并获得利润。但政府为刺激经济、鼓励投资，人为地将利率压低至1%，以鼓励企业开动那些投资回报率在1%～5%之间的项目。在持续的低息政策下，这些项目可能平安无事，政府也可能如愿以偿地收获经济繁荣的成果。然而，一旦出现意外，比如货币危机、银行危机等，导致利率上升，那么当年被低利率扶植起来的那些项目，就可能会成为烂账，埋下金融危机的隐患，甚至直接引发金融危机，美国金融危机就是明显的例子（刘伟、苏剑，2009）。

当经济在流动性陷阱中运行的时候，利率超低，刺激出来的投资都是劣质投资，所以对外来冲击的抵抗力就较弱。随着量化宽松政策的实施，越来越多的劣质投资项目被采纳，经济规模在不断增长，但经济却没有变得强壮，而是变得“虚胖”，就跟人一样，体重增加了，但增加的不是肌肉，而是脂肪，健康状况不是改善了，而是恶化了。这样“富态的身体”，可称得上“金玉其外，败絮其中”了。一个筋骨软弱、大腹便便的胖子，很容易让人一拳击倒。

4. 政府债台高筑，财政危机风险上升

在凯恩斯主义政策理论中，财政政策也是刺激经济的主要政策。经年累月，政府财政赤字高企，债务负担沉重，并且将持续恶化。这种情况已经在各大国家中成为主流。截至 2014 年 6 月，美国联邦政府债务已高达 17.557 万亿美元，预计 2014 年年底将达 18.52 万亿美元，相当于其 GDP 的 105.7%。[①] 截至 2014 年第一季度末，欧元区（18 个成员国）和欧盟（28 个成员国）政府债务总额在国内生产总值中所占比例分别为 93.9%和 88%，高于 2013 年第四季度的 92.7%和 87.2%，高于 2013 年同期的 92.5%和 86.2%（严恒元，2014）。政府债务同样也是困扰日本政府的问题。根据日本财务省 2014 年 8 月 8 日发布的数据，截至 2014 年 6 月底，日本政府债务余额达到 1 039 万亿日元（约合 10.2 万亿美元），比上一季度末增加大约 14 万亿日元（1 376 亿美元），这一债务余额相当于每名日本人负债 818 万日元（8 万美元）。[②]

5. 金融体系脆弱不堪

在超低利率下，投资的收益率当然也超低，一旦经济中有风吹草动，比如政府或企业债务违约，或者别的国家提高利率等情况出现，本国的利率水平就有可能被迫提高；其结果是，原本就收益率超低的投资就可能会亏损，相应的贷款就会成为烂账，引发金融危机。同时，股市、房地产市场也因缺乏基本面的支撑而极度脆弱，

---

① 参见《德媒：美国真的要出事了》，http://bbs.tiexue.net/post2_8213557_1.html。

② 参见《日本 6 月底国家债务余额超 1 039 万亿日元创新高》，http://www.ccpit.org/Contents/Channel_54/2014/0808/408387/content_408387.htm。

随便一个传言就可能导致股市大跌。而大规模量化宽松的结果是，本国货币也会面临贬值压力，如果世界各国竞相采取量化宽松政策，那么就会出现货币战争，利率波动性和不确定性就会大幅度增加。其结果是，整个国家的金融体系都将脆弱不堪。

五、世界发达经济的前景

面对发达国家的“新常态”，世界经济的希望何在？前景如何？我们认为，科技革命是最终也是唯一能够挽救世界经济的因素，但现在还看不到科技革命的曙光，所以，至少今后 10 年内，发达经济都将在这种“新常态”中运行，财政危机、金融危机、货币危机隐患重重，经济极度脆弱。

2014 年下半年，美国经济的复苏态势良好，经济连续两个季度强劲反弹，纽约股市连续第六年上涨，消费者信心升至近 8 年来的新高，因此不少投资者和经济学家对美国经济复苏持乐观态度。然而不能忘了，2012 年、2013 年及 2014 年初，这些经济学家和权威机构便已对当年的美国经济做过乐观预期，可惜世事总是难遂人愿。现在还无法断定美国经济已经恢复如初。

相形之下，欧盟的复苏前景显得比较疲软。2014 年年初预期的 1%的增长率无法实现。面对通缩的威胁，欧洲央行在 2014 年 6 月将隔夜存款利率降为负值，并在 9 月进一步降至－0.2%，但情况并无太大起色。2015 年伊始，欧洲央行便推出了进一步的量化宽松货币政策，意图对抗通货紧缩，但政策效果依然不佳。

为挽救经济，日本连续多年推行量化宽松货币政策，但发放的大量货币如“石沉大海”。实际上，进入后工业化时代的日本，经济已臻于成熟，市场趋向饱和，又由于人口老龄化，国内消费基本

已无发掘空间；再加上经济形势动荡，对未来充满不安的日本人更加不愿意消费。因为国内外经济前景不明朗，日本企业也持观望态度，不愿意扩大投资和生产。

发达经济的“新常态”呈现出令人悲观的图景。要想把经济从这种“新常态”中挽救出来，需要一场科技革命。跟以往的每次科技革命一样，新科技革命的出现将形成新的消费热点，为企业提供大量新的、更好的投资项目，同时老百姓的消费增加也会增加交易性货币需求，从而逐步消化目前已经泛滥的流动性，最终提高利率，把经济带出流动性陷阱。实体经济有了好的投资机会，经济自然走向繁荣，量化宽松政策退出历史舞台，也就不需要刺激措施。不仅如此，随着经济的繁荣，政府收入增加而支出未增，于是财政赤字减少，债务警报解除。

在世界经济普遍增长乏力的今天，世界需要一场科技革命，以新的技术来创造消费和投资热点。然而到目前为止，我们还看不到类似前几次科技革命那样深刻改造人类生产生活方式的新技术。由于新技术的普及和大规模应用至少需要一二十年时间，我们可以断言，未来的一二十年内，世界经济的增长方式还将大体保持原样，很难出现革命性的变化，发达经济将继续在“新常态”中运行，发达经济的复苏前景并不乐观。

参考文献

[1] 康德拉季耶夫．经济生活中的长波．现代国外经济学论文选（第 10 辑）．北京：商务印书馆，1986

[2] Chari，V. V.，Patrick J. Kehoe，and Ellen R. McGrattan. “Business Cycle Accounting”，*Econometrica*，2007，75（3），781－836

[3] Larry E. Jones，Alice Schoonbrood. “Baby Busts and Baby Booms：The Fertility Response to Shocks in Dynastic Models”，

Working Paper 16596, 2010, http://www.nber.org/papers/w16596

[4] 苏剑，刘斌. 美国金融危机的成因和我国的对策. 经济前沿，2009 (1)

[5] 刘伟，苏剑. 如何刺激投资？兼谈创新支持政策与货币政策的关系以及宏观调控方式的未来走向. 中国工商管理研究，2009 (3)

[6] 严恒元. 欧盟经济低迷拖累财政收支 政府债务比例升至93.9%. 中国经济网，http://finance.eastmoney.com/news/1351,20140728405583460.html，2014-07-28

第三篇 供给侧调整与中国的经济转型

导读：本篇讨论的是中国经济的中长期问题。分析我国的供给侧调整和改革对中国经济的中长期影响，以及供给侧和需求侧调整的正确路径。本篇同时指出，经济的长期健康增长需要总供给和总需求同步增长，因此，中国经济不仅需要供给侧改革，也需要需求侧改革。

第十一章 中国转轨模式具有普适性吗？①

——关于经济转轨过程的一个人力资本理论

导读：本章研究了中国转轨过程中供给侧调整的过程对转轨效果的影响。中国经济的成功转轨引起了学术界关于中国转轨模式普适性的讨论。许多学者认为，中国转轨的成功是偶然的，不具有普适性。笔者认为，从人力资本积累角度分析，渐进式改革更适合经济转轨国家，因此中国转轨模式具有普适性。

一、引言

从20世纪70年代末开始经济转轨到现在，我国经济取得了令人瞩目的成功，而其他转轨国家在

① 发表于《经济理论与经济管理》，2010（7），与王廷惠合写。

转轨过程中则遇到了不少现实尖锐问题，经济大都长期低迷甚至大幅下滑。于是，我国转轨模式引起了国际学术界的广泛关注。中国转轨模式对其他国家是否适用？这就成为人们非常关心的一个问题。

萨克斯和胡（Sachs and Woo，1994），杨（Yang，1994），萨克斯、胡和杨（Saches，Woo and Yang，2000）通过理论分析和经验检验，对中国渐进式改革进行了严密和全面的批判。他们认为，在缺乏宪政秩序的条件下，中国改革以及实行的财政分权制度严重破坏了经济赖以发展的规模经济和专业化分工，因而是没有效率的，迄今为止的中国成功转轨存在被高估的嫌疑。[①] 他们还分析了俄罗斯宪政转轨和中国的乡镇企业两个例子，并用大量实例说明了缺乏宪政的经济转型的长期巨额代价，这一代价也许远远超过平滑转型的短期收益。

从社会福利角度着手，刘、钱和罗兰（Lau，Qian and Roland，2000）则认为，“双轨制”（渐进式改革中的具体措施之一）改革方式是可以实现帕累托改进的一种巧妙机制。他们认为，在以计划经济为转轨起点的改革中，市场机制的引入为参与市场交易的经济主体提供了机会，使他们可以改善自身状况，同时保留计划体制作用的领域，又可为市场化中潜在的利益受损者提供隐蔽的转移支付，具体方式是保护其计划体制内的应得租金。

林毅夫（2003），林毅夫、蔡昉和李周（1993）以及蔡昉（2010）都认为发展中国家利用和发达国家的技术差距加速经济发展的关键在于发展战略。如果政府的政策诱导企业在发展的每个阶段都充分利用要素禀赋结构所决定的比较优势来选择产业，那么就能够充分发挥后发优势，快速提升要素禀赋结构，以“小步快跑”方式进行产业和技术升级；要在经济持续快速增长的同时取得改革

① 另外一个有趣的分析思路是何梦笔（2009）有关大国转型分析的理论范式。何梦笔的分析框架特别强调政府竞争在大国转型过程中的现实意义及其对转型绩效的影响。

的成功，一个重要保证是选择相对具有帕累托改进的渐进式改革道路。王廷惠（2008）也从不同角度论证了渐进式改革是优于突变式改革的一种转轨形式。

笔者认为，首先，任何经济制度要能正常发挥作用，均需与之匹配的人力资本体系，这种人力资本体系可能原本存在，也可能是在某种制度被确立之后内生形成；其次，计划经济体制需要的人力资本与市场经济需要的人力资本不同，与计划经济适应良好的人力资本可能无法适应市场经济，反之亦然。因此，如果经济制度从计划体制转变为市场体制，但人力资本并未成功转型，很可能导致经济崩溃。经过几十年的计划经济实践，转轨国家形成了与计划经济相适应的人力资本；而计划体制期间对市场经济的排斥，又消除了与市场经济相适应的人力资本。因此，要想成功转轨，就必须有相应的市场经济型人力资本，而人力资本积累并非朝夕之间就能形成，因此，转轨过程只能采取渐进式的行动策略。

本章共分为五节。第二节建立一个人力资本理论，说明人力资本对转轨效果的重要性。第三节以苏联和其他转轨国家的发展历程印证我们的理论。第四节用一个经济计量模型对此理论予以检验。第五节是总结。

二、理论

众所周知，一个企业的生产需要多种投入品，如资本、劳动力、土地、技术等等。实际上，企业生产过程中还需要两种很重要的要素：人力资本和制度。我们说的人力资本主要指企业管理层的经营能力以及工人的技术水平和对相关管理模式的适应能力。这里提及的制度包括企业内的制度和企业外的制度。在计划经济体制下，企业是公有的，企业内外的整个经济制度均为计划经济模式，

因此，企业生产和经营中采用的人力资本也都是适应计划经济制度的人力资本。这样的人力资本在市场经济下可能失效。

在研究转轨问题时，我们应该充分考虑到人力资本积累的过程及其速度。受人为因素控制的制度转换可以速度很快，但人力资本积累却是缓慢的过程，人对于新的制度或管理模式有一个学习和适应过程。在计划经济体制下，企业的人力资本适合计划经济的体制特征及其要求。这种人力资本与企业内外的经济制度吻合，虽然这种制度效率可能较低，但至少还能维持生产。市场经济要求的是与计划经济体制截然不同的人力资本。比如，在计划经济体制下，企业可以不考虑其他企业的竞争，因为有国家整体安排和计划协调，一般没有重复建设。但在市场经济体制下，市场是开放的，其他企业可以进入各个行业，所有企业都必须面对竞争对手和竞争压力。同样，在计划经济体制下，企业可以不在乎产品营销、新产品开发，甚至可以不在乎盈亏，而在市场经济体制下，这些都必须考虑。

在突变式改革下，价格短期内全部放开，企业被迅速私有化。从制度层面上看，经济很快从计划经济模式转化为市场经济模式。由于在经济转轨初期各国缺乏适应市场经济的人力资本，计划经济下能够生产的企业和个人在突然处于市场经济后不知所措。即使与计划经济下相比，生产也可能会大幅下降。在取消了政府对企业尤其是国有企业的扶持和补贴之后，这些企业也难以为继，生产随之大幅下降。而在价格放开之后，由于消费品本来就短缺，对市场经济的不适应又进一步导致生产下降，物价大幅上升。

而渐进式改革则不同。此时，制度演进的过程给了原本适应计划经济制度的市场参与者学习和适应新制度的时间。而且，制度变迁为试错过程，制度的每一变化必须有利于企业的经营，因而每一步改革都会使生产增加，而不是下降，这与突变式改革的结果恰好相反。在这样的情况下，适合新制度的人力资本与物质资本以相同

速度增长，经济进入平稳发展的状态。

图 11—1 是这两种改革模式下 GDP 变化的时间路径示意图。假设一个经济开始时的国内生产总值为 GDP_0，在 t_0 时刻，该经济的管理者决定实施从计划经济向市场经济的转轨。如果采用突变式转轨，那么制度转轨后人力资本没有发生任何变化，适应计划经济的人力资本尚未适应市场经济，因而在转轨初期该经济的总产出迅速下降。之后，随着人们慢慢适应市场经济，适合市场经济的人力资本缓慢增加，于是产出开始上升，最后超过原计划经济下的产出水平 GDP_0。如果采取渐进式转轨，那么在 t_0 时刻，经济的制度本身虽有变化但变化不大，该经济的人力资本基本还能适应稍有变化的经济制度，而经济制度的微小变化有效调动了经济活动参与者的积极性，产出增加。随后，经济制度继续微小调整，经济活动的参与者继续学习并适应新的制度，于是产出继续增加，这一过程循环往复，就得到了一条永远高于原计划经济下的总产出 GDP_0 的产出曲线。

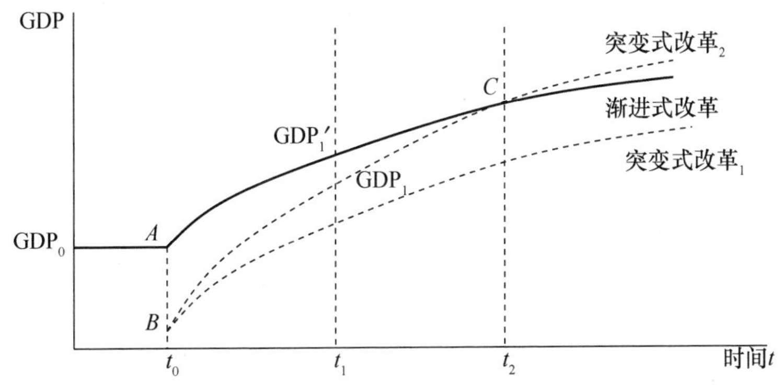

图 11—1　两种转轨模式对总产出的影响

突变式改革可能导致制度的迅速变迁，高效率制度建立的速度可能快于渐进式改革，因此，也许有一天突变式改革的产出会超过渐进式改革（图 11—1 中的突变式改革$_2$）。但这个时间到底需要多长却是个未知数，在这一段时期内经济还会受到大量其他意外因素的冲击。因此，一旦突变式改革下产出下降，也许最终会演变成永久性低于渐进式改革情形的局面（图 11—1 中的突变式改革$_1$）。实际上，东欧剧变至今快 20 年了，前苏联国家的经济绩效依然无法恢复原计划经济下的情形，跟中国就更不能相比了。

我们再来考虑一下这两种转轨方式的福利效果。如果人们的经济福利与其消费水平或 GDP 正相关，如果渐进式改革的产出永久性高于突变式改革，那么与前者相应的福利水平显然要高于后者；如果后者的产出最终赶上前者，这两种转轨模式下总经济福利的差额也就是与图 11—1 中的不规则三角形 *ABC* 相应的产品总额所带来的福利水平，而且两种转轨路径相交所需的时间跨度越大，这两种转轨模式下总经济福利的差额也就越大。因此，相对而言，渐进式转轨要优于突变式转轨。

三、人力资本与经济转轨：历史考察

同样是经历了转轨过程，中国和以苏联为代表的其他转轨国家的经济表现完全不同（见图 11—2 和图 11—3）。无论是从经济总量还是从人均 GDP 来看，东欧以及前苏联国家的表现都不尽如人意。这些国家在改革之后的 10 年之中，经济非但停滞不前，还出现了一定程度的倒退。以俄罗斯为例，改革伊始，其 1990 年的 GDP 为 11 510.4 亿国际元。到 1998 年，俄罗斯的 GDP 为 6 644.95亿国际元，总增长幅度为－42.3%，平均每年负增长 4.7%。但俄罗斯的表现并非所有转轨国家中表现最差的，乌克兰、阿塞拜疆以及未在图中列举的摩尔多瓦、塔吉克斯坦等国的衰退更为严重。相比之下，中国每年 9.12%的增长率尤为突出。

要理解经济转轨过程，就必须明确经济转轨的起点。而就转轨起点而言，中国和苏联有许多相似的地方，主要表现在以下两点。

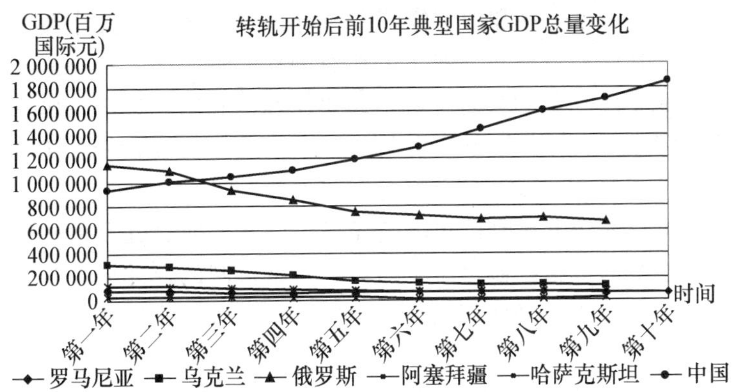

图 11—2　转轨起初 10 年典型国家 GDP 总量变化

说明：GDP 水平单位为按购买力平价转换系数（PPPs）估计的 1990 年国际元。典型国家的选取是在东欧、中亚、西亚各随机选择一个国家，加上转轨的两个代表性大国——俄罗斯和中国。除中国按照 1978 年为转轨基年以外，其他国家的转轨都以 1990 年为起点进行比较。而由于前苏联国家的数据缺失，其数据只持续到改革第九年。图 11—3 的说明相同。

资料来源：［英］安格斯·麦迪森：《世界经济千年史》（中译本），296～304 页、334～339 页，北京，北京大学出版社，2003。

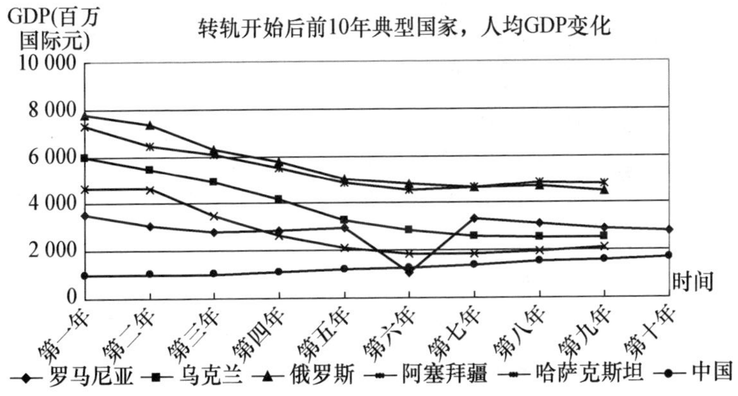

图 11—3　转轨起初 10 年典型国家人均 GDP 变化

资料来源：［英］安格斯·麦迪森：《世界经济千年史》（中译本），296～304 页、334～339 页，北京，北京大学出版社，2003。

首先，集体经济和国有经济占主导地位。经历了几十年的计划经济，在政府的有意安排下，所有的社会主义国家微观经济单位都变成了清一色的公有经济，即集体经济和国有经济。国家代表全民掌管几乎所有经济资源，这样的状态一直持续到转轨开始。

其次，价格由政府控制，到经济转轨开始时，几乎所有物品价格都在政府严格控制之下。所以，价格机制的自动调节功能就失效，人们对市场经济就没有充分的认识，对其适应能力自然就很差。

再从转轨起点上分析，两国最大的差异在于运作市场经济的人力资本的存量不同。经济转轨开始时，计划经济在各社会主义国家已实行了几十年，而各国在实行计划经济期间往往也对外不开放，人们也不了解世界其他国家的情况，因而人们对市场经济已经不熟悉，也就是缺乏从事市场运作的人力资本。苏联实施计划经济近70年，到经济转轨初期，对市场经济还有点印象的人基本上均已作古，可以说对市场经济已经全然陌生。中国从1956年社会主义改造完成到1977年，经历了21年的计划经济，人们对市场经济可以说也已经比较陌生了。但相比而言，中国的情况要好得多。中国经历了21年的计划经济，时间虽然也不短，但至少在1977年的时候，1956年时二三十岁的年轻人年龄也就是四五十岁，正当壮年，而比他们年龄稍大一些的人还健在，因此，在中国开始经济转轨的时候，人们对市场经济仍有所了解。而且，我国“土地改革运动”之后，曾在农村实施“四大自由”政策——允许农民有借贷、租佃、雇工、贸易的自由。因“大跃进”时期发生的全国性大饥荒，刘少奇在1962年曾推出农村经济政策“三自一包”。“三自”即指“自留地、自由市场、自负盈亏”，“一包”即“包产到户”。这些政策都在中国农村留下了市场经济的种子。反观苏联，将近70年的计划经济体制再加上对单一公有制的教育、宣传和执行，原先的市场经济型人力资本存量已基本消失，在转轨伊始其市场经济型人力

资本几乎为零。这种市场经济型人力资本的存在与否，成为中国和苏联经济转轨的一大差异。

四、人力资本与经济转轨：经济计量分析

我们也可以用计量经济方法对上述理论予以检验。如果上述理论正确，应该有如下推论：转轨之初市场经济型人力资本存量越大的国家，转轨过程越顺利，经济增长速度就越高。

1. 经济计量模型的设定

由于转轨初期的市场经济型人力资本存量是一个不易直接量化的指标，而根据以上分析可知，实行计划经济年限越长的国家，其人力资本存量也相应越少，因此，我们用转轨国家实行计划经济的年限作为市场经济型人力资本存量的代理变量。经济增长率就用转轨开始后 10 年的人均真实 GDP 的年均增长率衡量。考虑到分析的样本不大，因此估计的方程越简单越好，否则容易出现计量结果的可信度问题。因此在这里的分析中，我们用转轨开始后 10 年间各国的人均真实 GDP 的年均增长率对各国在转轨开始前计划经济的实施年限进行回归，即模型设定如下：

$$\text{人均真实 GDP 增长率} = \beta_0 + \beta_1 \cdot \text{实行计划经济的年限} + \mu \tag{11.1}$$

在这个模型中需要检验的假设为“$\beta_1 = 0$”，即实行计划经济的年限对经济增长不构成影响。若本假设不成立，则说明实行计划经济的年限即市场经济型人力资本存量的多少对经济有着重要影响。

2. 数据介绍

本节对 7 个东欧国家、前苏联地区的 15 个国家以及中国及越南共 24 个转轨国家的经济表现与转轨初期市场经济型人力资本存量的关系进行计量分析。数据选取的是麦迪森（2003）中对各个国家人均 GDP 的估计数字，这些数值是按购买力平价转换系数得出的。在本节中分析的是 24 个国家转轨开始后前 10 年的人均 GDP 增长率，计算方法为：

$$人均真实\ GDP\ 增长率=\frac{1}{10}\ln\frac{GDP_{10}}{GDP_0} \tag{11.2}$$

式中，GDP_{10}表示转轨 10 年后的人均真实 GDP，GDP_0表示开始转轨时的人均真实 GDP。对于实行计划经济的年限，前苏联国家都按照从实行新经济政策的尾期算起，约计为 70 年；其他国家则是根据该国的历史记载，从确切采取计划经济体制算起，到进行体制改革为止。这 24 个国家的平均人均 GDP 增长率为－3.56%，平均实施计划经济的年限为 57.2 年，具体数据见表 11—1。

表 11—1　转轨国家实行计划经济的年限和转轨开始之后 10 年间人均真实 GDP 增长率

国家	人均真实 GDP 增长率（%）	实行计划经济的年限（年）
阿尔巴尼亚	0.296	45
保加利亚	－1.625	43
捷克共和国	－0.305	34
斯洛伐克	0.198	42
匈牙利	0.488	40
波兰	2.700	45
罗马尼亚	－2.357	42
白俄罗斯	－2.479	70
爱沙尼亚	－0.688	70
拉脱维亚	－5.134	70

续前表

国家	人均真实 GDP 增长率（%）	实行计划经济的年限（年）
立陶宛	−4.123	70
摩尔多瓦	−10.181	70
乌克兰	−9.639	70
哈萨克斯坦	−4.617	70
吉尔吉斯斯坦	−4.450	70
塔吉克斯坦	−14.144	70
土库曼斯坦	−8.155	70
乌兹别克斯坦	−4.450	70
亚美尼亚	−6.847	70
阿塞拜疆	−8.628	70
格鲁吉亚	−11.352	70
俄罗斯	−9.639	70
中国	10.080	22
越南	9.594	10
描述性统计值		
均值	−3.561	57.21
标准差	5.980	3.74
最大值	10.08	70
最小值	−14.144	10

说明：GDP 水平单位为按购买力平价转换系数（PPPs）估计的 1990 年国际元。

资料来源：［英］安格斯·麦迪森：《世界经济千年史》（中译本），296～304 页、334～339 页，北京，北京大学出版社，2003。

3. 回归结果

用表 11—1 中的数据对以上方程进行回归的结果（括号中表示 t 统计量）为：

$$\text{真实 GDP 增长率}=12.2-0.276\times\text{实行计划经济的年限}+\mu$$

$$(5.453)(-7.382) \qquad (11.3)$$

$$R^2=0.712 \quad n=24$$

实行计划经济年限的估计系数为−0.276，而且非常显著，表

明每增加一年的计划经济时间，将使转轨开始后 10 年的经济增长率下降 0.28 个百分点。这个方程的 R^2 达到了 0.712，这说明了实行计划经济的年限这个变量解释了 71.2%的 GDP 增长的变动，因此，人力资本的不同是 GDP 增长率变动的一个重要原因。

五、总结

在对经济转轨模式的讨论中，笔者赞同渐进式转轨过程的必要性。众所周知，经过几十年的计划经济实践，转轨国家已经形成了与计划经济相适应的人力资本；而在此期间对市场经济的排斥，又消除了与市场经济相适应的人力资本，要想成功转轨，就必须有相应的市场经济型人力资本，但人力资本的积累并不可能突变完成。因此，转轨过程就必须采取渐进式的方式。本章还通过对中国和前苏联国家转型的历史经验分析，证明了人力资本是影响转型绩效的重要决定因素。如果人力资本差异是影响转轨过程的重要因素，中国转轨模式就具有很强的普适性。

参考文献

［1］Jeffrey Sachs and Wing Thye Woo. "Structural Factors in the Economic Reforms of China，Eastern Europe，and the Former Soviet Union"，*Economic Policy*，1994（18）

［2］Xiaokai Yang. "A Theory of the Socialist Economic System and the Differences Between the Economic Reforms in China and Russia"，Working Paper，Department of Economics，Monash University，1994

［3］Jeffrey Sachs，Wing Thye Woo，and Xiaokai Yang. "Economic Reforms and Constitutional Transition"，*SSRN Electronic*

Journal，2000，1（2）

［4］Lawrence J. Lau，Yingyi Qian，and Gérard Roland. "Reform Without Losers：An Interpretation of China's Dual－Track Approach to Transition"，*The Journal of Political Economy*，2000，108（1）

［5］林毅夫. 后发优势与后发劣势——与杨小凯教授商榷. 经济学（季刊），2003（3）

［6］林毅夫，蔡昉，李周. 论中国经济改革的渐进式道路. 经济研究，1993（9）

［7］蔡昉. 中国发展的挑战与路径：大国经济的刘易斯转折. 广东商学院学报，2010（1）

［8］王廷惠. 演化、转轨与市场过程理论视角的渐进改革. 财经研究，2008（11）

［9］林毅夫，蔡昉. 中国经济. 北京：中国财政经济出版社，2003

［10］何梦笔. 政府竞争：大国体制转型的理论分析范式. 广东商学院学报，2009（3）

［11］［英］安格斯·麦迪森. 世界经济千年史（中译本）. 北京：北京大学出版社，2003

第十二章

论我国经济增长方式的转换[①]

导读：经济增长方式的转换是供给侧调整的重要内容。本章分析了中国的最优或者目标增长方式是什么，为什么会出现目前的这种增长方式，以及如何实现目标增长方式等问题。

本章指出，一个经济的目标增长方式是使得该经济的生产成本最小化的增长方式，这一增长方式是由该经济的要素禀赋结构决定的。我国的目标增长方式应当是能够充分利用劳动力优势的增长方式，而不是利用不具优势的资本密集增长方式，也不必然是以自主研发来促进生产率提高的增长方式。

一个经济的实际经济增长方式取决于企业的行为，因为经济增长是由企业实现的，而企业是在一

① 发表于《管理世界》，2007（11），与林毅夫合写；在此对朱至瑜、李燕飞和刘斌的研究支持表示感谢。

定的宏观经济环境中做决策的，这个宏观经济环境的最根本特征就是要素价格体系，因此，一个经济的实际经济增长方式最终取决于该经济的要素价格体系，有什么样的要素价格体系，就有什么样的经济增长方式。我国最近几十年来资本和土地密集型的增长就是我国长期采用低利率、低土地价格、低能源价格、低原材料价格的政策的必然结果。

因此，要转换我国的经济增长方式，首先要弄清楚我国的目标增长方式是什么；其次是进行要素价格体系和其他方面的改革，使得企业实际支付的要素价格体系符合我国的要素禀赋结构，从而使企业的最优化尽量接近整个经济的最优化。

一、引言

就转换经济增长方式的问题，我国学术界自改革开放以来就展开了热烈的讨论，并围绕这个问题发表了大量的论文，出版了多部专著。[①] 这些研究主要围绕以下两个问题展开：（1）我国经济增长方式的现状及我国的目标增长方式是什么？（2）如何实现我国经济增长方式的转换？

就第一个问题，我国学术界基本上没有分歧。大家普遍认为，我国的经济增长方式是粗放型（外延式）的（有代表性的论述如刘国光等（2001）、郭金龙（2000）、吴敬琏（2005）），基本观点是中国的经济增长方式存在着技术进步对经济增长贡献率低、经济效益低、资源配置效率低、经济运行质量低等问题。

依据这样的判断，我国学术界和政界的主流观点是，我国经济增长方式转换的目标就是实现经济增长方式从粗放型（外延

① 限于篇幅和笔者的精力，此处就不一一列举，只考虑一些有代表性的观点。

式）到集约型（内涵式）的转化。比如，刘国光等（2001）指出，“从定性的角度看，转变经济增长方式的目标可以描述为：经济持续稳定快速增长，对非再生性资源的依赖程度日益降低，生态环境由被破坏逐步转为不断改善，劳动生产率日益上升，产业结构不断优化升级……用定量的标准来衡量，经济增长方式转变应体现为全要素生产率不断稳步提高。”（第 8 页）党和政府的官方文件中也表示了同样的观点。比如，早在 1987 年，党的十三大报告就提出了“注重效益、提高质量、协调发展、稳定增长的战略。这个战略的基本要求是……就是要从粗放经营为主逐步转上集约经营为主的轨道”。

关于第二个问题，即如何转换我国经济增长方式的问题，我国学术界从不同的角度提出了各种各样的政策建议。这些建议可以大致归为以下几类。

（1）经济体制改革。

刘国光等（2001）认为，要实现经济增长方式的转换，就需要通过经济体制改革解决资源优化配置与建立有效的激励机制和约束机制这两个问题。吴敬琏（2005）认为，传统的经济增长方式的根源在于现行经济体制。贾彧（2006）也强调企业产权制度、生产要素产权制度以及环境资源产权制度对于转换经济增长方式的意义。郭金龙（2000）和王一鸣（2007）强调市场体系和价格体制改革的作用，王一鸣（2007）还强调投资体制改革等。郭金龙（2000）、刘国光等（2001）还提到了企业运行机制改革的问题，吴敬琏（2005）、刘国光等（2001）、朱启铭（2006）则提到了金融体制改革的问题。

（2）产业结构转换。

刘国光等（2001）指出，产业结构的变化有助于经济从粗放型向集约型转变。吴敬琏（2005）认为生产性服务业能够为市场交易提供基础设施并降低交易成本，因此，发展生产性服务业有助于促进经济增长方式的转换。陈保启等（2006）则认为生产性服

务有助于把技术进步引入生产过程，有助于促进社会分工，也会影响技术创新的方向，所以他也强调发展生产性服务业对转换经济增长方式的重要性。

(3) 技术进步。

刘国光等（2001）指出，产业结构的变化有助于经济增长方式的转变，而产业结构变化的根本原因在于技术进步。有的学者则更进一步就如何促进技术进步提出了自己的政策建议。例如，郭金龙（2000）认为，要促进技术进步，就必须加大科技投入，并建立以企业为主体的技术进步机制。吴敬琏（2005）则从体制改革的角度探讨了消除行政化、官本位、等级制度等积习，以及建立现代市场经济体制对技术进步的促进作用。

(4) 政府职能的转换。

在吴敬琏（2005）看来，传统的经济增长方式的根源在政府，因此他主张进行政府自身改革，转换政府职能，从而限制政府权力，建设有限政府，提高经济效率。黄晓鹏（2006）也指出粗放型增长方式是政府制度安排造成的，因此转换增长方式要求政府改革。此外，龚刚等（2007）认为财政政策目标应该从需求管理转向供给推动，因为这样更有利于经济增长方式的转变。

(5) 其他方面。

我国学术界识别出来的影响经济增长方式转变的因素以及政策选择还有很多。比如，吴敬琏（2005）、刘兴革（2006）、徐辉等（2003）探讨了信息化对转换经济增长方式的意义；张卓元（2007）、张洁（2007）等考虑了发展循环经济、节能减排；刘国光（2001）、杨云（2006）等分析了人力资源开发对转换经济增长方式的促进作用。限于篇幅，在这里就不一一列举。

转换经济增长方式是最近几十年来我国政府设定的主要任务之一。从 20 世纪 80 年代初起，我国政府就提出了经济增长方式

的转换问题。而1987年党的十三大报告更是把这个问题写入了官方文件。20年来，为了实现经济增长方式的转换，我国学术界做出了广泛深入的研究，提出了很多政策建议，我国政府也实施了各种各样的政策，做出了大量尝试，付出了巨大的努力。

但直到现在，20年过去了，经济增长方式仍然没有转换过来，经济增长方式的转换依然是我国学术界和政界关注的焦点问题之一。

为什么经济增长方式的转变这么难呢？主要阻力何在？问题出在哪里？如何才能实现经济增长方式的转换？本章的目的就是探讨这些问题。与以前的文献相比，本章的特点就在于考虑了一个经济的实际增长方式和目标增长方式的决定因素问题，指出一个经济的实际增长方式是由该经济的要素价格体系决定的，而其目标增长方式则是由其要素禀赋的结构决定的，然后，由此出发讨论了我国经济增长方式的转换问题。

本章的中心思想是：第一，一个经济的最优经济增长方式或目标增长方式是使得该经济的生产成本最小化的增长方式，而要实现生产成本的最小化，就得根据该经济的要素禀赋的特征，也就是说，一个经济的最优经济增长方式或目标增长方式是由该经济的要素禀赋的特征决定的。第二，依靠技术进步以取得全要素生产率（TFP）的增长不是没有成本的，在我国目前的情况下，由此取得经济增长的成本在许多情况下相对高，因此，我国目前的最优经济增长方式或目标增长方式更多地只能是相对多地依靠要素投入增加的经济增长；但这并不意味着所有要素都同等使用，各种要素的相对投入依然要使得生产成本最小化，因此，作为一个劳动力资源丰富而资本和自然资源稀缺的国家，我国的最优经济增长方式就应当是劳动相对密集型的增长方式。第三，经济增长是由企业实现的，而企业是在一定的宏观经济环境中生产的，这个宏观经济环境的最根本特征就是要素价格体系。企业是

根据这个要素价格体系来选择自己的要素投入组合以实现成本最小化的，而企业选择的要素投入组合就决定了一个经济的增长方式。因此，有什么样的要素价格体系，就有什么样的经济增长方式。最近几十年来，我国长期采用低利率、低土地价格、低能源价格、低原材料价格的政策，直到现在，这些价格扭曲还没有完全得到矫正。在这样一个扭曲的要素价格体系下，企业选择的经济增长方式必然是资本和土地密集型的增长。第四，因此，要转换我国的经济增长方式，首先要转变我国的目标增长方式，其次要进行要素价格体系的改革，使要素价格体系充分反映我国要素禀赋结构的特性；在此基础上，还应进行一些配套改革以硬化对各微观主体的约束，比如加快企业改革和银行改革，建立健全国家信用制度，加大执法力度，消除或减弱信用市场上的道德风险和逆向选择行为，使得企业实际支付的要素价格体系符合我国的要素禀赋结构，从而使企业的最优化尽量接近整个经济的最优化。

本章以下部分的结构如下。首先，我们对经济增长方式这个概念进行定义。其次，我们讨论一个经济的最优增长方式的决定因素问题。在这一节，我们要弄清楚我国的最优经济增长方式或目标增长方式是什么。然后，在第四节，我们介绍我国最近几十年来经济增长方式的特征。第五节讨论我国为什么会有这样的经济增长方式。最后，在第六节，我们讨论我国怎样才能实现经济增长方式的转换。

二、经济增长方式的定义

一个经济的增长只可能有两个来源，即生产率的提高和要素的积累。所谓“经济增长方式”，指的就是一个经济在实现经济

增长时生产率提高和要素积累的贡献的相对大小。吴敬琏依照苏联政治经济学的思路指出，“所谓经济增长方式，就是指推动经济增长的各种生产要素投入及其组合的方式，其实质是依赖什么要素，借助什么手段，通过什么途径，怎样实现经济增长”（吴敬琏，2005）。对于这个定义，我国学术界基本上没有分歧。按照这种思路，经济增长方式一般被分为两类：一类是靠增加自然资源、资本和劳动等的投入所实现的增长；一类是靠提高生产效率实现的增长（吴敬琏，2005，12 页）。问题在于，即使在前现代社会，经济的增长通常也是由生产率的提高和要素的积累两方面的因素同时作用才得以实现的。① 既然如此，这两种增长方式的划分标准是什么？对于这个问题，实际上没有一个清晰的标准，但只要我们能够对一个经济的增长中生产率提高的相对贡献进行定量测定，我们至少可以对一个经济不同时期的增长方式或同一时期不同经济的增长方式的集约化程度进行比较。

那么，如何定量地测量经济增长中生产率提高和要素投入的贡献呢？西方宏观经济学的经济增长核算技巧为我们提供了一个有用的分析工具。按照西方宏观经济学的经济增长核算方法，可以按照如下公式进行分解来找到经济增长的源泉②：

---

① 例如，根据哈佛大学教授伯金斯（Perkins，1969）的研究，中国的粮食产量在 1368—1968 年之间增加了 10 倍，但是耕地面积只增加了 5 倍，也就是单位面积的产量增加了一倍，这种单位面积产量的增长固然一部分来自劳动力投入的增加，但同时也来自品种的改良和耕作技术的提高等内涵增长的因素。

② 匿名审稿人问到，如果采用如下包含人力资本的总量生产函数，$Y_t=K_t^{\alpha}(A_th_tL_t)^{1-\alpha}$，那么人力资本产生的经济增长效应应该如何分类呢？笔者认为，$Y_t=K_t^{\alpha}(A_th_tL_t)^{1-\alpha}$可以改写为：$Y_t=(A_th_t)^{1-\alpha}K_t^{\alpha}L_t^{1-\alpha}\equiv\widetilde{A}_tK_t^{\alpha}L_t{}^{1-\alpha}$，其中 $\widetilde{A}_t\equiv(A_th_t)^{1-\alpha}$可以被看作全要素生产率（TFP）。这样的函数形式就跟本章中使用的生产函数完全一致了。这样改写的经济意义为：随着人力资本的增加，人们利用原劳动和资本的能力同时增强了，因此可以看作是在仅考虑原劳动和资本两种要素的情况下的全要素生产率的变动。因此，此时人力资本产生的经济增长效应就是“TFP 增进型”的。实际上，经济增长核算把所有没有被考虑在生产函数中的因素的贡献都归入了 TFP。

$$\frac{\Delta Y}{Y}=\frac{\Delta A}{A}+\alpha_K\frac{\Delta K}{K}+\alpha_L\frac{\Delta L}{L}+(1-\alpha_K-\alpha_L)\frac{\Delta R}{R} \tag{12.1}$$

式中，$\frac{\Delta Y}{Y}$表示总产出的增长率，$\frac{\Delta A}{A}$表示全要素生产率的增长率，$\frac{\Delta K}{K}$表示资本的增长率，$\frac{\Delta L}{L}$表示劳动投入的增长率，$\frac{\Delta R}{R}$表示土地投入（包括地皮、能源、水和其他自然资源，下同）的增长率，α_K 表示资本收入占总收入的份额，α_L 表示劳动收入占总收入的份额。显然，公式（12.1）是根据包括三种投入品的生产函数推导出来的。也就是说，一个经济在某一时期的增长有四个来源，一是生产率水平的提高，二是资本的积累，三是劳动投入的增加，四是土地投入的增加。其中生产率水平的提高对经济增长的贡献是一比一的，即生产率水平每提高 1%，经济也增长 1%；而资本积累、劳动投入和土地的增加对经济增长的贡献要小于三种要素各自的增长率，三种要素对经济增长的贡献取决于三者各自的收入占总收入的比例。

因此，根据公式（12.1），我们可用全要素生产率和各要素投入的变动对经济增长的贡献率（即全要素生产率以及各要素的增长对经济增长的贡献与经济增长率之比，$\frac{\Delta A}{A}/\frac{\Delta Y}{Y}$以及$\alpha_K\frac{\Delta K}{K}/\frac{\Delta Y}{Y}$等）来衡量一个经济在某一特定时期的经济增长方式。因此，按照这四种因素的变动对经济增长的贡献率的相对大小，我们可把经济增长方式分为全要素生产率增进型（以下简称 TFP 增进型）的经济增长、资本密集型经济增长、劳动密集型经济增长和土地（或自然资源）密集型经济增长四类，后三类可以统称为要素积累型增长方式。显然，这种分类方式与我国学术界目前对经济增长方式的划分方法有所不同。如前所述，我国学术界目前把经济增长方式划分为两类，即以全要素生产率的提高为主的所谓“集约型”增长方式和以增加要素投

入为主的所谓“粗放型”增长方式。我们认为，这种分类方式是不合适的，因为它不能区分所谓“粗放型”增长方式中各种要素投入的变动对经济增长的相对贡献，也就是分类太粗糙。因为一个经济的要素投入的增加不可能是完全同比例的。另外，这两个术语本身给人一个先入之见，那就是“集约型”增长方式比“粗放型”增长方式好，或者说以全要素生产率的提高为主的增长方式优于以增加要素投入为主的增长方式。如下文所述，笔者不同意这种观点。在笔者看来，只要能够实现成本最小化，以增加要素投入为主的增长方式完全可以是一个经济的理想增长方式。对于在自主研发方面不具有比较优势的发展中国家而言，以自主研发为特征的生产率提高方式的成本非常之高，因此，对于发展中国家而言，以增加要素投入为主的增长方式完全可能是成本最小的增长方式。所以，本章不采用对经济增长方式的这种分类方法。在本章中，笔者把“集约型”增长方式称为TFP增进型增长方式，而把“粗放型”增长方式称为要素积累型增长方式，以避免这种先入之见；根据经济增长中各要素贡献的相对大小，笔者把要素积累型增长方式又分为劳动密集型增长方式、资本密集型增长方式和土地密集型增长方式三大类。

需要说明的是，本章对经济增长方式的这种新的分类方法很可能低估了技术进步的贡献。人们一般认为，全要素生产率代表技术水平[①]，因此，在公式（12.1）中，全要素生产率的增长对经济增长的贡献率$\frac{\Delta A}{A}/\frac{\Delta Y}{Y}$就被认为是代表了技术进步的贡献。不过，虽然生产率的增长主要来源于技术进步，但技术进步又有两个来源，一是自主研发，一是技术引进。技术引进往往与

① 实际上，对于转轨国家而言，制度变迁也是生产率增长的主要来源之一，但由于我国学术界在讨论经济增长方式时主要关注技术进步，而且在本章下文考虑的其他国家中制度变迁并不重要，所以本章只考虑技术进步对生产率增长的影响。

引进先进设备等联系在一起，因此，如果技术进步是以技术引进的方式进行的，在公式（12.1）中就反映为资本的增长，而不是全要素生产率的增长。而自主研发主要体现为生产率的增长。因此，在公式（12.1）中，全要素生产率的增长反映的仅仅是由自主研发导致的技术进步，不代表技术引进导致的技术进步。所以，如果用全要素生产率对经济增长的贡献率来衡量技术进步的贡献，就会低估技术进步对经济增长的贡献。没有全要素生产率的增长并不代表没有技术进步，如果技术进步靠自主研发，根据上述方法得到的结果中就会有全要素生产率的增长，如果技术进步靠技术引进就不会有，到底何者较好，应该决定于成本。

三、我国的目标增长方式是什么?

要分析经济增长方式的转变，首先需明确一个经济的目标增长方式是什么，也就是说，如果要转变的话，要往哪儿转？要转成什么样的增长方式？

为了回答这个问题，我们首先需弄清楚的是，一国的经济增长方式是由什么因素决定的？经济增长是由企业实现的，而企业是在一定的宏观经济环境中生产的，这个宏观经济环境的最根本特征就是要素价格体系。企业的决策规则是在生产给定产出的前提下，根据要素的相对价格来选择要素投入组合，以实现成本最小化。因此，企业面对的相对要素价格体系就决定了企业选择的要素投入组合，因而也就最终决定了整个宏观经济的增长方式。因此，有什么样的要素价格体系，就有什么样的经济增长方式。

然而，使得企业成本最小化的增长方式未必同时使得整个经

济的生产成本实现了最小化。企业是在一定的要素价格体系下进行最优化的，对于企业来说，这个要素价格体系是外生的，任何一个单个的企业都无力影响它。然而，对于整个宏观经济来说，要素价格体系却是可以调节的，政府可以根据自己的需要调节要素的相对价格，比如说可以通过货币政策调节利率，可以通过财政政策、行政手段或法律手段调节工资水平、利率水平、自然资源和能源的价格等。随着要素价格体系的变化，企业选择的经济增长方式也会变化，相应地，企业的最低生产成本也不同。因此，就存在一个最优的要素价格体系，在此价格体系下，整个经济的生产成本达到了最小化。而此时的经济增长方式我们就称为“最优经济增长方式”，即使得整个经济的生产成本达到最小化的经济增长方式。

那么，这个最优的要素价格体系又是由什么因素决定的呢？一国的最优要素相对价格决定于该国的要素禀赋结构。一个国家某种要素越丰裕，它的相对价格就越低；而越稀缺的要素的相对价格就越高。这个原则在开放经济下适用，在封闭经济下同样适用。

生产要素一般可分为三种：劳动、资本和土地。这三种要素如何进行组合以从事生产则靠技术。一个企业要获取这三种要素和技术，就要付出一定的成本。一国的最优经济增长方式取决于这三种要素以及技术进步的相对价格。因此，一国的最优经济增长方式既可能是要素积累型的（即所谓的“粗放型”的），也可能是 TFP 增进型的（即所谓的“集约型”的）；一国究竟应该采用要素积累型还是 TFP 增进型增长方式，关键看要素积累和技术进步的相对价格。

技术的本质是组合劳动、资本以及土地以进行生产的一种知识，知识本身很难进行计量，因此，在进行经济增长核算时，通常只衡量劳动、资本、土地的投入量，而把式（12.1）中，不能用这三种要素的增加来解释的产量增加的剩余量，也就是所谓的全要素

生产率，作为技术进步或生产率水平提高的量。

对发达国家而言，技术进步的取得只能来自自主研发，而发展中国家既可以靠自主研发，也可以靠引进技术来获得技术进步。通常，自主研发需要很高的经费投入而且风险很大，而以引进的方式来取得技术进步的成本和风险都较低。不过，引进的技术一般包含在所购买的技术设备里，在进行经济增长核算时会表现为资本的增加，而不是索洛剩余的增加，也就是不表现为生产率增进型的经济增长。相反，如果以自主研发来取得技术进步，研发的成本不被包括在经济增长核算中，所以，自主研发所获得的技术进步就会表现为经济核算中的索洛剩余，也就是全要素生产率的增长（林毅夫、任若恩，2006）。

对于发展中国家而言，以自主研发来取得技术进步的成本很高，因此，一般采用的是以增加要素投入或引进技术的方式为主的经济增长方式，在经济增长核算中就表现为要素积累型增长方式。对于发达国家来说，资金和资本较为丰富，承担风险的能力较强，而且，自己不研发就不能取得技术进步，因此，通常会以自主研发来取得技术进步，所以，表现为全要素生产率增进型的增长方式的可能性更大。这种观点的一个推论是，如果我们考察一个经济在某一段时期的经济增长，那么在此时期该经济 TFP 的增长对经济增长的贡献率与该经济期初的人均 GDP 之间就应该成正相关关系。这也是本章观点的一个可以应用经济计量方法予以检验的假设。因为数据的可获得性不是很好，我们在此也仅能做一个简单的检验。

表 12—1 为不同国家和地区经济增长方式的比较。图 12—1 为 TFP 的增长对经济增长的贡献率与经济期初的人均 GDP 之间的相关关系。期初 GDP 来自安格斯·麦迪森（2003），已经按购买力平价法进行了汇率调整，并以 1990 年为基期进行了价格调整。

表 12—1　　　不同国家和地区经济增长方式的比较

样本	国家/地区	时期	经济增长率（%）	TFP 增长率（%）	TFP 贡献率（%）	期初人均 GDP[a]	增长数据来源	期初人均 GDP 数据来源：安格斯·麦迪森（2003）
1	美国	1949—1998	7.22	0.97	13.4	9 561	Kohli（2003）	第 277 页
2	法国	1980—1990	2.4	1.4	58.3	15 103	Timmer，Ypma and Ark（2003）	第 274 页
3	德国	1980—1990	2.2	1.5	68.2	14 113	Timmer，Ypma and Ark（2003）	第 274 页
4	日本	1960—1979	8.3	5.0	60.2	3988	乔根森（2001）	第 302 页
5	英国	1980—1990	2.7	1.2	44.4	12 928	Timmer，Ypma and Ark（2003）	第 275 页
6	中国香港	1966—1991	7.3	2.3	31.5	4 865	Young（1995）	第 303 页
7	新加坡	1966—1990	8.7	0.2	2.3	2 892	Young（1995）	第 303 页
8	韩国	1966—1990	10.3	1.7	16.5	1 415	Young（1995）	第 302 页
9	中国台湾	1966—1990	9.4	2.9	30.9	2 212	Young（1995）	第 302 页

a. 期初人均 GDP 以按照购买力平价转换系数估计的 1990 年国际元计算。

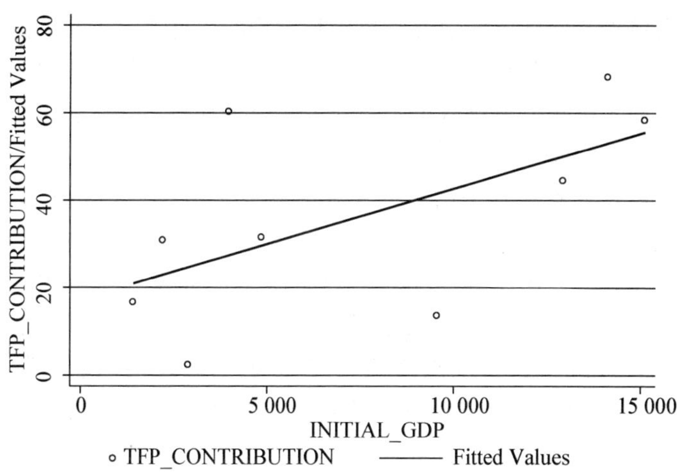

图 12—1 经济增长方式与期初人均 GDP 的关系

图 12—1 中，纵轴为 TFP 的增长对经济增长的贡献率，横轴为相应经济的期初人均 GDP。从图 12—1 中可以明显看出二者之间的一个正向相关关系。用表 12—1 中 TFP 的增进对经济增长的贡献率对期初人均 GDP 回归，可以得到以下结果：

$$\begin{matrix}\text{一国在某一时期经济}\\ \text{增长中 TFP 的贡献率}\end{matrix}=\underset{(1.50)}{17.32}+\underset{(1.99)}{0.0025333}\times\begin{matrix}\text{该国的期初}\\ \text{人均 GDP}\end{matrix}$$

$n=9, F(1, 7)=3.98$，调整 $R^2=0.2712$

期初人均 GDP 的系数（系数下的括号内为 t 值）是正的且显著大于零，因此与我们的预言是一致的。该结果表明，人均收入每增加 1 000 美元，经济增长中 TFP 的贡献率平均来说就会提高大约 2.5 个百分点。

Young（1995）分析了中国台湾、中国香港、新加坡和韩国（所谓的“亚洲四小龙”）从 20 世纪 60 年代到 90 年代初经济增长的源泉，他发现这四个经济体的经济增长中 TFP 增长的贡献非常小，即所谓的“亚洲无奇迹”。也就是说，这四个经济体所表现出

来的经济增长方式实际上都是要素积累型的。这不难理解。这四个经济体在开始时都处于不发达阶段，靠自主研发取得技术进步的成本相对高，因此，其最优增长方式就是以增加投入和以引进技术为主的要素积累型经济增长方式。

因此，要素积累型增长方式未必就是无效率的或低效率的增长方式。问题的关键在于经济增长是否实现了成本最小化。如果实现了成本最小化，那么即便在增长核算中表现为要素积累型增长也是最优的，也是符合经济的长远利益的；如果没有实现成本最小化，经济增长表现出来的 TFP 贡献率即使很高，这种增长的可持续程度也可能很低，因此对于长期增长来说越有害。我国目前正处于发展中阶段，与“亚洲四小龙”的早期发展一样，要素成本和靠引进技术比靠自主研发取得技术进步的成本都低，因此，我国现阶段的最优增长方式也应是相对要素积累型的，而非 TFP 增进型的。①

就我国的情况而言，与资本和土地（自然资源）相比，我国的劳动力比较丰裕，因此劳动力的相对价格应该较低，因此，我国在实现经济增长时，应当尽可能多地使用劳动，而非资本和自然资源。因此，总体而言，我国现阶段的最优经济增长方式或目标增长方式就应该是劳动力相对密集的要素积累型增长方式。

---

① 我国虽然应该多利用引进技术来取得技术创新，但是，并不是就不用进行自主研发。除了有些技术涉及国防安全，不可能从国外引进外，还有两种情况需要自主研发：首先，发达国家劳动力昂贵，发达国家的技术通常尽量自动化以减少劳动力的使用。我国劳动力相对便宜，从发达国家引进技术时，通常需要进行一些流程的研发创新，在不影响产品质量的前提下，应该尽量以劳动力来替代昂贵的自动化设备，这样可以降低成本，增加效益。其次，有些产业我国有比较优势，但是当没有比我国更发达的国家还留在这个产业里，因而也无法从其他国家引进时，或者，在这个产业里我国和发达国家的差距只是最后一两个关键的技术而难以从发达国家引进时，我国就需要在这样的产业自己进行新产品和新技术的研发。秉持这些原则，随着我国经济的发展、产业水平的提高，需要自主研发的领域将会越来越多，全要素生产率的水平也就会越来越高（林毅夫、任若恩，2006）。

四、我国目前的经济增长方式的特征是什么?

到目前为止，关于我国最近几十年中经济增长因素分析的研究已经有许多。其中有许多只报告了 TFP 对经济增长的贡献，没有报告资本和劳动的贡献。因为本章研究的是我国经济增长方式的转换问题，所以为了看清楚我国的经济增长方式，我们只考虑那些既报告 TFP 对经济增长的贡献，也报告资本和劳动的贡献的文献。表 12—2 总结了这些文献的结果。

表 12—2　　　　我国的经济增长方式

时期	经济增长率(%)	TFP增长率(%)	劳动份额	资本份额	人力资本份额	TFP贡献率(%)	劳动贡献率(%)	资本贡献率(%)	人力资本贡献率(%)	资料来源
1978—1998	9.3	2.60	0.53	6.17	—	27.96	5.70	66.34	—	Chow and Lin (2002)
1979—1999	8.3	1.46	0.81	5.10	0.93	17.59	9.76	61.45	11.2	王小鲁 (2000)
1978—1999	9.46	2.40	1.50	4.51	1.04	25.4	15.9	47.7	11.0	Wang and Yao (2003)
1971—1998	7.9	1.87	3.48	2.55	—	23.67	44.05	32.28	—	Gapinski (2001)

资料来源：林毅夫、苏剑：《论我国经济增长方式的转换》，载《管理世界》，2007 (11)。

表 12—2 表明，TFP 对中国经济增长的贡献率在所研究期间从来没有高过 28%，而资本的贡献率基本上大于 50%。Gapinski

(2001) 估计出的劳动贡献率大于资本贡献率，对这一结果我们表示怀疑。因为 Chow and Lin (2002) 根据 1978—1998 年的数据估计的资本贡献率为 66.34%，而 1971—1978 年我国正处于完全的计划经济状态，当时我国采用的是赶超战略，资本对该期间经济增长的贡献率应高于 1978—1998 年的情形；即使 1971—1978 年这 8 年间劳动贡献率大于资本贡献率，要大到把 1978—1998 年这 20 年的情形给逆转过来，也是不可思议的事情。我们怀疑 Gapinski (2001) 用的数据可能不准确。总体来说，我们可以得出如下结论：我国近二十多年来的经济增长主要是由资本的增长推动的，其次是 TFP 的增长，劳动的贡献最小。

在上述文献中，都没有谈到土地对经济增长的贡献。在经济学中，土地还包括能源、水、原材料、矿产等等。本章不打算估计土地对我国经济增长的贡献。在这里，我们根据我国生产过程中自然资源的消耗来就土地对经济增长的贡献作一个定性的判断。首先看能源消耗。表 12—3 为我国与其他国家单位 GDP 能耗的国际比较。

表 12—3　　我国与其他国家单位 GDP 能耗的国际比较

国家	GDP（亿美元）		一次能源消费量（百万吨标油）		单位 GDP 能耗（吨标油/万美元）		单位 GDP 能耗比率（中国/外国）	
	2002 年	2003 年	2002 年	2003 年	2002 年	2003 年	2002 年	2003 年
中国	12 100	13 200	1 035.7	1 178.3	8.56	8.93	1.00	1.00
印度	5 170	5 590	338.0	345.3	6.54	6.18	1.31	1.45
韩国	7 120	7 330	205.0	212.0	2.88	2.89	2.97	3.09
日本	57 300	58 800	506.6	504.8	0.88	0.86	9.68	10.40
俄罗斯	4 720	5 060	646.6	670.8	13.70	13.26	0.62	0.67
德国	27 100	27 100	330.0	332.2	1.22	1.23	7.03	7.28
法国	18 300	18 300	256.5	260.6	1.40	1.42	6.11	6.27
英国	13 600	13 900	222.1	223.2	1.63	1.61	5.24	5.56
意大利	12 300	12 400	176.8	181.9	1.44	1.47	5.95	6.09

续前表

国家	GDP（亿美元）		一次能源消费量（百万吨标油）		单位 GDP 能耗（吨标油/万美元）		单位 GDP 能耗比率（中国/外国）	
	2002 年	2003 年	2002 年	2003 年	2002 年	2003 年	2002 年	2003 年
加拿大	7 410	7 540	289.0	291.4	3.90	3.86	2.19	2.31
美国	92 000	94 600	2 296.7	2 297.8	2.50	2.43	3.43	3.68
世界	354 000	363 000	464.5	9 741.1	2.67	2.68	3.20	3.33

注：GDP 数值基于 1995 年美元不变价。

资料来源：中国社科院世界经济与政治研究所：《世界经济年鉴 2004/2005》，2005.1。其中，GDP 数值来源于世界银行：《世界发展指标 2004》，能源消费来源于 *BP Statistical Review of World Energy*，June 20，2005；中国科学院可持续发展战略研究组：《2006 中国可持续发展战略报告》，北京，科学出版社，2006。

从表 12—3 可以看出，我国生产过程中的能耗是非常惊人的。我国单位 GDP 的能耗是日本的 10 倍，德国的 7 倍，甚至比印度还高出 31%～45%。

我国其他自然资源的消耗量也极其巨大。2004 年在十届全国人大二次会议记者招待会上，国家发改委主要负责人指出："虽然去年（2003）我国取得了 9.1% 的高增长速度，但付出的代价也相当大。中国的 GDP 占世界 4%，却消耗了相当于全球总产量 30% 的主要能源和原材料，其中石油为 7.4%，原煤为 31%，钢材为 27%，氧化铝为 25%，水泥为 40%，带来煤、电、油、运的全面紧张和资源约束的加剧。"（张书芬，2006）

表 12—4 给出了 2003 年我国与世界其他主要国家和地区每万美元 GDP 所消耗的资源量。从表 12—4 中可以看到，中国对石油、水资源、钢材、水泥、有色金属等资源的消耗居于世界前列，不仅远远高于发达国家和地区，而且还远大于世界平均水平。生产一万美元的 GDP，中国需消耗的石油、水资源、钢材和水泥是世界平均水平的 3.1 倍、4 倍、6.8 倍和 11.6 倍。

表 12—4　　万美元 GDP 所消耗资源的国际比较（2003 年）

	石油（千克石油当量）	水资源（立方米）	钢材（千克）	水泥（吨）	有色金属（千克）
中国	8 500	3 710	1 639.9	5 716.3	81.9
美国	2 100	430	91.8	98.2	9.8
法国	1 480	180	85.6	117.8	10.4
德国	1 380	190	140.2	124.4	16.6
日本	1 170	210	170.7	187.2	9.8
英国	1 260	70	67.5	115.3	6.1
中国香港	1 330	na	253.7	na	3.0
新加坡	4 240	20	317.2	394.3	10.7
韩国	3 500	390	756.6	963.2	46.1
世界平均	2 720	920	242	492.5	na

说明：na 表示无法获得数据。

资料来源：中国科学院可持续发展战略研究组：《2006 中国可持续发展战略报告》，北京，科学出版社，2006。

综上所述，我国最近几十年来经济增长方式呈现出如下特点：(1) 以要素投入为主，即要素积累型增长；(2) 要素投入又以资本和土地的投入为主。而如上所述，我国资源禀赋的结构决定了我国较合适的经济增长方式为以劳动投入为主的要素积累型增长。因此，我国目前的增长方式与我国资源禀赋的结构不相吻合。

五、我国为什么会有这样的经济增长方式？

我国为什么会有这样的经济增长方式？这是由我国的要素价格体系和技术进步的成本决定的。首先，我国处于发展中阶段，以自

主研发来取得技术进步成本非常高，因此，我国的经济增长必然呈现为要素积累型的。其次，如前所述，经济增长是由企业实现的，而企业是在一定的宏观经济环境即要素价格体系下做出生产决策的。而我国目前的要素价格体系恰恰就导致了这样的经济增长方式。那么，我国最近几十年来要素价格体系的特征是什么?

首先，我国自然资源（包括能源）的价格偏低。长期以来，我国的能源和原材料价格仍然没有市场化，这种价格不能反映我国自然资源的稀缺性。

其次，我们考虑资本的使用成本。资本的使用成本又分为两个部分，一为资本的购买价格，一为资本投入使用后的运行成本。

我国资本品的购买价格偏低，主要原因在于我国自然资源的价格偏低。资本品是用自然资源生产出来的。任何一种资本品的生产都要用到各种原材料如钢铁、有色金属、橡胶、能源等等。因此，自然资源的价格偏低必然会导致资本品的生产成本偏低。而在其他因素给定的情况下，生产成本就决定了资本品的购买价格。因此，自然资源的价格偏低就会导致资本品的购买价格偏低。

我国资本品的运行成本也偏低。按照标准的经济学教科书中的公式，资本品的运行成本包括三个方面：利息、折旧和资本品价格的变动，而利息是其中最关键的部分。我国最近几十年来采用的一直是低利率政策。作为一个资本稀缺的国家，我国的名义利率甚至低于美国。以再贴现率为例。再贴现是金融机构从中央银行获取资金的主要渠道之一。目前，根据中国人民银行颁布的基准利率，中国人民银行的再贴现率为 3.24％（中国人民银行，2006）；而美国目前的再贴现率为 6.5％（Federal Reserve，2006），远远高于我国的再贴现率。目前（2007 年 6 月）中国人民银行颁布的金融机构一年期人民币贷款基准利率为 6.57％，这一利率只跟美国目前的再贴现率基本持平。

然而，决定要素投入组合因而经济增长方式的是要素的相对价

格，而不是绝对价格。[①] 在目前的企业制度下，在信贷市场上存在着典型的道德风险和逆向选择。企业不在乎利率的高低，贷款时可能就没想还。而目前的银行制度却同时使得银行没有谨慎贷款的激励。银行可能明知道贷款会成为烂账，也没有积极性拒绝发放贷款。因此，企业实际支付的利率可能更低，甚至可能为负。我们知道，“负盈不负亏”曾经是我国企业的通病，不仅国有企业如此，有些非国有企业也是如此。我国以前针对某些企业实行过的“债转股”实际上就是对这种情况的一种反应，而这种反应方式恰恰加强了企业赖账的动机，加重了道德风险和逆向选择问题，使得企业对要素相对价格的预期向着多采用资本的方向转变。

与劳动相比，资本品的使用成本实际上还有一种，那就是能源的消耗。在生产过程中劳动一般不需要消耗能源，而资本品却需要能源来驱动。也就是说，在生产过程中能源与资本是互补品。因此，能源价格的变动会对资本品的需求产生影响。能源价格越低，对资本品的需求就越高，因而经济增长中资本的贡献就越大。

因此，在增长核算中，我国之所以会表现出以资本和自然资源为主的要素积累型增长方式，主要原因是：(1) 靠自主研发获取技术进步的成本太大；(2) 利息率和自然资源的价格偏低；(3) 信贷市场上存在着道德风险和逆向选择。自主研发的技术进步的成本太大，所以增长方式必然表现为要素积累型的，这一点没有问题；以资本和自然资源为主则是由于利率和自然资源的价格偏低以及信贷市场上存在着道德风险和逆向选择，这才是我国经济的问题所在。

综上所述，我国目前的经济增长方式的形成机制如下。第一，自主研发的技术进步的成本太大，所以企业宁愿选择以引进技术和要素投入为主的增长方式。第二，自然资源和能源的价格偏低导致

① 这一点是匿名审稿人指出的，笔者在此深表谢意。

资本品的购买价格和现有资本品的运行成本偏低，因而刺激了对新资本品的需求。第三，我国长期实行低利率政策，而目前的企业制度导致企业实际支付的利率更低，使得企业对新资本品的需求进一步增加。第四，对新资本品需求的增加导致了生产这些新资本品的过程中对自然资源和能源的需求。第五，由于在生产过程中能源是资本的互补品，多年累积起来的巨大的资本存量的使用必然导致对自然资源和能源的巨大需求。于是，就形成了以资本和自然资源的大量投入为特征的增长方式。

六、如何实现经济增长方式的转换?

在弄清了经济增长方式的形成机制后，如何转换经济增长方式就是一个不难回答的问题了。

要实现经济增长方式的转换，首先要认清我国的目标增长方式是什么。在我国，人们谈起转换经济增长方式时，目标增长方式是TFP增进型的（即所谓“集约型”的），也就是以自主研发的技术进步为主的经济增长方式。这种观点实际上没有顾及以自主研发取得技术进步的昂贵成本和我国要素禀赋的结构。我国向TFP增进型增长方式转换的方针从提出到现在已经有20多年了。这20多年来，我国政府付出了巨大的努力，也做了大量的工作。然而，政府无论如何努力，都无法在短期内改变我国处于发展中阶段这一事实，都无法在短期内改变我国的要素禀赋结构。因此，经过20多年的努力，我国实际表现出来的增长方式还没有被转换过来，这绝不是没有道理的，它充分说明我们选定的目标增长方式不完全适合我国的国情。只要我国处于发展中阶段，我国的经济增长方式就会更倾向于引进技术和增加投入而表现为相对的要素积累型。因此，要实现经济增长方式的转换，较为可行而有效率的做法是把增长方式从资本密集和自然资源密集的增长方式向以劳动投入为主的增长方式转换。

其次是给企业提供一个合适的宏观经济环境，即合理的要素价格体系。所谓“合理的要素价格体系”，指的是能够正确反映我国的要素禀赋结构的要素价格体系。如果要素价格体系不能正确反映资源的稀缺性，即使企业实现了最优化，整个经济也还没有实现最优化。整个经济的成本最小化只有当要素价格体系能够正确反映我国的要素禀赋结构时才能够实现。这就要求我国加快市场化改革，使原材料价格、能源价格以及利率的决定都实现市场化，使其反映相应要素的稀缺性。在我国目前利率不能大幅度提高的前提下，可以通过提高原材料价格和能源价格以及征收资源、能源使用税来提高资本的使用成本，从而实现向最优经济增长方式的转换。

最后，在要素价格体系合理的情况下，要使企业实际支付的要素价格尽量接近这一要素价格体系。这就是说，要消除或至少尽量减弱信用市场上的道德风险和逆向选择行为。(1) 建立企业行为的长效机制，使得企业在借款时不仅考虑短期利益，还要考虑长期利益。具体措施有两个：一是加快企业改革，消除企业的短期行为；二是建立健全企业和个人信用制度，使企业的短期行为具有长期效应。(2) 加快银行改革，使银行在放款时切实考虑贷款质量，在放款后对企业进行切实的监督，并努力回收贷款。(3) 加大执法力度。在企业赖账的情况下，由法律手段确保合同的执行，从而消除对合理的要素价格体系的偏离。

总之，一个经济的增长方式是由其要素价格体系决定的。技术作为一种组合各种投入要素以进行生产的知识，其获得也是有成本的，而且，自主研发的技术进步的成本通常是非常高的。因此，一个经济到底是要靠自主研发还是引进技术来取得技术进步也应该决定于其成本的高低，而不应该一味地为了在经济增长核算中表现为“集约型”的增长方式而过度强调以自主研发的方式来取得技术进

步。就我国目前所处的发展阶段而言，劳动是我国的比较优势所在，但是要素价格的扭曲却使得我国的经济增长方式成为资本和自然资源密集型增长。这种增长方式既降低了我国经济增长的质量，也减少了我国劳动就业的机会，使得大量农村劳动力无法进入附加价值较高的制造业部门，造成城乡差距的扩大和收入分配的不平均，因此，要实现经济增长方式的转换，关键有两个，一是避免片面强调TFP增进型即“集约型”的增长方式，一是消除要素价格体系的扭曲。

参考文献

［1］Gregory Chow and Lin，An－loh. “Accounting for Economic Growth in Taiwan and Mainland China：A Comparative Analysis”，*Journal of Comparative Economics*，2002，30（3）

［2］Federal Reserve，“Federal Reserve Statistical Release—H. 15（519）Selected Interest Rates”，http：//www. federalreserve. gov/releases/h15/ Current/，Release Date：May 30，2006

［3］James H. Gapinski. “The Panda that Grew”，*China Economic Review*，2001，12（4）

［4］Ulrich Kohli. “GDP Growth Accounting：A National Income Function Approach”，*Review of Income & Wealth*，2003，49（1）

［5］Dwight Perkins. *Agricultural Development in China：1368—1968*. Cambridge，MA：Harvard University Press，1969

［6］Marcel P. Timmer，Gerard Ypma and Bart van Ark. “IT in the European Union：Driving Productivity Divergence? GGDC Research Memorandum GD－67（October 2003）”，University of Groningen，Appendix Tables，2003，updated on June 2005，http://www. ggdc. net/index-dseries. html＃top，查阅时间2006－06－01；文中国别数据从相应国家的链接数据中获得

［7］Wang Yan and Yao Yudong. “Sources of China’s econom-

ic growth 1952—1999: incorporating human capital accumulation", *China Economic Review*, 2003, 14 (44)

[8] Young, Alwyn. "The Tyranny of The Tyranny of Numbers: Confronting the Statistical Realities of the East Asian Growth Experience", *The Quarterly Journal of Economics*, 1995, 110 (3)

[9] 陈保启，李为人. 生产性服务业的发展与我国经济增长方式的转变. 中国社会科学院研究生院学报，2006 (6)

[10] 郭金龙. 经济增长方式的国际比较. 北京：中国发展出版社，2000

[11] 龚刚，陈琳. 供给推动——论经济增长方式转型中的财政政策. 南开经济研究，2007 (2)

[12] 黄晓鹏. 加快经济增长方式转变关键在政府推动制度变迁. 中国社会科学院研究生院学报，2006 (4)

[13] 贾彧. 制度创新是经济增长方式转变的关键. 企业经济，2006 (9)

[14] 林毅夫，任若恩. 关于东亚经济增长模式争论的再探讨. 经济研究，2006 (6)

[15] 刘国光，李京文主编. 中国经济大转变：经济增长方式转变的综合研究. 广州：广东人民出版社，2001

[16] 刘兴革. 信息化：转变经济增长方式的新途径. 学术交流，2006 (8)

[17] [英] 安格斯·麦迪森. 世界经济千年史（中译本）. 北京：北京大学出版社，2003

[18] D. W. 乔根森. 生产率（第二卷）. 北京：中国发展出版社，2001

[19] 王小鲁. 中国经济的可持续性与制度变革. 经济研究，2000 (7)

[20] 王一鸣. 转变经济增长方式与体制创新. 经济与管理研

究，2007（8）

[21] 吴敬琏. 中国增长模式抉择. 上海：上海远东出版社，2005

[22] 吴敬琏，刘福垣，胥和平. 吴敬琏等纵论中国经济增长方式转变. 时事报告，http://www.iac.org.cn/data/html/2005-04-13/show_14890.html，2006-05-19

[23] 徐辉，余森平，邱淑芳. 信息产业的发展对实现经济增长方式转变的倍增效应. 上海企业，2003（4）

[24] 杨云. 论人力资本积累视野下西部民族地区经济增长方式的转变. 经济问题与探索，2006（12）

[25] 张洁，王延昆. 论发展循环经济对转变经济增长方式的作用. 商业现代化，2007（26）

[26] 张书芬. 中国未来15年的七大问题. http://finance.sina.com.cn/review/ 20060217/18222352993.shtml，2006-06-01

[27] 张卓元. 以节能减排为着力点推动经济增长方式转变. 经济纵横，2007（15）

[28] 中国科学院可持续发展战略研究组. 2006中国可持续发展战略报告. 北京：科学出版社，2006

[29] 中国人民银行. 人民币现行利率表. http://www.pbc.gov.cn/ detail.asp? col=460&ID=366，2006-05-31

[30] 朱启铭. 促进经济增长方式转变的金融深化机制研究. 价格月刊，2006（4）

第四篇

中国的人口、就业形势与供给侧危机

导读：人口和劳动力形势的变化意味着中国经济的供给侧已经发生了根本性的变化，这也是中国经济“新常态”出现的主要原因之一。本篇的五篇文章讨论了中国的人口和劳动力形势。

第十三章

论我国人口政策的走向①

导读：本章发表于2010年，讨论中国的人口形势和人口政策。笔者指出，计划生育政策在我国已经执行了30多年。计划生育政策执行的结果是，我国的人口增长率大幅度下降。许多人口学家认为，中国面临低生育率陷阱，学界呼吁调整人口政策。笔者认为，马尔萨斯的《人口论》的前提假设已经不再成立，我国应立即调整人口政策，大幅度放松甚至完全取消计划生育政策。放松人口政策既有助于应对目前的经济危机，也有助于应对未来劳动力短缺局面。

计划生育政策在我国已经执行了30多年。计划生育政策执行的结果是，我国的人口增长率大幅

① 发表于《广东商学院学报》，2010（1）。

度下降。1992年，我国的生育率就已经低于实现人类世代交替所需的更替水平，即平均每对夫妇生育2.1个孩子。而按照人口学家的估计，我国目前的整体生育率在1.3～1.8之间，显著低于更替水平（邓瑾，2008）。从1992年到现在，18年过去了，几乎是一代人的时间。这么长时间的低生育率，给我国各个方面都带来了严重的问题。最近，据《南方周末》报道，许多人口学家认为，中国面临低生育率陷阱，学界呼吁调整人口政策（邓瑾，2008）。本章主要从经济可持续发展的角度说明低生育率对我国经济产生的严重不利影响，并呼吁我国应立即调整人口政策，大幅度放松甚至完全取消计划生育政策。

笔者认为，马尔萨斯的《人口论》的前提假设已经不再成立；我国的老龄化进程将加快，今后将面临巨大的养老压力；我国农村的富余劳动力已基本转移完毕，劳动力过剩将逐步让位于劳动力短缺从而成为我国经济面临的主要问题，放松人口政策符合我国目前和未来的经济形势，既有利于解决未来劳动力极度短缺的问题，也有助于解决目前消费需求不足的问题。

一、《人口论》的前提假设已经不再成立

马尔萨斯的《人口论》有两个前提假设，即人口按几何级数增加，而食物按算术级数增加。实际上，这两个假设在现代社会已经都不成立。人口不再按几何级数增加，而食物也不是按算术级数增加。马寅初在《新人口论》中也注意到了马尔萨斯《人口论》的前提假设不成立的情况。他指出："当时法国拿破仑在欧洲挑起了大战，人民死得很多，粮食不足的情况好转了一些，因而大家认为马尔萨斯的'人口论'很正确。但是拿破仑战争以后，他的学说应用到德国的情况上，就不符合实际了。由于当时德国科学研究的发

展，粮食也按几何级数增加，比人口增长的速度还要快，他的食物按算术级数增加的理论基础就此破产。马尔萨斯没有想到以后的科学研究能够飞跃地发展，使得粮食也按几何级数增加，并且比人口增加得更快。应该了解，土地和劳动力这些自然条件，虽是农业生产最根本的条件，但它们在发展生产上是有一定限制的，而科学的发展则是无止境的。科学愈发达，人民的文化水平也愈加提高。知识增加，一方面促使劳动生产率增长，另一方面促使生殖率降低，例如社会上层分子和脑力劳动者，娱乐的方式较多，如打球、划船、骑马、打猎等多方面的活动，降低了他们的性欲。在法国上层分子的生殖率停滞不变，他们把生儿育女看做包袱。又如约翰雷指出，夏威夷群岛的土地非常肥沃，食品有大量的增加，但人口并不跟着增加，主要是因为该处的居民并不喜欢多子多孙，这又有力地反驳了马尔萨斯的人口论，因此他的人口按几何级数增加的理论也就此破了产。”①

1. 人口按几何级数增长吗?

许多因素都在自发地抑制着人口的增长。这类因素大致可以分为三类：经济因素、科技因素和生育控制技术。

经济因素对人口自然增长的作用主要表现在它决定了人口的增殖条件和生存条件，通过改变人口的出生率和死亡率来影响人口的自然增长率。人们生活水平的提高与社会保障体系的建立和完善减少了人们对“养儿防老”的需要，妇女教育程度的提高导致了生养孩子的机会成本的提高，城镇化引起的人们生活方式的变化导致了家庭规模的缩小，这些都使得人口增长率下降。

科技因素对人口的自然增长也有着明显的抑制作用。随着科学技术水平的提高，人口自然增长率趋于下降，这一趋势在现代社会尤为明显，其原因主要有三个。一是随着人们接受教育年限的延长，

---

① 马寅初：《新人口论》，载《人民日报》，1957-07-05。

平均婚龄也会相应推延；二是人们的科学文化水平越高，就越加注意自身及其后代各项素质的提高，少生优育；三是技术进步带来的劳动生产率的提高本身对劳动力需求有一定的抑制作用。

生育控制技术的进步和成熟又使得人工控制生育率成为可能。

从我国的实际情况来看，有关机构调查发现，与1990年相比，北京35岁以下育龄女性的生育意愿已明显降低，1990年一半的育龄女性在25岁时就有孩子了，目前这一年龄已提高到28岁；而在35岁以上育龄妇女中，未生育的比例越来越高，其中35岁仍未生育的比例，已由1990年时的4.08%上升到今天的11.79%；另外，在允许生二胎的独生子女家庭中，有六成以上打算只要一胎或者不生育（程亚文，2007)。这些数据无疑表明北京市居民的生育文化，在最近十余年间又向不愿生育的方向推进了一大步。北京的情况又是整个中国特别是中国那些大城市的一个先兆。

近年来，在美国、日本等发达国家以及我国北京、上海等大城市已经出现了人口负增长的情况。总体来看，我国的人口出生率呈逐渐下降趋势，而且这一趋势在一定时段内仍将延续。一旦经济发展水平赶上或接近发达国家的水平，人口将很可能不再按几何级数增长，而是按几何级数下降。

2. 食物按算术级数增长吗？

食物按算术级数增长的理论背景是土地的边际报酬递减。然而，土地的边际报酬决定于许多因素，包括劳动力投入、农业技术水平、资本投入、化肥、管理水平和制度安排等等。而这些因素任意一个的变化都有可能提高土地的边际报酬。其中农业技术水平的影响尤为巨大。我国最近几十年的农业史表明，新品种的开发、化肥的使用、耕作技术的提高等等都有助于提高粮食单产。最近几十年我国和世界农业的发展表明，土地的单产是逐步上升的，土地的边际报酬递减规律受到了其他因素的变化尤其是技术进步的强有力的抑制。

蔡承智等（2007）根据联合国粮农组织（FAO）和国际应用系统分析研究所（IIASA）基于中国 1961 年以来的统计资料计算了中国 41 个地区 6 大主要作物（水稻、小麦、玉米、马铃薯、油菜、大豆）的单产潜力。研究结果表明：我国以上主要作物的最高单产潜力是目前全国平均单产的 1.2～2.9 倍。如果再考虑到我国农业生产技术上仍然存在着较大的提升空间，我国未来粮食增产方面的潜力是非常大的，足以保证未来人口的粮食需求。

3. 马寅初《新人口论》的前提假设也已不再成立

在 1957 年发表的《新人口论》中，马寅初先生认为我国应该控制人口增长的主要原因之一就是消费太高，积累太少，影响经济发展。而现在，困扰我们的问题不是消费太高，积累太少，而是恰恰相反，消费太低，积累太高。目前，在我国的国内生产总值中，私人消费仅占不到 50%，而投资却占了 40%左右。消费不足直接导致有效需求不足，间接导致了出口过大和投资过大。

二、我国的老龄化进程将加快，今后将面临巨大的养老压力

据原国家统计局局长、国务院第五次全国人口普查领导小组副组长朱之鑫介绍，我国改革开放以来，随着经济社会的迅速发展，人民生活水平和医疗卫生保健事业的巨大改善，特别是人口生育水平的迅速下降，人口老龄化进程加快。他指出，这次人口普查反映出我国人口年龄结构从 1990 年到 2000 年发生了较大变化：2000 年0～14岁人口占总人口的比重为 22.89%，比 1990 年人口普查下降了 4.8 个百分点；65 岁及以上人口占总人口的比重为 6.96%，比 1990 年人口普查上升了 1.39 个百分点。这说明我国今后将面临

巨大的养老压力。①

根据张车伟和吴要武（2005）对于我国人口的预测，我国的工作年龄人口会在2015年前后停止增长，此后将面临工作年龄人口的净减少。由于城镇化的影响，城镇工作年龄人口的变动趋势不同于全国工作年龄人口的变动趋势，城镇工作年龄人口的增加趋势依赖于城镇化的进程。只要中国的城镇化进程不结束，城镇工作年龄人口增加的趋势就不会停止。可以预见的是，随着农村人口总量的逐步减少，城镇工作年龄人口的增长速度也会逐渐减缓。

由于计划生育政策的实施，中国得以在比多数发达国家短得多的时间内完成了人口转变过程。中国人口转变经历了两个阶段：第一个阶段是从高死亡率、高出生率、低自然增长率过渡向低死亡率、高出生率、高自然增长率，这一转变是在20世纪50年代完成的。第二个阶段是从低死亡率、高出生率、高自然增长率向低死亡率、低出生率、低自然增长率转变，这一转变在1980—2000年短短20年中就完成了。中国的人口结构也相应从早期年轻人口占主要地位的典型金字塔形转变为老年人口增加、中间年龄人口占主要地位的近乎橄榄形。据联合国预测，到2030年，中国人口的年龄结构将更趋向于老年人口多于青年人口的倒金字塔形。这将使得独生子女一代的养老负担太重（李雨民，2006）。长期研究中国养老金体系的美国詹姆斯·多恩就认为，中国养老金匮乏的问题会一直持续到2050年以后。他在一篇论文中说："中国现行的养老金制度如果不改革，估计到2005年，中国65岁以上的人口会增加到总人口的11%，到2030年65岁的人口会增加到总人口的25%，2050年为29%。2005年，中国养老金赤字会有500亿元人民币，2030年可能达到6 300亿元。"（转引自李雨民，2006）

此外，由于人口老龄化问题和劳动力濒临短缺，我国的退休政

① 参见国务院新闻办公室：《朱之鑫答记者问》，http://www.china.com.cn/zhibo/2001-03/28/content_8784408.htm2001。

策也面临着调整的压力。在 2008 年的中国劳动论坛上，人力资源和社会保障部社会保障研究所所长何平透露："相关部门正在酝酿条件成熟时延长法定退休年龄，有可能女职工从 2010 年开始，男职工从 2015 年开始，采取'小步渐进'的方式，每 3 年延迟 1 岁，逐步将法定退休年龄提高到 65 岁。"① 其实推迟退休年龄只是解决人口危机的被动方法，停止计划生育并鼓励生育才是主动方法。如果人口政策不调整，生育率不能有效提升，那么退休年龄就不得不一再推迟，而这一点显然不是长久之计。因此，与其推迟退休年龄，不如停止计划生育政策。

三、放松人口政策符合我国目前和未来的经济形势

1. 放松人口政策有助于扩大内需

如果现在立即取消计划生育政策，对我国目前的消费会起到有效的拉动作用。孩子出生后，就得有饭吃、有衣穿、有房住、有玩具玩，在中国"望子成龙"的思想支配下，可能孩子还没出生就要为其提供好的教育条件。这样就会拉动对这些产品的需求。而且，由于一个孩子从出生到成为劳动力需要 20 年时间，因此一个孩子的出生可以拉动 20 年的消费而不对劳动力市场构成压力。在目前货币政策和财政政策效果都不佳的情况下，人口政策可能是最佳选择。

2. 放松人口政策有助于应对未来劳动力短缺的局面

一个人从出生到成为劳动力需要 20 年时间，也就是说，现在放松人口政策影响的是现在的消费和 20 年后的劳动力市场。那么，

① 参见《人保部：男女退休年龄或推至 65 岁》，载《新京报》，2008-11-06，http://news.sina.com.cn/c/2008-11-06/032716596805.shtml。

20 年后，我国的就业形势如何？这首先取决于对我国目前的就业形势的判断。

在判断中国目前的就业形势时，一个最重要的因素是中国农村的富余劳动力。对此，目前有一种非常有趣的现象。一方面，蔡昉（2007）指出，有许多人认为我国目前还有 1.5 亿～2 亿的富余劳动力；另一方面，蔡昉自己通过抽样调查发现，我国农村的富余劳动力在 2006 年已经只有 5 000 万多一点（蔡昉，2007），苏剑（2009）干脆认为我国农村目前已经没有了富余劳动力，我国各级政府的农业和农村主管部门也在惊呼农村劳动力大量流失，从事农业生产的是“386199（即妇女、小孩、老人）”部队（徐州市农业资源开发局，2006；张学俭，2005）。

笔者认为，我国农村的富余劳动力已经转移完毕。“民工荒”、近年来农民工真实工资水平的快速上涨、农业劳动力的匮乏都说明了这个问题。

如果我国农村已经没有了富余劳动力，那么就意味着我国的劳动力供求在总量上已经基本平衡，但在结构上可能还不平衡。如果中国经济再高速增长 20 年，那么劳动力需求也将大幅度增长。按照苏剑（2009）的估计，如果劳动力需求以年均 4%的速度增长，那么大约 18 年时间我国的劳动力需求就会翻一番；这么大的劳动力需求将远远大于按照目前的人口基数和人口增长率能够形成的所有劳动力，因此，到 2025 年我国的劳动力需求缺口将非常巨大。如果这个判断是对的，那么可以得出结论：我国劳动力短缺的时代即将到来。现在放松人口政策有助于应对未来劳动力短缺的局面。

四、总结

在宏观调控过程中，我们应该尽量做到预防为主。宏观调控当

局不能做“消防队”，等火灾发生了再去灭火，而是要尽量防患于未然。这就要求对经济有一定的预见性。对于经济的未来走向，往往有诸多意外因素会影响我们的判断，但就长期来看，可以肯定的是，我国经济将会出现如下几个不可避免的趋势。

首先，20 年后我国必将出现劳动力短缺的局面。只要我国经济在增长，这个趋势就不可避免。其次，即使没有计划生育政策，我国的人口出生率也将逐步下降。随着社会保障体系的完善、人们收入的提高、城镇化、妇女教育水平的提高以及节育技术的进步，人口出生率下降的趋势不可避免，这已为发达国家的人口历史证实，同时这一趋势在我国北京、上海等大城市也已显现。最后，随着技术的进步和人类活动范围的扩大，人类的消费项目和消费空间也将逐步扩大，新的产业将会出现，劳动力需求将越来越大。比如太空旅行，一旦技术进步导致这种消费项目平民化，这就不仅刺激了旅游业，同时还需要一个强大的航天工业来支撑。

最近 30 年，我国的经济形势变化非常快，在人口政策领域，许多人的观念还停留在 30 年前。我们必须与时俱进，不能依据 30 年前的经济形势或 30 年前的经济理论来指导现在的经济政策，而应立即取消计划生育政策，否则将会使我国未来的宏观经济政策陷于被动。

综上所述，劳动力短缺将是我国经济未来的主要特征，因此，放松人口政策甚至完全取消计划生育政策是我国目前的当务之急。现在取消计划生育政策，既有助于解决未来劳动力短缺的问题，也有助于应对目前内需不足的严峻局面。在目前的情况下，我国居民的消费倾向很低，这使得传统的宏观经济政策的效果受到严重抑制。因此，我们应积极寻找各种非传统的政策措施，而放松人口政策就是最简单、最有效、跟我国目前的产业结构和失业结构吻合也最好的政策措施。因此，不管从哪一方面来说，我国都应该尽快放弃计划生育政策。

参考文献

[1] 邓瑾. 中国面临低生育率，学界呼吁调整人口政策. 南方周末，2008-12-26

[2] 马寅初. 新人口论. 人民日报，1957-07-05

[3] 程亚文. 中国人口出生率将持续下降. 中国发展门户网，2007-01-15

[4] 蔡承智，李啸浪，梁颖. 基于 AEZ 模型的我国农区主要作物单产潜力分析. 中国种业，2007（8）

[5] 张车伟，吴要武. 城镇劳动供求形势与趋势分析. 中国人口科学，2005（5）

[6] 李雨民. 人口老龄化危机挑战中国计划生育政策. 国际先驱导报，2006-02-08

[7] 蔡昉. 中国就业增长与结构变化. 社会科学管理与评论，2007（2）

[8] 苏剑. 我国农村还有多少富余劳动力?. 广东商学院学报，2009（5）

[9] 徐州市农业资源开发局. 徐州市农业资源开发局 2006 年度工作总结和 2007 年度工作意见. （产生日期：2006 年 12 月 28 日；公开日期：2009 年 9 月 6 号；索引号：CJO44－D0300－2006－001）[2009-06-07]. http://xxgk. xz. gov. cn/xzxxgk/nrglIndex. action? catalogID=ba5a42a118adb90c0118adc91a5e0506&type=2&message ID=ba5 a42a11-a22ded7011a292094840220

[10] 张学俭. 在 2005 年国家水土保持重点建设工程工作会议上的总结讲话. （2005－12－05）[2009－06－07]. http://www. swcc. org. cn/zhuanti_view_content. asp? id=13483

第十四章 大学生就业难和“民工荒”问题研究[①]

导读：近年来，中国劳动力供给侧出现了一个有趣的现象，即大学生就业难和“民工荒”同时存在。本章从我国经济所处的发展阶段出发，分析了产业结构和其他一些因素对我国劳动力市场供求结构的影响，并指出了大学生就业难和“民工荒”现象之间的内在联系，提出了相应的政策建议。笔者认为，大学生就业难和“民工荒”是我国产业结构特征在不同劳动力市场的反映，是同一枚硬币的两面，因此，解决劳动力市场结构性矛盾的根本出路是产业结构调整。

纵观我国近年来的就业形势，我们会发现一个看似矛盾的现象：从事低端劳动密集型产业的劳动

① 发表于《广东商学院学报》，2010（3），与盛磊合写。

力开始出现短缺，而以大学毕业生为代表的中端劳动力却存在严重过剩。一方面，自2003年以来，大学毕业生就业市场开始发生根本转变，原来被认为是“天之骄子”的大学生们，其就业形势开始变得日趋紧张。据相关数据显示，2008年全国高校毕业生为532万人，当年全国平均大学生就业率仍有70%。到2009年，全国大学毕业生人数达到610万人，加上还有100多万历年没有就业的大学生，以及金融危机带来的影响，应届大学生就业面临最为严峻的考验。另一方面，从2004年年末以来，“民工荒”现象陆续出现在广东、福建、浙江等东南沿海地区的出口企业，引起了社会各界的广泛重视。随着时间的推移，“民工荒”现象有扩大到全国其他地区和其他行业的迹象，我国从事低端劳动密集型产业的农民工的短缺已经成为一种不争的事实。

国内学者对我国大学生就业难和“民工荒”这两个问题有过许多研究。(1) 对于大学生就业难方面，丁元竹（2003）认为，教育结构与产业结构矛盾、择业方式与现行用人制度不完善，是大学生就业难的根本原因；王远博（2005）认为，教育结构与产业结构矛盾、地区经济发展不平衡等是造成大学生就业难的主要原因；余桔云（2006）则结合了上述两者的观点，认为经济发展的区域性造成大学生配置的扭曲、相关人事制度阻碍大学生的流动、教育改革跟不上市场化就业需求，是造成我国大学生就业难的根源；吴克明、孙百才（2005）认为大学生就业期望偏高也是一个原因，并指出大学生就业期望高，是在未来不确定性、信息不对称、学费大幅度上升条件下的理性选择。(2) 对于“民工荒”方面，李月（2007）认为，户籍制度、社会保障等制度性因素和企业的低工资，使得农民工供给减少，从而出现了“民工荒”；胡伟清、张宗益（2007）认为，收入增长缓慢、城市生活成本上升、预期较高，直接或间接地减少了农民工的供给，造成了“民工荒”；曾湘泉、刘彩凤（2006）认为，工资增长缓慢和城乡收入差距缩小，是造成城市出现农民工短缺的主要原因。

然而，以上研究都只是针对单个劳动力市场，很少有人注意到大学生就业难和“民工荒”这两个现象之间的内在联系。在下面的分析中，笔者将从我国经济所处的发展阶段出发，分析这个阶段劳动力市场的特征及其原因，从而对大学生就业难和“民工荒”现象做出统一的解释，并在此基础上提出相应的政策建议。本章的主要结论是：大学生就业难和“民工荒”其实是同一个原因在不同劳动力市场上的反映、是一枚硬币的两面，而这个同一的原因就是产业结构。因此，要解决大学生就业难和“民工荒”问题，其根本出路在于我国产业结构的调整和升级。

一、经济发展与“刘易斯拐点”

城乡二元结构是我国多年来经济发展的主要特征。在这样一个发展阶段当中，最显著的特征就是农村存在大量的富余劳动力。这些农村富余劳动力的存在，一方面为我国城市化和工业化进程提供了充足而便宜的劳动力资源，另一方面也给我国带来了巨大的就业压力。随着我国城市化和工业化不断推进，我国城市部门不断吸收农村富余劳动力，使得我国城乡二元结构正在逐步减弱。那么，当前我国二元经济发展到底处在一个什么阶段呢？

我们可以用图 14—1 来说明这一问题。图 14—1 中，横轴是农民工数量，纵轴是农民工的真实工资，L_5 表示农村劳动力的供给曲线。开始时，经济处于贫穷的阶段，经济发展水平较低，农村有大量的劳动力。此时，在真实工资水平 $(W/P)_R$ 下，农民工的供给很大，但由于经济的总规模有限，对劳动力的需求为 $L_D{}^1$。很显然，这样的劳动力需求吸收不了全部农村劳动力，从而导致农村劳动力大量过剩，这就是农村富余劳动力的由来。假定在此工资水平下愿意工作的农村劳动力数量为 L_3，那就意味着农村富余劳动力

的数量为 L_3-L_1。随着经济的发展，对劳动力的需求也逐步增加，农村富余劳动力就越来越少。一旦经济发展到一定阶段使得劳动力需求达到 $L_D{}^3$，农民工就业量（这里说的农民工就业量指的是在非农业部门就业的农民工的数量，也就是已经转移出去的农民工的数量）就达到 L_3，在此工资水平下愿意工作的农民工全部找到工作，此时农村富余劳动力被吸收完毕。这是农民工市场的第一个转折点，又被称作"刘易斯拐点"。过了这一点之后，随着经济的进一步发展，劳动力需求继续增加，但在原先的工资水平下已经没有人愿意工作了，因此要吸引到更多的农村劳动力，就必须提高工资。因此，所谓"刘易斯拐点"，通俗来说就是农村劳动力从过剩向短缺的转折点。在"刘易斯拐点"之前，农村劳动力是过剩的，工资的略微上涨都会导致劳动力供给无限增加，因此劳动力供给曲线是水平的；而在"刘易斯拐点"之后，工资的上升只会带来劳动力供给的有限增加，因此劳动力供给曲线是向上倾斜的。在"刘易斯拐点"以后，随着劳动力需求的进一步上升，农村劳动力的工资便会不断上升，并最终达到城市同等资质劳动力的工资水平 $(W/P)_U$，二元经济消失并成为一元经济，这被称为第二个"刘易斯拐点"。

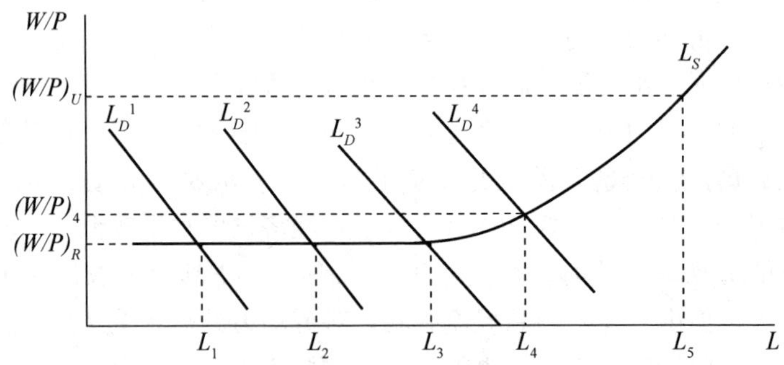

图 14—1　经济发展与"刘易斯拐点"

判断经济发展阶段是否已经达到或超过“刘易斯拐点”，主要有两个方法：一个是农村剩余劳动力是否转移完毕；另一个是农村劳动力工资是否大幅度上升。由于我国在就业统计尤其是农村劳动力就业方面统计的局限性，人们通常认为第二种方法更加可靠。许多研究表明，我国经济发展阶段已经达到或超过“刘易斯拐点”。蔡昉（2007）分析了农村劳动力的工资增长情况，研究表明：自20世纪90年代末以来，农民工的工资水平得到了很大提高。在1997—2005年期间，城镇职工实际工资增长161.7%，而在城市就业的农村流动劳动力的工资提高速度甚至更快。根据对五个大城市的调查，2001—2005年期间，外来劳动力小时工资的提高速度，比城市劳动者小时工资的提高速度高64%。这表明，我国经济或许已经超过了“刘易斯拐点”。张晓波、杨进、王生林（2009）基于对甘肃省农忙和农闲时期工资的发展演化模式的长期调查发现，无论其他因素是否被控制，实际工资水平都是在不断向上攀升的。贫困地区实际工资在加速上涨，甚至农闲时期也是如此，表明剩余劳动力的时代已经结束。苏剑（2009）运用工资法、增长法两种间接的方法，对我国农村剩余劳动力的情形进行了大致的分析。结果同样表明，农村富余劳动力很可能已经被吸收完毕。这也说明了我国经济发展阶段很可能已经超过了“刘易斯拐点”。宋世方（2009）对我国农业的制度工资决定和变动方式进行了探讨，并对拐点进行了检验。以上研究均表明，我国已经超过了刘易斯的第一个拐点，但还没有充分的理由表明我国已经超过第二个拐点。

总结以上学者的研究成果，笔者认为，由于近年来“民工荒”在我国大面积出现以及农民工真实工资水平的大幅度提高，我国经济发展很可能已经超过了“刘易斯拐点”，即使还没有超过，至少已经处在“刘易斯拐点”附近。

二、我国为什么会出现“大学生就业难”和“民工荒”并存的局面?

从1978年到2008年，我国GDP年均增速接近10%，远远高于世界上其他许多国家。如此高的经济增长速度，通常会带来劳动力需求的大幅度增长。而且，我国经济增长方式通常被认为是粗放型的，经济增长主要依靠投入大量的劳动力和资本。因此，我国经济每增长1个百分点所带来的劳动力需求的增长，应该至少不会比其他国家低很多。所以，总的来看，我国劳动力市场目前的需求应该是比较旺盛的。事实上，我国部分劳动力市场需求确实比较旺盛，即农民工劳动力市场。[①] 然而，我们又确实看到了大学毕业生就业一年比一年难。这表明，在我国当前经济发展阶段，劳动力市场存在着非常大的结构性矛盾。那么，这种结构性矛盾又是如何产生的呢?

这还得从我国二元经济的发展说起。我国二元经济趋向“刘易斯拐点”的过程，也正是我国城市化和工业化的过程。由于开始时劳动力供给过剩，农村劳动力工资相对较低，我国（尤其是我国南方）逐步形成了以劳动密集型为主的产业结构。这主要表现在两个方面：一方面，随着我国城市化的不断发展，人们对住房和城市基础设施的需求不断增加，基建行业得到了空前的发展，并对非熟练劳动力、体力劳动者有很大的需求；另一方面，工业制造业的不断发展，也增加了对非熟练劳动者的需求。特别是加入WTO以后，我国以劳动力资源禀赋的比较优势为基础的出口产业，在国际市场

---

① 全球金融危机爆发后，我国出现了大规模的周期性失业，各个劳动力市场均出现了需求下降的局面。本章主要考虑比较长期的问题，因此不分析这一短期现象。而且，可以预见的是，全球金融危机一旦过去，我国立即就会重新出现“民工荒”现象。

上具有非常大的竞争力，使得我国这种产业结构更加趋于稳固。可见，在伴随着城市化、工业化、对外开放的二元经济发展过程中，我国以劳动密集型产业为主的产业结构是在不断强化和巩固的。并且，这种产业结构在很长一段时期内将继续存在下去，很难在短时期内通过自身的发展进行调整。

这种产业结构特征带来的主要后果就是劳动力需求结构的分化。由于劳动密集型产业并不需要劳动者有特别高的文化素质，基本上只需要劳动者有较好的体能，因此对农村劳动力的需求相对旺盛，而对大学毕业生的需求相对较低。这种产业结构长期发展的积累效应就是，农村劳动力不断从农村转移到城市，而大学毕业生的就业压力越来越大。最终，在我国经济发展阶段达到“刘易斯拐点”的时候，我们看到了“民工荒”和大学生就业难并存的现象。可见，以劳动密集型产业为主的产业结构，是造成我国大学生就业难和“民工荒”问题同时存在的根本原因。换句话说，我国大学生就业难和“民工荒”的同时存在，是有着内在紧密联系的，它们是同一个原因（以劳动密集型产业为主的产业结构）在不同劳动力市场上的反映，是一枚硬币的两面。

这种产业结构特征会使劳动力需求的分化在当前和未来一段时间持续存在。因为经过这么多年发展和巩固起来的产业结构，很难在较短时间内得到自动调整。而且，从“刘易斯拐点”到城乡经济一体化的过程中，农村劳动力的工资仍将低于城市劳动力，以吸收农村劳动力为主的劳动密集型产业也将在较长时间内继续存在下去。因此，在一定时间内，这种产业结构将进一步加剧农民工的短缺和大学毕业生的过剩。当然，农民工工资的上升也会在一定程度上削弱劳动密集型产业的竞争力，但是这个因素会在多大程度上对我国产业结构调整起作用，则还很难说。但是，我们至少可以认为，在其他条件不变的情况下，大学生就业难和“民工荒”的情况将会在一定时间内持续存在，虽然不一定会加剧。

三、其他因素对劳动力市场结构性矛盾的影响

以劳动密集型产业为主的产业结构是造成我国大学生就业难和“民工荒”现象的最根本和趋势性的因素。当然，除了这个关键的因素以外，还有一些因素在起作用。

第一，高等教育扩招。自 1999 年高校第一次扩招，大学生人数开始大幅度增加。1999 年，全国高校扩招了 48%，其中，全国普通高校招生规模从 1998 年的 108.4 万人扩大到 159.7 万人。2000 年全国普通高等教育招生 220.6 万人，2001 年为 268.3 万人，2002 年为 320.5 万人。到 2009 年全国普通高等教育计划招生约 629 万人，从 1999 年至 2009 年平均增长率为 14.7%。中国高等教育的毛入学率不断上升，至 2008 年秋季入学，中国普通高校的毛入学率已达 23%，比 1993 年高出 18 个百分点。这样的扩招幅度实现了高等教育的“平民化”，却大幅度削减了低端劳动力（以农民工为主体）的供给，增加了中端劳动力（即大学生）的供给，从而加速了大学生就业难和“民工荒”。

第二，专科教育落后。受我国传统观念以及民办“专科”和公办“本科”体制的影响，无论是企业还是学生自身，都对“专科生”有一定偏见。其结果是，专科学校也不教专业技能，而成了“专升本”的跳板。于是，企业更不愿意招聘专科生了，从而造成恶性循环，最终使整个社会“专科生”数量偏少而“本科生”数量偏多。而从劳动力需求来看，当前大量的劳动密集型产业除了对农民工有需求以外，还对大量拥有熟练技术的专科生有需求。如果我国劳动力市场上有大量具有专业技能的专科生，那么农民工短缺可以由专科生来填补，而大学生过剩可以由专科生来分流。也就是说，在体力劳动者农民工和纯知识型大学生之间，我们很需要具有

一定专业技能和一定知识的专科生，这种多元化的人力资本结构，有利于解决当前劳动力市场的结构性矛盾。

第三，户籍制度限制。我国的户籍制度使得劳动力在地区之间流动成本很高。一方面，农民工去城市打工，各种福利、医疗、保险都得不到保障，这无疑降低了农民工进城打工的积极性。因此，在经济发展接近“刘易斯拐点”的时候，农民工短缺问题便会由于户籍制度而变得更加突出。另一方面，大学毕业生由于户口问题，通常不愿意离开大城市。因为大城市的各种福利、医疗、保险都跟户口有关。如果离开了大城市去小城市就业，则以后回到大城市基本不可能。这无疑加大了大学生初次就业选择的难度，出现大学生在大城市扎堆就业的现象，加剧了大学生就业难的结构性矛盾。

四、产业结构调整是解决劳动力市场结构性矛盾的根本

从以上两节可以看到，产业结构和其他一些因素，如高等教育扩招、户籍制度限制等，都会对我国劳动力市场的结构性矛盾产生影响。然而，需要强调的是，产业结构是造成大学生就业难和“民工荒”的根本原因。如果没有产业结构所起的作用，即使是高等教育扩招，也只会使劳动力市场在短期内出现大学生就业难，但不会出现大学生日趋过剩和农民工日趋短缺的现象。如果没有产业结构所起的作用，即使是户籍制度阻碍了劳动力的自由流动，也不会出现大学生日趋过剩和农民工日趋短缺的现象。相反，如果产业结构以劳动密集型产业为主，即使高等教育没有按照现在的速度扩张，大学毕业生就业也不会很容易，农民工短缺也迟早会出现；如果产业结构以劳动密集型产业为主，即使户籍制度是松动的，总量上的大学生就业难和“民工荒”也会最终出现。因此，产业结构是根本

原因。解决大学生就业难和“民工荒”的根本出路则在于产业结构调整。

然而，我国现阶段的产业结构特征，本质上是我国劳动力资源禀赋、经济发展和市场作用的结果。从这个意义上来看，我国劳动力市场对大学生的需求相对较低和对农民工的需求相对较高，是一种必然的结果。而且，随着我国大学生人数的增多和农民工出现短缺，我国劳动力资源禀赋也会发生变化，产业结构到时总会自然调整。因此，从自由主义的观点来看，我们不应该对这种市场化的结果进行干预。然而，从另外的角度来看，一方面，当前我国大学生无法就业和农民工短缺，无疑是对社会资源的巨大浪费；另一方面，产业结构调整相对于资源禀赋的变化可能会比较滞后和缓慢，而且从国家赶超战略来看，产业结构调整和升级都需要政府干预。因此，以政府适度干预的方式来实现产业结构的调整和升级，能够在相对较短的时间内解决我国劳动力市场的结构性矛盾。

可见，要从根本上解决大学生就业难和“民工荒”的问题，必须从政策上鼓励调整产业结构，促进产业结构升级。我国的产业结构必须迅速调整，从低端劳动力密集型的产业结构调整到中端劳动力密集型的产业结构，实现产业结构升级，同时也摆脱中端劳动力过剩、低端劳动力短缺的局面。“民工荒”与大学生“就业难”可以说是一枚硬币的两面，都是劳动力供给与劳动力需求不相匹配的象征。我国现阶段产业结构亟待升级调整，应该更好地利用我国教育的成果——高文化素质的大学生劳动力，而不是仍然依靠劳动力无限供给条件下来自农村的廉价劳动力创造企业的利润。对比欧美等发达国家，我国的产业现状面临着包括质量、能耗在内的许多效率方面的问题。资源消耗大、技术含量低、附加值低的现象已经困扰了我国几十年，现在，我们有了高文化素质的劳动力，就具备了进行产业结构升级的必要条件，从而有可能摆脱资源消耗大、技术含量低、附加值低的困局。因此，部分产业应该尽快重组升级，提高效率，更好地运用人力资本的积累所带来的收益，减小资源配置

上的无效率，为我国的经济增长贡献新的力量。

当然，缓解大学生就业难和“民工荒”的问题，还需要有一些辅助性的措施。第一，高等教育扩招与产业结构调整协调发展。如果高等教育扩招的速度远远大于产业结构调整的速度，只会导致大学生就业压力变得越来越大，而农村劳动力的供给越来越少。因此，高等教育扩招应该与产业结构协调推进。第二，促进专科教育的发展。对于这个问题，笔者认为可以通过开放教育市场，民间可以办“本科”，国家大量办“专科”，从而淡化“专科”的民办色彩，使专科教育步入正轨，吸引更多的青年学生真正通过专科教育学到相应的专业技能。第三，改革户籍制度，促进劳动力在地区间的流动。对于大学生来说，如果户籍制度取消或者松动，他们在初次选择工作时才不会一味追求在大城市和经济发达地区发展，因为他们以后回到大城市和经济发达地区工作的难度会小很多，从而初次就业更多地会考虑农村和西部地区。这样，大城市和经济发达地区的大学生就业压力便会小很多。对于农民工来说，户籍制度的松动将使农民工能够更多地享有城市的各种福利、医疗、保险等保障，增加农民工到城市工作的意愿，使“民工荒”问题得到一定缓解。总的来说，户籍制度改革将有利于增强人力资源在区域间的合理配置，提高整个社会的效率。

五、结论

本章将大学生就业难和“民工荒”问题放在我国经济所处发展阶段这个大环境下来研究，指出了大学生就业难和“民工荒”之间的内在联系，并对其进行了统一的解释。具体来说，本章首先从我国经济所处的发展阶段出发，对我国产业结构特征及其形成的原因进行了分析。然后，分析了产业结构和其他一些因素对我国劳动力市场供求结构的影响，并指出了大学生就业难和“民工荒”现象之间的内在联系。最后，提出了相应的政策建议。主要结论是：（1）我国经济发展阶段已经达到或通过了“刘易斯拐点”；（2）我国当前经济发展阶段的产业结构仍然以劳动密集型产业为主；（3）以劳动密集型产业为主的产业结构，使得劳动力市场的需求结构发生分化：对大学毕业生的需求相对较低，对农村劳动力的需求相对较高；（4）大学生就业难和“民工荒”是我国产业结构特征在不同劳动力市场的反映，是同一枚硬币的两面；（5）解决我国劳动力市场结构性矛盾的根本出路是产业结构调整；（6）其他因素，如高等教育扩招、专科教育落后、户籍制度限制等，也对我国劳动力市场的结构性矛盾产生影响。因此，我们可以采取相应的改进措施来缓解我国劳动力市场的结构性矛盾。

参考文献

[1] 丁元竹. 正确认识当前“大学生就业难”问题. 宏观经济研究，2003 (3)

[2] 王远博. 大学生失业的经济学原因探讨. 经济问题探索，2005 (2)

[3] 余桔云. 大学生就业难的成因及对策. 金融与经济，2006 (4)

[4] 吴克明，孙百才. 大学生就业期望偏高的经济学分析. 教育与经济，2005 (4)

[5] 李月. 我国“民工荒”问题的成因及对策. 经济纵横，2007 (11)

[6] 胡伟清，张宗益. 农民工劳动供给行为的理论分析——“民工荒”的微观经济视角. 理论与改革，2007 (4)

[7] 曾湘泉，刘彩凤. 我国劳动力供需形势分析及展望——对我国“民工荒”与就业难并存的思考. 中国劳动，2006 (1)

[8] 蔡昉. 中国就业增长与结构变化. 社会科学管理与评论，2007 (2)

[9] 张晓波，杨进，王生林. 中国经济到了刘易斯转折点了吗？——来自贫困地区的证据. 浙江大学学报（人文社会科学版），2009（9）

[10] 苏剑. 我国农村还有多少富余劳动力?. 广东商学院学报，2009（5）

[11] 宋世方. 刘易斯转折点：理论与检验. 经济学家，2009（2）

第十五章

我国农村还有多少富余劳动力?[①]

导读: 本章发表于2009年，当时学术界许多人认为中国农村还存在大量富余劳动力，因此对劳动力和就业形势的判断比较悲观。但当时已经连续几年出现了“民工荒”现象。因此，就需要对我国农村富余劳动力的规模有一个正确的估计。但当时中国的统计数据却无法做到这一点。在经济现实需要但又缺乏直接数据的情况下，笔者提出了两种间接的方法——工资法、增长法来对这一形势做出大致的判断，得出我国农村的富余劳动力已基本上转移完毕这一结论。这与我国其他学者通过抽样调查做出的判断一致，也与大量旁证一致。

① 发表于《广东商学院学报》，2009（5）。

一、前言

我国农村目前的就业形势，现在很不明了。多年以来，我国一直被认为是一个劳动密集型国家，城乡二元结构导致我国有大量的农村富余劳动力，这作为充分的劳动力资源储备是我们的优势，但同时也对我国构成了巨大的就业压力。至于我国到底有多少农村富余劳动力需要转移，这个问题目前几乎没人说得清楚。一方面，在许多人的心目中，我国农村还有大量的富余劳动力。比如蔡昉（2007）指出，目前普遍的说法是农村大约有1/3的劳动力剩余，绝对数有1亿～1.5亿；而另一方面，种种迹象表明，我国农村似乎又已经没有富余劳动力了。比如“民工荒”曾经在南方出现过，而且有大量的报道指出过农村劳动力大量流失、农业劳动力严重不足的现象。具体的例子包括：水利部水土保持司副司长张学俭早在2005年就指出，“在重庆重点工程调研时，我发现，即便不取消两工，在农村依然存在壮劳力流失，在地里务农的都是‘3861’部队（即妇女和儿童），甚至70多岁的老人”（张学俭，2005）；徐州市政府的官方文件也指出，“多数青壮年劳力外出务工，留村务农多为‘3861’人员”（徐州市农业资源开发局，2006）。说法差距如此之大，形成鲜明对比。

对我国目前农村就业形势的判断有着极强的现实意义。实际上，面临分歧如此之大的观点，我们也必须就此做出一个正确、明晰的判断。首先，这涉及我国目前的这种劳动力密集型的产业结构是否可持续的问题以及是否需要调整的问题。我国目前的产业结构（尤其是东南沿海的产业结构）是以低端劳动力密集型产业为主的，如果农村富余劳动力已经转移完毕，那么就意味着这种产业结构已经不可持续，我国的产业结构就到了必须调整的时候；而如果我国

农村还有大量的富余劳动力，那么目前的产业结构就还可以持续，也需要再持续一段时间，直到农村富余劳动力被转移完毕为止。其次，这也涉及我国的农业生产方式的转换和农村的体制改革问题。如果农村富余劳动力已经转移完毕，那么就意味着目前的家庭联产承包责任制的潜力已被挖掘殆尽，甚至可能已经妨碍了农业生产力的发展，因而我国的农地制度、生产组织方式等都得做出相应调整；而如果我国农村还有大量的富余劳动力，那么目前的农业生产方式和农村的各种制度安排就还有一定的生命力，就还可以持续下去。

那么，如何判断我国目前农村的就业形势呢？一个最直接、最准确、最权威的办法自然是国家统计部门的统计。这个工作国家统计局的确每年都在做，也的确经常发布相关数据，但有若干因素使得我们无法据此判断我国的就业形势。首先，农村到底有多少劳动力？城镇劳动者一退休，就不归入劳动力之中，因此算不算劳动力的一员比较清楚。但农民不一样，农民没有退休这一说，因此无法跟城镇劳动力一样根据年龄确定谁属于劳动力、谁不属于劳动力。实际上，农民只要还能劳动，不管年龄多大，一般都是要参加生产的。所以，农村劳动力不好界定，也就不好确定农村劳动力的总数。其次，农业本身需要多少劳动力也不好确定。所谓富余劳动力，自然是指超出农业生产需要的农村劳动力。我国的农业生产本身需要多少劳动力？这个问题取决于农业科技水平、农业机械化水平、自然条件等许多因素，而且是经常改变的，因此也不好确定。劳动力的流动使得统计误差较大，尤其是进城务工的农民工的数量很难统计。最后，在超出农业生产需求的劳动力中，有多少已经转移出去了？这个问题也很难弄清楚。农村的富余劳动力等于农村劳动力总数减去农业部门的劳动力需求，再减去已经转移出去的劳动力数量，而这三项没有一项容易统计清楚。反映在统计数据上，自然误差就比较大。因此，用这一办法很难对我国的就业形势做出直接、准确的判断。

直接的办法不行，可以考虑间接的办法。本章采取的间接办法有两种：一种是依据基本的经济学原理，并根据劳动力市场上供求数量以外的指标来判断；一种是根据经济增长对劳动力需求的拉动作用来大致做一估计。第一种方法主要考虑农民工真实工资水平的变动，因此我们称之为“工资法”；第二种方法的主要依据是经济增长的影响，因此我们称之为“增长法”。这两种方法都是基于一定的经济学原理，而且得出了一致的结论，那就是，我国农村的富余劳动力已基本转移完毕。

当然，间接的办法无法对劳动力过剩或短缺的程度做出定量判断，只能做出定性的判断。实际上，对我国目前的就业形势，只要能够做到定性的判断，就已经很不容易了。至少可以对我国就业政策和其他宏观经济政策的走向给予一定的指导。

二、工资法

根据一般的经济学原理可知，一种商品的供给、需求的任何变化最终都会反映到价格上，因此，价格是反映供求态势的良好指标。虽然价格变化不会告诉我们需求或供给变化的具体数量，但却会给我们一个关于供求变化的定性判断。我们现在需要的恰恰是关于我国农民工市场供求态势的定性判断，因此，农民工工资水平的变化能够反映我国农村富余劳动力的多少。如果我国农村有大量的富余劳动力，那么农民工之间的竞争就会使工资维持在一定水平上，因而工资不会有大的变化，或者工资上涨率很低，最多维持在与物价相当的水平上；而如果富余劳动力较少或者没有，那么随着经济的增长，农民工的工资就会上涨。因此，随着经济的增长，农民工工资水平的变化大致可以分为三个阶段。在第一个阶段，经济中存在大量的富余劳动力，这时随着经济的增长，劳动力需求越来越多，富余劳动力越来越少，但工资水平不上涨。在第二个阶段，

农村富余劳动力已被吸收得差不多了，此时农民工已经不再是无限供给，因此，随着经济的增长和劳动力需求的增加，农民工的工资就上涨。这个时候，可以说农村富余劳动力已经吸收完毕，因为在现有的工资水平下所有想工作的农村富余劳动力都可以找到工作，如果他没有工作，那就是因为他嫌现有工资水平太低，否则的话，只要他稍微降低一点工资要求（注意，这与第一个阶段存在大量富余劳动力时的工资相比已经上涨了），就可以找到工作。但在这一阶段，农民工的工资水平还低于同等资质的城镇劳动力的工资水平，因此，随着农民工工资水平的上涨，还会有农村劳动力愿意转移，但这些劳动力已经不是严格意义上的富余劳动力。在第三个阶段，农民工的工资水平达到同等资质的城镇劳动力的工资水平，此时城乡差别完全消除，富余劳动力被彻底消化完毕。

图 15—1 是对上述分析的图形说明。图中，L_D 和 L_S 分别表示劳动力需求和劳动力供给。该图反映的是一个发展中国家劳动力市场几十年的演变过程。我们假定在这几十年中该国劳动力的供给曲线不变。这个假定显然比较武断，实际上，在几十年的时间里，许多因素都会影响一个国家的劳动力供给，比如说人口的更替和增长、全球化导致的劳动力流动、劳动力参与率的变换等等。本章忽略这些因素的影响，仅仅是为了简化问题，但笔者认为这种忽略不影响本章的基本结论。在图 15—1 中，开始时的劳动力需求曲线为 $L_D{}^1$，随着经济规模的扩大，劳动力需求逐步增加。

图 15—1 中描述的劳动力供给曲线有如下特点：在开始时，农村富余劳动力很多，此时在富余劳动力之间存在激烈的竞争，工资的稍微变化都会导致劳动力供给数量的无穷大增加，因此，此时劳动力供给弹性是无穷大的，反映在图形上，即为水平的劳动力供给曲线。此时，就业量完全由劳动力需求决定，因此，随着经济的增长，就业量也会增加。当劳动力需求达到 $L_D{}^3$ 时，就业量达到 L_3。此时，在原有的工资水平 W/P 下想要就业的农村劳动力都已经找到工作，如果劳动力需求进一步增加，企业就得提高工资才能把农

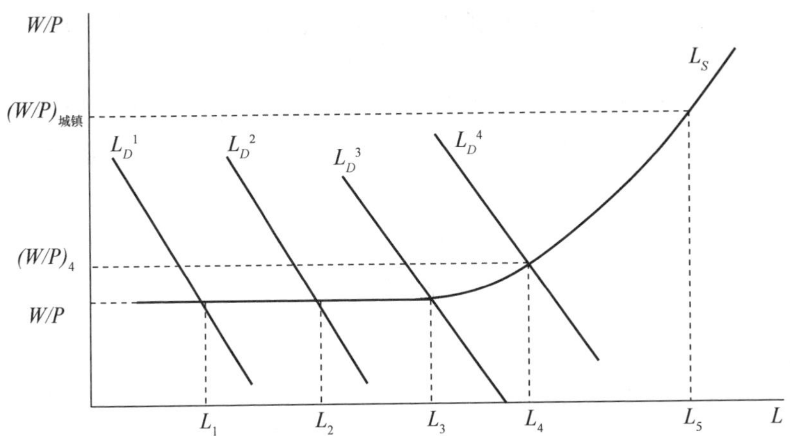

图 15—1　经济发展过程中劳动力市场的演进

民从农业中吸引过来，因此农民工的真实工资就会上涨。劳动力市场就达到了上述分析中所说的第二个阶段。此时，可以说已经不存在富余劳动力了，因为劳动力需求曲线已与劳动力供给曲线相交，在二者共同决定的工资水平下，已经不存在想工作但找不到工作的富余劳动力了。但此时农民工的工资水平依然显著低于同等素质的城镇劳动力的工资水平。随着工资水平的提高，将会有更多的农村劳动力愿意转移出来，直到两类劳动力的工资水平完全相同，此时的就业量为 L_5。因此，我们可以把农村富余劳动力分为两类。第一类富余劳动力是就业量小于 L_3 时的富余劳动力，指的是真实工资不变情况下的富余劳动力。此时农村劳动力市场处于非出清状态，具体表现为随着经济增长，就业增加，但工资不变。第二类是就业量介于 L_3 和 L_5 之间时实际就业量与 L_5 之间的差额，指的是达到城镇同等就业人员工资时的劳动力供给量与实际供给量之差。此时农村劳动力市场处于出清状态，理论上说已无富余劳动力，具体表现为随着经济的增长，就业增加，工资上升。显然，严格地说，第二类富余劳动力已经不是“富余”劳动力。

这种根据工资变化判断劳动力转移情况的方法是有其坚实的经济学基础的。首先，根据一般经济学原理，一种商品的价格及其走势决定于也反映了这种商品的供求态势。一种无限供给的商品不管多么重要，都不会有市场价值，比如空气，世间万物离了空气都无法存在，但没有谁会为使用空气付出成本，因为供给无限，当然也不会支付越来越高的价格。农民工市场也一样。当富余劳动力很多的时候，企业不必付出高工资就可以雇到足够的农民工，农民工的工资当然就不会涨。如果农民工的真实工资持续上涨，而且涨幅大大高于城镇工人的工资，我们就可以确认，农村已经没有富余劳动力了。

其次，发展经济学也告诉我们，大多数发展中国家都要经历一个二元经济发展的过程，其突出特征是农村劳动力的剩余为工业化提供充足但廉价的劳动力供给，在经济发展的初期工资增长较慢，雇佣关系不利于劳动者，城乡收入差距持续地得以保持。这个过程将一直持续到劳动力从无限供给变为有限供给，最后富余劳动力被完全消化，经济进入现代增长阶段。由于二元经济发展的理论框架是由经济学家刘易斯（Lewis，1954）提出的，因此，这个劳动力从无限供给到短缺的转变，也被称为“刘易斯拐点”。

根据我国目前出现的情况可以认为，中国经济已经进入“刘易斯转折区间”。2004 年开始出现的以“民工荒”为表现形式的劳动力短缺现象，已经从沿海地区蔓延到中部地区甚至劳动力输出省份。蔡昉（2007）指出：作为劳动力短缺的一个必然后果，20 世纪 90 年代末以来，城市正规劳动力市场每年都经历着两位数的工资上涨，不仅发生在垄断行业，也发生在那些主要吸收普通劳动者就业的制造业等行业（见表 15—1）。作为相对滞后的反应，农民工的工资水平也相应提高。例如，在 1997—2005 年期间，城镇职工实际工资增长了 161.7%，而在城市就业的农村流动劳动力的工资提高速度甚至更快。根据对五个大城市的调查，2001—2005 年期间，外来劳动力小时工资的提高速度，比城市本地劳动者小时工资的提高速度高 64%（蔡昉，2007）。

表 15—1　　　若干行业平均工资的年实际增长率（%）

	采掘业	制造业	建筑业	交储邮	批零餐饮	社会服务
1995	5.34	3.33	1.2	4.54	2.82	1.9
1996	3.49	0.32	－0.72	4.11	0.85	4.14
1997	2.24	1.99	3.29	5.99	0.82	8.08
1998	6.63	19.78	12.71	14.74	21.79	10.99
1999	5.21	11.78	8.46	13.53	10.85	12.62
2000	10.01	11.37	8.56	11.19	11.15	10.73
2001	14.15	10.93	7.83	14.21	13.15	14.01
2002	16.09	13.69	9.48	14.39	15.88	14.88
2003	23.08	12.57	10.66	－1.34	n. a.	n. a.
2004	19.39	8.72	7.71	11.4	n. a.	n. a.
2005	20.32	10.52	10.52	14.34	n. a.	n. a.

资料来源：国家统计局：历年《中国劳动统计年鉴》；国家统计局、劳动和社会保障部：历年《中国统计年鉴》。

根据表 15—1 中的数据进行计算，采掘业、制造业、建筑业以及交储邮业 2005 年的平均工资分别是 1999 年平均工资的 2.34、1.71、1.56 和 1.62 倍，可以说增长速度十分迅猛，而这一时间段内我国的通货膨胀率并不高，因此农民工真实工资也有大幅度的提高。根据工资上涨情况，我们可以认为，农民工市场已经处于第二个阶段，农村富余劳动力已基本转移完毕。

三、增长法

第二个间接的办法就是根据我国经济增长的状况对目前的总体

就业形势做一大致判断。我们知道，随着经济规模的扩大，劳动力需求也会上升。因此，只要能估计出经济增长对劳动力需求的拉动作用，就可以估计出我国劳动力需求的增长情况，再根据对某一年份劳动力需求的估计，就可以算出所有年份的劳动力需求了。这种方法的经济学依据是经济增长核算方法。按照这种方法，一个经济的增长是由技术进步、资本增长、劳动力增长以及其他要素的增长实现的，每种要素对经济增长的贡献取决于产出对该要素的弹性，具体公式如下：

$$\frac{\Delta Y}{Y}=\frac{\Delta A}{A}+\alpha_K\frac{\Delta K}{K}+\alpha_L\frac{\Delta L}{L}+(1-\alpha_K-\alpha_L)\frac{\Delta R}{R} \quad (15.1)$$

式中，$\frac{\Delta Y}{Y}$ 表示总产出的增长率，$\frac{\Delta A}{A}$ 表示全要素生产率的增长率，$\frac{\Delta K}{K}$ 表示资本的增长率，$\frac{\Delta L}{L}$ 表示劳动投入的增长率，$\frac{\Delta R}{R}$ 表示土地投入（包括地皮、能源、水和其他自然资源，下同）的增长率，α_K 表示资本收入占总收入的份额，α_L 表示劳动收入占总收入的份额。显然，公式（15.1）是根据包括三种投入品的、规模报酬不变的生产函数推导出来的。

根据上述公式，如果我们知道劳动力增长对经济增长的贡献率 $\alpha_L\frac{\Delta L}{L}/\frac{\Delta Y}{Y}$、经济增长率，以及产出的劳动弹性 α_L，就可以估计出劳动力需求的增长率 $\frac{\Delta L}{L}$ 了。其中，经济增长率的数据我们已经有了。

劳动力增长对经济增长的贡献率这个数据不好得到。Chow and Lin（2002）、王小鲁（2000）、Wang and Yao（2003）、Gapinski（2001）估计了劳动力增长对中国经济增长的贡献率，如表 15—2 所示。但他们的估计结果不好用。首先，他们估计的结果相差甚远，劳动力增长对经济增长的贡献率最低为 5.7%，最高为

44.05%，因此难以取舍。其次，即使这些数据是准确的，也不能用。原因是，这些结果就是他们根据经济增长核算方法估计出来的，如果用这些数据采取同样的方法反过来再估算劳动力投入的增长率，就是同义反复。那么，既然这几篇文章用到了经济增长核算方法，那么就一定有劳动力增长的数据，为什么不直接用他们的数据呢？原因是笔者认为他们的劳动力数据误差可能比较大，因为笔者到目前为止还没有找到好的关于劳动力投入量的数据。

表 15—2　　我国的经济增长方式

时期	经济增长率（%）	TFP 增长率（%）	劳动份额	资本份额	人力资本份额	TFP 贡献率（%）	劳动贡献率（%）	资本贡献率（%）	人力资本贡献率（%）	资料来源
1978—1998	9.3	2.60	0.53	6.17	—	27.96	5.70	66.34	—	Chow and Lin (2002)
1979—1999	8.3	1.46	0.81	5.10	0.93	17.59	9.76	61.45	11.2	王小鲁 (2000)
1978—1999	9.46	2.40	1.50	4.51	1.04	25.4	15.9	47.7	11.0	Wang and Yao (2003)
1971—1998	7.9	1.87	3.48	2.55	—	23.67	44.05	32.28	—	Gapinski (2001)

资料来源：林毅夫、苏剑：《论我国经济增长方式的转换》，载《管理世界》，2007（11）。

由于没有关于我国劳动力投入量增长的可靠数据，我们不得不采取一些变通办法。在这里，我们简单地假定中国劳动力增长对经济增长的贡献率为 20%，其余 80%由技术进步、体制创新、资本积累等因素实现。显然，对于我国这样一个劳动力密集型国家来说，这一假定很保守，在我国的经济增长中劳动力的贡献很可能要大得多。[①] 下面，我们就根据这一假定推算一下中国劳动力需求的变动情况。

最近 30 年来，我国经济的年均增长率接近 10%。假定中国劳动力增长对经济增长的贡献率为 20%，那就意味着其中 2 个百分点是由劳动力使用量的增长实现的。再假定产出的劳动力弹性是 0.5[②]，意思是说，劳动力使用量每增加 1 个百分点，可以使 GDP 增长 0.5 个百分点。那么，反过来说，要想通过劳动力使用量的增加实现 2 个百分点的经济增长，劳动力使用量就得增长 4 个百分点。而如果劳动力使用量每年增长 4%，意味着 17.5 年就业量就会翻一番，30 年增长率就是 224%，就是说，30 年后，劳动力使用量就是 30 年前的 3.24 倍。1978 年我国人口总数是 9.6 亿，经济活动人口为 4.07 亿，总就业量为 4.02 亿。如果这个就业量中没有富余劳动力，那么现在我国的劳动力需求就应该是 13 亿，跟我国目前的人口总数差不多。当然，1978 年不管是农业还是工商业企业以及政府部门都有大量的富余人员。假定 1978 年 40% 的劳动力是富余人员，60%是生产需要的（这个比例是猜测的），也就是说，假定 1978 年我国经济的自然劳动力需求量是 2.4 亿（对于一个要养活 9.6 亿人口的经济而言，这么多就业大概离最低要求不会太远），那么如果劳动力需求量每年增长 4%，到 2007 年我国的劳动力需求量就应该是 7.8 亿，接近我国 2007 年

---

① 1980—1996 年美国劳动力增长对经济增长的平均贡献率为 40.6%（曼昆，2000，根据第 118 页表 5—3 计算）。理论上说，中国是劳动力密集型国家，劳动力比较便宜，所以，企业在扩大生产规模的时候，应该更倾向于使用劳动力，所以中国劳动力增长对经济增长的贡献率应该大于美国。但林毅夫、苏剑（2007）认为，中国的宏观经济环境也就是要素价格体系导致企业更愿意采用资本，所以我们无法把美国劳动力增长对经济增长的贡献率作为中国劳动力增长对经济增长的贡献率的底线。

② Jefferson and Su（2006）应用我国大中型工业企业的数据估计我国这些企业产出的劳动力弹性为 0.42，本章采取保守估计且为了便于计算，采用 0.5。

的经济活动人口，因而农村富余劳动力很可能已经被吸收完毕。当然，这些都是假想的，实际情况如何，我们不得而知。不管怎样，在最近30年中，我国经济总量增加到期初的15倍以上，随着经济总量这么大幅度的增加，劳动力需求增加2倍多一点，应当不算过分。

四、总结

以上两种间接的办法都有助于我们理解我国目前的就业形势。其中，第一种办法有经济学理论背景支撑，因此最科学，也最可信。第二种办法中采取了若干个假定，所以估计的结果比较粗糙，可靠性也较低，只能作为第一种办法的结果的旁证。实际上，关于我国农村富余劳动力已经转移完毕的旁证很多，前面列举的水利部水土保持司副司长张学俭（2005）的调查结论和徐州市农业资源开发局（2006）的官方文件就是明显的例子，其实这种情况在全国各地的报道中都存在，而蔡昉（2007）通过实地调查也得出了同样的结论。就笔者而言，由于笔者的老家就在农村，所以对本村的情况比较熟悉，实际情况是我村的富余劳动力的确转移完了。因此，种种迹象表明，农村青壮年劳动力已经转移完毕，留在农村务农的是那些在外务工竞争力不强或不适合外出务工的人。不管怎样，最近几年农民工工资大幅度上涨、“民工荒”、我国最近几十年经济持续高速增长都是不可否认的事实。实际上，在经济长达30年的高速增长之后，如果说农村富余劳动力还没有被转移完，倒真的是咄咄怪事。

虽然经过了30年的高速增长，我国的经济形势已经发生了翻天覆地的变化，但我国许多人对中国经济形势的判断依然停留在30年之前。30年之前我国农村存在大量的富余劳动力，这一点谁

都承认。实际上，那时不仅农村有大量的富余劳动力，城镇也一样，那时大量的城镇青年没有工作，国有企业的职工中也存在大量的冗员，每人每天的工作负荷相当轻。现在呢？虽说城镇就业形势很严峻，但已就业的人不管是国有企事业单位还是非国有企业，哪个不是满负荷工作？这些都说明，我国的就业形势在 30 年的高速增长之后已经发生了根本变化，绝非 30 年以前劳动力大量过剩的情况了。随着经济的发展，我们对经济形势的判断也必须与时俱进，时刻把握好我国的经济形势，以便做出正确的应对措施。

有人可能会质问，目前出现了民工返乡潮，怎么还认为农村已经没有富余劳动力了？目前出现民工返乡潮，这点没错，但这是金融危机引起的，属于周期性现象，我们现在讨论的是长期问题。以前的富余劳动力之所以“富余”，主要原因是资本稀缺，生产能力有限，从而无法吸纳所有劳动力，那时经济的特征是劳动力失业，而资本短缺；而现在的民工返乡潮同时意味着资本的失业和企业开工率不足，也就是说，资本并不稀缺，生产能力也足以适应这样的劳动力规模，现在经济的特点是劳动力和资本都失业。实际上，这些人属于已经转移出去的劳动力，他们本质上与城镇劳动力已没有什么区别，他们的失业与城镇劳动力的失业性质也基本上一样。因此，至少可以说，他们已经不是“农村的”富余劳动力。可以预言，一旦本次金融危机结束，我国立即就会面临劳动力短缺的局面，几年前出现于我国各地的“民工荒”将再度出现。

对我国农村富余劳动力数量的判断很难。本章采取间接的办法来推断我国农村富余劳动力的数量，实际上是在数据不足的情况下无可奈何的办法。对我国劳动力市场的形势最准确、最直接的判断需要在劳动统计方面进行大规模的投入和改革，这绝不是某个个人或机构能够做得了的事情。我们期待着各种详细、准确、全面的数据出现。

参考文献

[1] Gregory Chow and Lin, An-loh. "Accounting for Economic Growth in Taiwan and Mainland China: A Comparative Analysis", *Journal of Comparative Economics*, 2002, 30 (3)

[2] James H. Gapinski. "The Panda that Grew", *China Economic Review*, 2001, 12 (4)

[3] Gary H. Jefferson and Jian Su. "Privatization and restructuring in China: Evidence from shareholding ownership, 1995—2001", *Journal of Comparative Economics*, 2006 , 34 (1)

[4] W. Arthur Lewis. "Economic Development with Unlimited Supply of Labor", *Manchester School of Economic and Social Studies*, 1954, 22 (2)

[5] Wang Yan and Yao Yudong. "Sources of China's economic growth 1952—1999: incorporating human capital accumulation", *China Economic Review*, 2003, 14 (44)

[6] 蔡昉. 中国就业增长与结构变化. 社会科学管理与评论，2007 (2)

[7] 林毅夫，苏剑. 论我国经济增长方式的转换. 管理世界，2007 (11)

[8] 刘玉红，高铁梅，陶艺. 中国转轨时期宏观经济政策传导机制及政策效应的模拟分析. 数量经济技术经济研究，2006，23 (3)

[9] N·格里高利·曼昆. 宏观经济学（第四版）北京：中国人民大学出版社，2000

[10] 徐州市农业资源开发局. 2006，徐州市农业资源开发局 2006 年度工作总结和 2007 年度工作意见.（产生日期：2006 年 12 月 28 日；公开日期：2009 年 9 月 6 日；索引号：CJO44-D0300-2006-001)[2009-06-07]. http://xxgk.xz.gov.cn/xzxxgk/nrglIndex.action? catalogID=ba5a42a 118adb90c011-8adc91a5e0506&type=

2&messageID=ba5a42a11a22ded7011a2920-94840220

［11］王小鲁．中国经济的可持续性与制度变革．经济研究，2000（7）

［12］张车伟，吴要武．城镇劳动供求形势与趋势分析．中国人口科学，2005（5）

［13］张学俭．在2005年国家水土保持重点建设工程工作会议上的总结讲话．（2005-12-05）［2009-06-07］．http://www.swcc.org.cn/zhuanti_view_content.asp?id=13483.

第十六章

从就业角度看中国经济目标增长率的确定①

导读：保就业是宏观调控的主要目标之一。在缺乏有效的劳动就业数据的情况下，无法直接针对就业设立目标和进行调控，因此保增长就成为保就业的手段。那么，如何在缺乏劳动就业数据的情况下确定一个能够保就业的经济增长目标呢？本章提供了一个分析方法，认为我国只要实现6.5%的经济增长目标就可以保证就业。最近几年的经济形势证明了这一点。

一、引言

中国经济目标增长率的选择已经成为经济政策

① 发表于《中国银行业》，2014（9），与刘伟合写。感谢张辉、李明曦的助研工作。

讨论的核心问题之一。一方面，中国经济必须有比较高的增长率，因为经济增长既关系到中国人民生活水平的提高，也关系到中华民族的振兴和中国梦的实现；另一方面，中国的经济增长又要切合实际，过高的经济增长目标可能对中国经济构成通货膨胀压力。

经济增长目标的确定需要同时考虑就业、通货膨胀两个方面的因素。通货膨胀影响到人们的生活费用，所以如果考虑通货膨胀来确定增长率，确定的是经济增长率的上限；而保就业考虑的是经济增长率的下限。进一步说，无论是考虑实际增长率与失业率（奥肯定律（Okun's Law）），还是考虑通货膨胀与失业率（菲利普斯曲线（Phillips Curve）），分析的基础首先都是基于对失业率的判断。就宏观调控而言，最重要的是确定经济增长率的下限。因此，我国在确定目标经济增长率的时候主要的考虑因素就是就业。所以，要确定中国经济的目标增长率，就得从中国的就业形势说起。

就业的增长能否通过经济的增长来取得，取决于二者之间是否有一致性。关于经济增长与就业增长之间的关系，国内外研究成果颇多。其中，国外学者重在研究二者之间的一般关系，而国内研究大多以就业弹性为着眼点，计算我国的真实就业弹性，并对我国就业弹性低于理论预期值提出种种解释。

西方经济学界普遍认为就业的增长与经济的增长有一致性，其发轫可以追溯到古典学派将国民财富的增长同劳动力数量和质量的提高紧密相连。新古典学派则提出了“自动均衡”的充分就业理论，更通过建立生产函数模型来进一步描述经济增长与就业增长之间的关系。利用索洛模型进行比较静态分析，可知就业增长率与经济增长率有同方向变动的趋势；同时，技术进步率、资本投入增长率以及劳动与资本产出弹性均与就业增长率负相关。1962 年，美国经济学家阿瑟·奥肯（Arthur Okun）根据美国的统计资料提出了著名的“奥肯定律”：失业率每增加 1%，实际 GNP 就会减少

2.5%左右；反之，要使失业率降低1%，GNP需要增长2.5%左右。奥肯定律讨论的是在一定实际失业率与自然失业率的结构关系下，实际失业率与实际经济增长率之间的关系及其变化，但奥肯定律在实际经济中往往失效。Jim Malley（2008）对G7国家的数据进行分析，发现工会、效率工资、失业保险等特殊制度安排会使奥肯定律失效，因为这种特殊制度安排使劳动供给曲线反转，劳动的边际产品可能变为负数，除德国的失业率处在奥肯定律范围内，其他国家都处于奥肯定律范围之外。中国也有学者指出，由于城市存在隐性失业并不断进入实体经济（夏静，2005），也由于农业隐性失业人口进入实体经济（蔡昉等，2004）等多种原因，奥肯定律在中国是失效的。菲利普斯曲线则讨论了在一定实际增长率与潜在增长率的结构关系下，通货膨胀率与失业率之间的关系及其变化，但正如弗里德曼（Friedman，1968）和费尔普斯（Phelps，1968）发现的，两者间的替代关系只在短期存在，长期将回到自然失业率，即不加速通胀的失业率，重要的在于估算自然失业率，并以此确定失业率警戒线。虽然各国都有估算，比如，根据美国国会预算办公室（U. S. Congress：Congressional Budget Office）2013年2月5日公布的数据，美国自然失业率（natural rate of unemployment）长期维持在5.5%左右，短期则在6%左右。也有人认为美国自然失业率2011年达到峰值6.7%后呈下降趋势（Justin Weidner and John C. Williams，2011）。还有人对欧洲国家的自然失业率进行了估算，认为在2002年后基本维持在8.5%左右，在2008年后则基本上处于9.5%左右的高值，2013年后仍有上升风险（Olivier Blanchard，2005；Luca Benati and Giovanni Vitale，2007），但总的来说很难准确估计。Staiger（1997）曾对难以估算自然失业率的原因做过概括，主要在于在模型参数有怎样的具体形式、自然失业率是否具有随机性、模型以怎样的形式设定等问题上都存在极大的不确定性。

我国学者对中国自然失业率也做过大量的估算研究，曾湘泉（2006）曾用卡尔曼（Kalman）滤波方法，估算了1992—2004年的自然失业率曲线，发现中国具有不断升高的自然失业率，在2002年达到峰值后，在4.18%～5.16%的范围内波动。石柱鲜（2008）利用HPMV滤波对我国自然失业率进行估算，并运用自然失业率对我国通货膨胀的特点进行分析，结果表明，自然失业率的波动性逐渐减弱，通货膨胀的适度区间为2.924 7%～5.736 9%，我国通货膨胀对负向实际失业率缺口的反应强于其对正向失业率缺口的反应，具有非对称性。尹碧波（2010）运用ADF检验和HR(1)模型估算我国潜在增长率为11.4%，自然失业率为2.8%。都阳（2011）采用卡尔曼滤波方法，在不变自然失业率和非线性置信区间估计的基础上，对中国时变自然失业率进行了测算，发现其峰值出现在2003年，约为5.42%，2009年回落到4.13%。显然，不同学者估算的结果差距显著。

中国学者较多从经济增长的就业弹性出发来考虑经济增长对就业的作用。所谓就业弹性，是指经济增长每变化一个百分点所对应的就业数量变化的百分比。弹性越高，说明经济增长对就业的拉动效应越大；若就业弹性为负值，则说明经济增长对就业有挤出效应（经济增长为正而就业减少）或吸入效应（经济增长为负而就业增加）。纵观改革开放后的中国经济，自从20世纪90年代以来，中国的就业弹性就显著低于发展中国家的平均水平且呈现出逐年下降的趋势。龚玉泉和袁志刚（2002）利用1978—2001年中国GDP增长与就业增长的数据，观察到在经济波动的上升期，城镇登记失业率并不下降，而是基本保持不变；在经济波动的回落期，随着GDP增长率的下降，失业率呈上升趋势。他们认为，总的来说，中国GDP增长所带来的就业吸纳能力在不断下降，经济增长在一定程度上是排挤就业的。李红松（2003）运用差分公式法（即根据弹性定义计算）和经济增长模型法分别测算了我国不同阶段的就业弹性值，并指出了差分公式法的局限性——弹

性定义中强调的引起经济增长的其他因素不变这一前提难以满足。测算结果表明，自改革开放以来，我国的就业弹性水平出现显著下滑，经济增长对就业的拉动作用减弱。蔡昉、都阳、高文书（2004）重估了中国的就业弹性——他们把全部城镇就业作为分析对象，从 GDP 总量中减去农业增加值，再减去乡镇企业中非农产业的增加值，通过适当的价格调整，就得到实际的城镇 GDP 年度增长率；用城镇就业年度增长率和城镇 GDP 年度增长率相比，就得到了城镇就业弹性指数。与城乡整体的就业弹性下降趋势不同，城镇就业弹性从 20 世纪 90 年代初以来总体上呈现上升趋势，并于 90 年代后期向早期的水平接近，2000 年达到 0.31，只是在 21 世纪初又有所降低，2002 年为 0.19。这个就业弹性相比按照城乡整体和分三次产业的方式所计算的结果，都显示出更大的经济增长就业弹性。然而 0.2 左右的就业弹性，与发展中国家平均 0.3～0.4 的水平相比仍然较低。陈桢（2008）根据 GDP 和就业人员统计数据，计算得到各年份的就业弹性并以 3 期进行移动平均，得到修匀趋势，证明就业弹性的移动平均序列趋于下降态势：“六五”时期，我国 GDP 增长率平均提高一个百分点，能够推动就业增长 0.35 个百分点左右；“九五”时期，GDP 平均增长一个百分点，就业只能增长 0.14 个百分点。据此推算，我国 20 世纪 80 年代一个百分点的 GDP 增长可创造 240 万个左右的就业岗位，而进入 21 世纪后，一个百分点的 GDP 增长只能增加 70 万～80 万个就业岗位。

就业弹性不断下降说明经济每增长一个单位所需投入的劳动量减少，这意味着劳动生产率的提高；而劳动生产率提高的背后只有两个可能——技术进步和与经济结构相对应的就业结构的变化。顺着这两条思路，我国学者对于中国经济增长和就业增长的非一致性提出了解释。

其一是“技术进步论”。这种观点认为技术进步节省了人力，减少了劳动岗位。然而唐鋐和刘勇军（2003）认为技术进步的就业

效应是双重的，短期的技术进步可能会带来就业的挤出效应，但长期来看技术进步能增加社会产出，提高社会的人均收入水平并导致社会消费结构的改变和产业结构的演进，尤其是具有劳动密集型特征的第三产业的发展；而且从 20 世纪 90 年代的国际数据实证来看，以高新技术和新经济著称的美国，以及作为新兴工业化国家的韩国，其 GDP 就业弹性一直远高于我国。

其二是“经济结构调整论”。这种观点认为我国就业增长率下降和失业率上升是由经济结构的快速调整引起的，如果经济中劳动密集型产业所占比重下降而资金和技术密集型产业所占比重上升，就业弹性势必下降。胡鞍钢和周其仁（1997）将就业弹性的下降归结为工业走了资本密集化道路。钱永坤、宋学锋、董靖（2003）以江苏省为例，使用 1985—1999 年《江苏统计年鉴》所载数据，建立就业量决定模型，定量分析投资等因素对就业量的影响程度，检验“资本密集化的工业道路导致我国就业弹性下降”这一假说，发现理由并不充分。他们认为，20 世纪 90 年代以来资本投资增加不仅没有替代劳动力，反而是拉动就业增加的主要因素。但由于市场化程度不断提高，实际工资增加抵消了投资对就业的拉动作用，导致 GDP 的就业弹性下降。张车伟、蔡昉（2002）通过观察三次产业的就业弹性，发现中国的就业弹性呈现出以下特点：（1）就业弹性的整体下降趋势——中国的就业弹性从 1979 年的 0.44 下降到 2000 年的 0.10，且自 1990 年以来尤为明显；（2）三次产业吸纳就业的能力不同，第一产业经济增长对就业的拉动作用最小而第三产业对就业的拉动作用最大，而第一产业就业弹性的波动实际上折射了第二产业和第三产业就业的变化。他们还把经济结构和就业结构的变化综合在一起，通过分析三次产业比较劳动生产率（就业比重与 GDP 比重的比率）的变化趋势，指出中国经济结构变化的本质是效率的提高和结构的改善——第二、第三产业的劳动密集程度过低的状况得到了改善。但龚玉泉和袁志刚（2002）指出，就业结构能否随产业结构和所有制结构顺利调整取决于原有从业人员的人力

资本含量、知识技能结构的更新能力，以及企业用人自主权的大小。事实上，在1992年以前由于就业制度刚性，原有从业人员和新增劳动力在三次产业间的分布基本上属于地域性配置和行政性配置，产业结构调整对就业增长和失业几乎没有影响。1992年以后，产业结构的调整遵循了资源的市场配置机制，尽管失业率有一定程度的上升，但也带来了经济增长速度的加快和新兴行业的发展，从而导致对就业派生需求的上升。因此，总体看来，产业结构调整对就业的净影响难以判断。

其三是“名义就业量下降中的有效就业增长论”。龚玉泉和袁志刚（2002）仔细区分了“有效劳动就业量”和“名义就业人数”，指出我国的就业现象表现为：体制转轨、结构调整等带来的失业上升和经济增长带来的就业增加两者相伴而生的“名义就业量下降中的有效就业增长”。李俊锋、王代敬、宋小军（2005）从理论上分析了经济增长与就业增长的关系，并将中美两国数据进行了比较研究；然后从不同角度分析了中国经济增长与就业增长非一致性的原因，其中用有效就业理论证明了中国同样存在经济增长与就业增长的互动机制，并用计量工具对结果进行了回归分析。

还有部分学者质疑现有的数据和计算方法，认为我国的实际就业弹性并未下降，最多只是有些震荡。龚玉泉和袁志刚（2002）认为农村剩余劳动力流入城镇，以及自我雇佣、季节工、临时工等非正规就业人员和一部分隐性就业人员并不被统计为从业人员，导致我国的就业增长率和GDP增长的就业弹性被低估。邓志旺、蔡晓帆、郑棣华（2002）也认为，改革开放以来中国的名义就业弹性系数存在下降趋势，但是如果把中国的隐性失业考虑进去并计算一个相对比较真实的就业弹性系数就会发现，中国经济近20年来的增长对就业的拉动能力仍然保持在一个比较稳定的水平。

曹建云（2008）以西方传统理论为基础，对改革开放以来我

国经济增长与就业增长的关系进行了研究，得出结论：(1) 我国经济增长率与就业增长率之间呈现微弱的负相关关系；1978—2005 年，二者的皮尔逊相关系数为－0.015；(2) 我国经济增长不是就业增长的格兰杰（Granger）成因，这意味着我国经济的快速增长没有有效地促进就业增长；(3) 奥肯定律在我国失灵；(4) 20 世纪 90 年代以来，我国就业弹性在低水平上不断下降，这与西方发达国家经济快速发展、劳动生产率不断提高导致就业弹性下降有着本质的区别。曹建云认为，我国经济增长与就业增长之间的关系背离传统理论的原因是多方面的，其中主要包括经济增长方式、技术进步、产业结构不合理、体制改革以及劳动力市场不完善等。

上述研究以各种不同的方法考察了经济增长对就业的拉动作用。需要进一步研究的是，深入理清经济增长拉动就业的机制，若直接估算经济增长与就业之间的关系，会忽视劳动力市场的自动调节功能。在我们看来，经济增长影响就业的渠道分为两个环节，首先是经济增长影响劳动力需求，然后是劳动力需求的变化影响劳动力市场的均衡，也就影响了就业。问题是，劳动力需求增加后，劳动力市场的反应可能是工资上涨，或者就业增加，或者二者同时各增加一点，这取决于劳动力供给的弹性。如果劳动力需求增加了，但劳动力供给固定不变，那么劳动力需求对就业就没有影响，劳动力需求的增加就完全被工资上涨消化，此时，经济增长对就业就没有拉动作用。如果劳动力需求增加了，但劳动力供给在现有工资水平下是无穷大的，也就是说，劳动力过剩现象十分严重，那么工资就不会上涨，劳动力需求的增加就完全被就业增加消化，此时经济增长对就业的拉动作用就很大，我国改革开放之初的情况就是这样，那时农村有大量的富余劳动力，城镇企事业单位也存在大量冗员，所以那时经济增长很快但工资上涨率尤其是农民工的工资上涨率不高。如果劳动力需求增加了，但劳动力供给的工资弹性介于 0 和无穷大之间，那么劳动力

需求的增加就由工资上涨和就业增加共同消化，工资上涨一点、就业也增加一点，二者的上涨率之和大体上等于劳动力需求的增加率。这就是最近10年来的情况。最近10年来，中国农村的富余劳动力基本上被吸收完毕，城镇企事业单位冗员也基本上不存在，所以在出现经济增长时，就业和工资就同时上涨，经济增长对就业的拉动作用就取决于劳动力供给的弹性，劳动力供给弹性越大，经济增长对就业的拉动作用就越小。随着我国逐步进入劳动力短缺的时代，劳动力供给弹性将越来越小，经济增长对劳动力市场的影响就主要反映在工资上涨上，经济增长对就业的拉动作用就会越来越小。

本章从经济增长对就业的影响机制出发，把经济增长对就业的影响分为两个环节：经济增长影响劳动力需求，劳动力需求影响就业和工资。从而得出结论：工资上涨和就业增加都是经济增长的结果，在劳动力供给弹性比较正常（也就是不出现劳动力供给弹性为0或者无穷大）的情况下，工资上涨和就业增加存在一定的替代性，可以通过工资上涨幅度的调整来调节就业增加的幅度。换句话说，劳动力市场有自动调节功能，在不同的劳动力市场环境下，工资可以自动调节来出清劳动力市场。因此，在确定目标经济增长率时，就不必过于僵化，要善于利用劳动力市场即工资的自动调节作用。假定经济增长率下降了，但需要消化吸收的劳动力数量不变，此时由于工资的自动调节作用，这些劳动力依然可以被消化，只要工资上涨率低点就可以了。

因此，本章以下的部分首先分析中国的劳动力形势，然后估算经济增长对劳动力需求的拉动作用。最后是总结。本章没有数学模型，只是根据现有的数据实际估算了中国经济增长对就业的拉动作用，并大致估算了保障就业前提下中国的最低经济增长率，认为中国只要有6.5%的经济增长率就可以保障就业了。

二、中国的劳动力供给

中国的工作年龄人口数是由国家统计局发布的，但笔者发现，《中国统计年鉴》中关于人口的几项指标之间存在比较明显的出入，所以笔者自己估算了中国的工作年龄人口数。

笔者确定中国劳动力供给的方法如下：首先计算出我国工作年龄人口的数字，然后根据历史经验估算出经济活动人口也就是劳动力总量的数值，这就是我国每年的劳动力供给量。

国家统计局给出了2012年之前我国工作年龄人口数。但笔者认为国家统计局2011年后的数据误差可能比较大，而且国家统计局的数据互相之间矛盾也比较大，不容易调和。笔者自己对我国2011—2027年的工作年龄人口数做了一个比较细致的估算。之所以选择2027年作为截止年份，是因为2012年出生的人在2027年达到15岁，成为工作年龄人口；而2012年的人口出生数现在已经有了，不需要估算。我们对中国工作年龄人口的具体估算方法如下：

(1) 以2010年我国第六次人口普查数据为基础。笔者认为，这一次人口普查的数据是可信的。这次人口普查给出了2010年每个年龄的人口数，而且分性别。我们就以这一年为基年估算以后各年的工作年龄人口数。

(2) 根据国际国内死亡率的数据估算以后各个年份15～64岁之间每个年龄人口的死亡人数（分性别），将各年的工作年龄人口数减去这一死亡人数就构成了下一年大一岁的人口数字。比如，2015年16岁的人口减去这一年16岁的死亡人口数，就构成2016年17岁人口数。

(3) 这样，2012年0岁人口数减去这一年出生的人在0～14岁之间的死亡人口数，就构成2027年15岁的人口数，同样也可以

得到2027年16～64岁的人口数，加总即得到2027年15～64岁的人口数。其他年份的估算方法相同。

由于我们仅需要估算15～64岁之间的人口数，所以所需参数不多，且误差比较小，所以我们的估算结果相对就比较精确。表16—1是我们的估算结果。

从表16—1可以看出，中国的工作年龄人口和劳动力数量都

表16—1　　中国2010—2027年工作年龄人口数和劳动力数量估算 单位：万人

年份	15～64岁人口数	比上年增加	劳动力数量	比上年增加
2010	99 256.1		77 419.8	
2011	99 508.2	252.1	77 616.4	196.6
2012	99 628.6	120.4	77 710.3	93.9
2013	99 735.5	106.9	77 793.7	83.4
2014	99 547.5	−188.0	77 647.0	−146.6
2015	99 374.3	−173.2	77 512.0	−135.1
2016	99 187.7	−186.6	77 366.4	−145.5
2017	98 735.2	−452.5	77 013.5	−353.0
2018	98 281.7	−453.5	76 659.7	−353.7
2019	97 835.0	−446.7	76 311.3	−348.4
2020	97 408.3	−426.7	75 978.5	−332.8
2021	97 106.3	−302.0	75 743.0	−235.5
2022	96 685.3	−421.0	75 414.6	−328.4
2023	96 460.2	−225.1	75 239.0	−175.6
2024	96 567.6	107.3	75 322.7	83.7
2025	96 372.6	−195.0	75 170.6	−152.1
2026	96 337.9	−34.6	75 143.6	−27.0
2027	95 528.5	−809.5	74 512.2	−631.4

资料来源：历年《中国统计年鉴》和北京大学经济研究所宏观经济课题组估算。

将在2013年达到峰值，此后将逐步下降。这个结果有点出人意料，因为许多人都没有想到中国的劳动力峰值居然已经过去。实际上，根据国家统计局公布的数据，2012年中国的劳动力数量减少了接近350万。因此，中国的劳动力数量实际上几年前就已经进入零增长区间，在2013年达到峰值其实是意料之外、情理之中的事情。根据已有数据可知，中国未来14年的劳动力现在都已经出生，出生最晚的是2012年，这一年出生的人在2027年成为工作年龄人口。因此，2013—2017年的工作年龄人口数据虽然还没有出来，但人已经出生，以后只是把每个年龄的死亡人口数减去就可以了，所以笔者的估算结果应该是具有相当的精确度的。

因此，根据以上估算结果，中国今后劳动力将逐步减少，2027年减少最多，达630多万。这是因为，这一年达到65岁的是1962年出生的，而从1962年起，中国经济开始从三年自然灾害中恢复，同时中国也进入生育高峰，这就意味着从2027年起，每年达到65岁的人口数将很大，达到15岁的人口数因为后来的计划生育政策而较少。

根据国家统计局刚刚公布的数字，2013年中国工作年龄人口减少了近250万，比我们估算的还少很多。因此，从总量上说，中国经济面临的就业形势其实不严重。

三、中国经济增长对劳动力需求的拉动作用

经济增长会增加劳动力需求。经济每增长一个百分点，劳动力需求会增加多少呢？据说有人估算过，在中国，经济每增长一个百分点，会提供200万个工作岗位。笔者没有查到这个数据的来源。笔者自己估算了2000—2012年中国劳动力需求的增加量以及每个

百分点的经济增长带来的劳动力需求的增加量。由于中国现在就业方面的主要问题是农村劳动力的转移问题，我们主要关注非农劳动力需求。

我们的估算方法如下，所需数据均可从《中国统计年鉴》查到。

（1）把第二、三产业的增加值加总，即得到中国的非农产业增加值。

（2）计算中国非农产业的真实劳动生产率，即中国非农产业的真实增加值除以非农产业的就业人数。

（3）计算中国非农产业的真实劳动生产率的增长率。

（4）用城镇单位在岗职工平均实际工资的增长率减去非农产业的真实劳动生产率的增长率，再加上中国就业人数的增长率，即可得到中国劳动力需求的增长率。

这一步是计算中国劳动力需求增长率的关键一步。这一步的原理如下：首先，工资的增长有两个原因，一是劳动生产率的增长，一是劳动力需求的增加。所以，工资增长率中，剔除劳动生产率的增长之后，剩下的就是劳动力需求的贡献了。其次，劳动力需求的增加有两个结果，一是均衡就业量的增加，一是真实工资的增长，因此，劳动力需求的增长率就等于均衡就业量的增长率与真实工资的增长率之和。总之，劳动力需求的增长率的计算公式可表示如下：

$$\begin{matrix}\text{劳动力需求}\\\text{的增长率}\end{matrix}=\begin{matrix}\text{真实工资}\\\text{的增长率}\end{matrix}-\begin{matrix}\text{劳动生产率}\\\text{的增长率}\end{matrix}+\begin{matrix}\text{均衡就业量}\\\text{的增长率}\end{matrix}$$

（5）根据上一步得到的劳动力需求的增长率和就业人数，可以得到劳动力需求的增加量。

（6）将劳动力需求的增加量除以经济增长率，即可得到每个百分点的经济增长可以带来的劳动力需求的增加量。

根据上述方法得到的结果如表 16—2 所示。

表 16—2　　2000—2012 年中国经济增长对劳动力需求的影响

年份	国内生产总值指数（上年=100）	非农就业量（万人）	城镇单位在岗职工平均实际工资指数（上年=100）	非农产业劳动生产率（真实）增长率	非农就业的增长率	非农劳动力需求增长率	非农劳动力需求增加量(万人)	每个百分点的经济增长增加的劳动力需求（万人）
2000	108.4	36 042.5	111.4	0.088	0.012	0.037	1 344.7	160.1
2001	108.3	36 398.5	115.2	0.083	0.010	0.079	2 858.6	344.4
2002	109.1	36 640.0	115.5	0.087	0.007	0.074	2 721.3	299.0
2003	110.0	37 531.6	112.0	0.081	0.024	0.064	2 390.5	239.0
2004	110.1	39 434.2	110.5	0.032	0.051	0.123	4 865.0	481.7
2005	111.3	41 205.2	112.8	0.085	0.045	0.088	3 634.1	321.6
2006	112.7	43 037.4	112.7	0.084	0.044	0.088	3 768.8	296.8
2007	114.2	44 590.0	113.6	0.099	0.036	0.073	3 274.8	230.6
2008	109.6	45 640.6	111.0	0.065	0.024	0.069	3 149.3	328.0
2009	109.2	46 937.5	113.0	0.075	0.028	0.083	3 897.5	423.6
2010	110.4	48 174.4	110.0	0.080	0.026	0.046	2 235.9	215.0
2011	109.3	49 826.0	108.5	0.061	0.034	0.058	2 910.5	313.0
2012	107.7	50 931.0	109.2	0.048	0.022	0.067	3 387.0	439.9
平均值	110.0	42 799.1	112.0	0.074	0.028	0.073	3 110.6	314.8

资料来源：历年《中国统计年鉴》和北京大学经济研究所宏观经济课题组估算。

从表 16—2 可以看出，2000—2012 年，每个百分点的经济增长能够带来的劳动力需求的增加量波动幅度很大，最低是 160.1 万，最高是 481.7 万，均值是 314.8 万。

每年的劳动力需求增加量很多，但实际就业量却没有增加这么多。比如，2012 年劳动力需求增加了 3 387 万，但实际非农就业量只增加了 1 105 万，剩余的 2 282 万个劳动力需求去了哪里？这

2 282万个劳动力需求一部分弥补了退休造成的空缺（一个人退休并不意味着他的岗位上还需要人，以前对老人可能是因人设事，人退了，企业可能不需要进人），一部分被工资的上涨削掉了。如果假定一个人退休就必须有另一个人顶上来，那么剩余的 2 282 万个劳动力需求就完全被工资上涨消化了。在市场经济中，工资的调整能够均衡劳动力供求，因此，在出现劳动力需求过大的情况下，工资就会上涨，实现劳动力市场的均衡。

四、总结

综上所述，中国已经或者即将进入劳动力减少的时期，因此从总量上看，中国就业没有大的问题。但中国存在劳动力转移的问题，所以需要创造足够的城镇就业机会。根据 2010—2012 年对中国经济增长对劳动力需求的带动作用的估算，笔者认为，6.5%的经济增长即可实现中国的就业目标。根据表 16—2 的计算结果，如果按照 2010—2012 年经济增长对劳动力需求的平均拉动作用，6.5%的经济增长可以使劳动力需求增加 2 046 万；如果按照 2012 年经济增长对劳动力需求的拉动作用，6.5%的经济增长可以使劳动力需求增加 2 859 万。这些是工资不上涨的情况下 6.5%的经济增长所能带来的就业的增加量。如果农村转移劳动力保持在 1 100 万左右，6.5%的经济增长就足以吸收这些转移劳动力；不仅如此，还需要工资上涨来消化多余的劳动力需求。如果 2014 年跟 2012 年相比，其他因素都不变，那么 2014 年工资上涨率比 2012 年低 2.2 个百分点即可。

参考文献

[1] Jim Malley and Hassan Molana. "Output, Unemploy-

ment and Okun's Law: Some Evidence From the G7", *Economics Letters*, 2008, 101 (2)

[2] Olivier Blanchard. "European Unemployment: The Evolution of Facts and Ideas", NBER Working Paper No. 11750, 2005

[3] Justin Weidner and John C. Williams. "What Is the New Normal Unemployment Rate", FRBSF Economic Letter, 2011 (5)

[4] 夏静，刘建国. 何以我国经济高增长率与高失业率并存：奥肯定律与中国经济发展的实证研究. 华东理工大学学报（社科版），2005 (4)

[5] 都阳，陆旸. 中国的自然失业率水平及其含义. 世界经济，2011 (4)

[6] 曾湘泉，于泳. 中国自然失业率的测量与解析. 中国社会科学，2006 (4)

[7] 石柱鲜，孙皓，宋平平. 中国自然失业率的估计与应用：基于 HPMV 滤波的实证分析. 财经科学，2008 (6)

[8] 尹碧波，周建军. 中国经济中的高增长与低就业：奥肯定律的中国经验检验. 财经科学，2010 (1)

[9] 龚玉泉，袁志刚. 中国经济增长与就业增长的非一致性及其形成机理. 经济学动态，2002 (10)

[10] 张车伟，蔡昉. 就业弹性的变化趋势研究. 中国工业经济，2002 (5)

[11] 蔡昉，都阳，高文书. 就业弹性、自然失业和宏观经济政策——为什么经济增长没有带来显性就业?. 经济研究，2004 (9)

[12] 李红松. 我国经济增长与就业弹性问题研究. 财经研究，2003 (4)

[13] 钱永坤，宋学锋，董靖. 经济增长与就业关系实证研

究——以江苏省城镇就业为例. 经济科学，2003（1）

［14］唐鋐，刘勇军. 关于中国经济增长与就业弹性变动的非一致性研究理论综述及评论. 市场与人口分析，2003（6）

［15］李俊锋，王代敬，宋小军. 经济增长与就业增长的关系研究——两者相关性的重新判定. 中国软科学，2005（1）

［16］陈桢. 经济增长与就业增长关系的实证研究. 经济学家，2008（2）

［17］曹建云. 我国经济增长与就业增长的关系研究. 兰州大学博士学位论文，2008

第十七章

2015—2080年中国人口形势展望①

——停止计划生育刻不容缓

导读：中国的人口和劳动力形势决定了中国未来潜在增长率的变化。因此，预测中国未来的人口和劳动力形势就非常重要。本章预测了中国2015—2080年的人口总规模和人口结构。根据这个预测，笔者提出了立即彻底取消计划生育政策并转而鼓励生育的政策建议。

一、单独二孩实践表明生育政策亟待继续放开

十八届三中全会之后，人口政策迈出了跨时代

① 本章主要内容以《从单独二孩实践看生育意愿和人口政策：2015—2080年中国人口形势展望》发表于《中国发展观察》，2014（12），与易富贤合写。

的一步——实行单独二孩政策。这次之所以如此谨慎，根据国家卫计委副主任王培安的解释，“如果‘同放二孩’，在放开后的头几年，妇女总和生育率可能会超过 4.4（出生 4 700 万），2027 年总人口达到第一个峰值 15.15 亿，2044 年达到 15.35 亿。如果‘分放二孩’，妇女总和生育率也将回升到 3 左右，2027 年达到第一个峰值 15.08 亿，2045 年达到第二个峰值 15.14 亿。”①这种预测来自蔡昉、李建民等“20 多位顶级人口学家”完成的《中国人口发展报告 2011/12》。② 他们判断即便只实施单独二孩政策，生育率也会反弹到 2.4 左右，到 2050 年仍将稳定在 1.75 左右。

王培安认为：“我国粮食安全以及基本公共服务资源配置规划，均是以 2033 年前后总人口峰值 15 亿左右作为基数制定的。”③因此这次采纳了国家卫计委和中国人民大学翟振武教授课题组建议的单独二孩方案：生育率将反弹到 1.8 以上，累计效应释放后，会在 1.6～1.7 波动；总人口将在 2030 年达到峰值 14.53 亿，到 2050 年为 13.85 亿。④

翟振武在 2014 年 3 月的《人口研究》上发表论文解释了为什么不能全面放开二胎：生了 1 个孩子的 15～49 岁妇女有 1.52 亿，60%～70%有生二孩意愿，全面放开二胎的话，将累计多出生9 700万人，每年出生人口峰值将达到 4 995 万，生育率将

① 李晓宏：《单独两孩不会导致人口大增（政策解读）》，人民网，2013－11－17，http://politics.people.com.cn/n/2013/1117/c1001－23564443.html。

② 参见蔡昉、李建民、谭琳、何宇鹏、胡英、王萍萍、都阳、郑真真、王丰、陆杰华、陈卫、彭希哲、风笑天、王美艳、吴帆、冯文猛、刘蓓等（翟振武、顾宝昌、曾毅、郭志刚、李伯华、莫荣等多位专家也参与了讨论并为报告提供了详细的参考资料和建设性的意见）：《中国人口发展报告 2011/12：人口形势的变化和人口政策的调整》，北京，中国发展出版社，2012。

③ 李晓宏：《单独两孩不会导致人口大增（政策解读）》，人民网，2013－11－17，http://politics.people.com.cn/n/2013/1117/c1001－23564443.html。

④ 李晓宏：《政策聚焦：单独可生二胎　影响不小》，人民网，2013－11－18，http://edu.people.com.cn/n/2013/1118/c1053－23570433.html。

达到4.5。[①]

2014年7月10日，国家卫计委计划生育指导司司长杨文庄在新闻发布会上也采纳了翟振武的数据，认为如果全面放开二孩，多生9 000万人对经济社会的发展会造成很大影响。[②]

我们很难对国家卫计委以及蔡昉和翟振武课题组的结论表示苟同。首先，以资源、环境为由设置15亿人口控制上限本身没有科学依据，易富贤在《大国空巢》第6章以及发表在《国际经济评论》上的论文《资源、环境不构成人口增长的硬约束》中进行了详细的论证[③④]，中国的人口承载能力远远超过卫计委的预测。其次，即便中国停止计划生育并千方百计鼓励生育，峰值人口也不可能达到15亿。易富贤在2007年版的《大国空巢》中分析认为，"停止计划生育也难防止今后中国人口锐减"[⑤]，2008年在北京大学中国与世界研究中心的《研究报告》上发表《停止计划生育，鼓励生育已刻不容缓》，认为"允许独生子女生二胎只是杯水车薪"[⑥]。

2012年王广州和张丽萍在《到底能生多少孩子？——中国人政策生育潜力估计》中也分析[⑦]，如果2015年放开单独二孩，出生人口堆积与现行生育政策不变相比增加100万左右，超过200万的可能性很小；如果2015年全面放开二孩，在补偿生育期间，每年会比政策不变多生600万左右，加上正常出生的1 500万，出生

---

① 参见翟振武、张现苓、靳永爱：《立即全面放开二胎政策的人口学后果分析》，载《人口研究》，2014（2）。

② 参见吴婷婷：《国家卫计委：普遍放开二孩尚无时间表》，新华网，2014-07-11，http://news.xinhuanet.com/politics/2014-07/11/c_1111560612.htm。

③ 参见易富贤：《大国空巢：反思中国计划生育政策》，北京，中国发展出版社，2013。

④ 参见易富贤：《资源、环境不构成人口增长的硬约束》，载《国际经济评论》，2012（6）。

⑤ 易富贤：《大国空巢：走入歧途的中国计划生育》，香港，大风出版社，2007。

⑥ 易富贤：《停止计划生育，鼓励生育已刻不容缓》，北京大学中国与世界研究中心《研究报告》，No.2008-08，总第18号。

⑦ 参见王广州、张丽萍：《到底能生多少孩子？——中国人政策生育潜力估计》，载《社会学研究》，2012（5）。

人口规模在2 100万人左右（也远低于翟振武、蔡昉所预测的 4 995 万、4 700 万人），高峰总人口约为 14.39 亿。考虑到 2014 年实行的单独二孩政策已经释放了一些补偿性出生，那么 2015 年全面二孩的额外新增出生规模将低于原有的估计。

再看看单独二孩的实践情况。从 2014 年 1 月 17 日开始，各省陆续实行单独二孩政策；截至 9 月 30 日，全国只批准单独二孩申请 70 多万例，并且申请人数在逐月递减。根据各地的单独二孩申请，我们在《单独二孩实践表明生育政策亟待继续放开》[①]、《从单独二孩实践看补偿性生育》[②] 中进行了系列分析，在《停止计划生育后会补偿性出生多少人?》[③] 中得出结论：单独二孩政策满一年只能批准大约 120 万例申请，减去政策前怀孕的 18 万例和政策后原本打算超生的 30 万例，剩下的 72 万例以 75%的出生/申请比（有人会怀不上或活产不了孩子，有人会主动放弃，比如上海的双独二孩出生/申请比只有 50%）计算，只会多生 54 万人。补偿性出生在1～4 年内以 4∶3∶2∶1 的比例释放，那么每年多生 54 万、40.5 万、27.0 万、13.5 万人，合计只会多生 135 万人，远低于国家卫计委和翟振武课题组所预测的 1 000 万。

根据翟振武的预测，单独二孩政策出台后累计将多出生 1 000 万人，全面二孩政策出台累计将多出生 9 700 万，是前者的 9.7 倍。那么把上面的数据乘以 9.7，全面二孩政策出台后 1～4 年也只多出生 523.8 万、392.85 万、261.9 万、130.95 万，合计只多生 1 309.5 万人。单独家庭主要分布在城市，全面二孩是城乡受益，而农村原本就打算超生的比例高于城市，那么全面二孩多生人

① 参见易富贤、苏剑：《单独二孩实践表明生育政策亟待继续放开》，财新网，2014-08-22，http://opinion.caixin.com/2014-08-22/100720176.html。

② 参见易富贤：《从单独二孩实践看补偿性生育》，载《财经》，2014（29），http://magazine.caijing.com.cn/cj403/2014/14/。

③ 参见易富贤：《停止计划生育后会补偿性出生多少人?》，载《经济观察报》，2014-10-30，http://www.eeo.com.cn/2014/1103/268229.shtml。

数应该会少于 1 309.5 万。

2014 年单独二孩政策出台后，已经释放了一些补偿性出生。2015 年全面放开二胎的话，第一年（2016 年出生）只会补偿性多生 400 多万人，正常出生以人口普查 2010 年的 1 383 万计算，那么合计只出生 1 800 万（总和生育率只有 1.70），远低于翟振武、蔡昉课题组所预测的 4 995 万、4 700 万。

由于目前的生育意愿已经只有 1.8，停止计划生育，累计补偿性出生也不会达到 2 000 万，峰值生育率能达到 1.9、2.0（出生规模为 2 000 万、2 200 万）就算很不错。即便是最夸张的估计，峰值出生人数达到 2 500 万（事实上不可能），也不过相当于中国 1986—1990年、印度近年的出生水平，没有什么可担心的。1962—1965 年年均出生 2 800 万，也照样过来了。

单独二孩实践表明人口政策改革亟须大刀阔斧地快速推进。本报告对人口政策调整后中国 2015—2080 年的人口形势进行了展望。

二、人口预测原理和参数

人口增长＝出生－死亡＋迁移。本报告采用国际通用的队列组元方法（cohort component method）[①]，以 2010 年人口普查的年龄结构数据为基础，利用人口平衡公式：$P_{t+1}=P_t+B_t-D_t+M_t$，其中 P_t、B_t、D_t、M_t 分别代表各项人口变动要素，即 t 年的人口数、出生数、死亡率、净迁入人数，以单一年龄组别移动推算出未来男、女性单一年龄人口。中国目前国际净迁移人口比例还较低，

---

① 参见王玲、樓玉梅、范瑟珍、趙偉慈：《台灣地區 97 至 145 年人口推計及分析》，载《台湾经济论衡》，2009，Vol. 7 No. 8，http://www.ndc.gov.tw/att/files/200908%E7%B6%93%E5%BB%BA%E5%B0%88%E8%AB%96.pdf。

也难以估算，姑且忽略。

1. 出生

孩子是由 15～49 岁育龄妇女生育的。n 岁妇女数乘以 n 岁年龄别生育率，比如，某年 30 岁妇女共 1 200 万人，30 岁的年龄别生育率（该年龄组该年人均生孩子数）为 0.044 7，那么该年共生了 53.64 万个孩子。再将 15～49 岁妇女所生孩子数合计。

某年男、女出生数由该年出生总数根据出生性别比计算而得。比如某年出生 1 300 万个孩子，出生性别比为 110（男：女＝110：100）。那么男婴为 1 300 万×(110÷210)＝681 万；女婴为 1 300 万×(100÷210)＝619 万。

2. 死亡：年龄组别移动

0 岁人口：由出生人口数乘以该年 0 岁存活概率。

1～99 岁人口：t 年 x 岁人口数＝（$t-1$）年（$x-1$）岁人口数×t 年 x 岁人口存活概率。

100 岁以上人口：由于 100 岁为人口推算的最后一个年龄组，代表 100 岁及以上人口数，因此该年龄组 t 年人口数并非如 1～99 岁公式那样以 $t-1$ 年 99 岁人口数计算而得，而改以 $t-1$ 年 99 岁及以上人口数取代之，公式为：

$$\begin{matrix}t\text{ 年 100 岁及}\\\text{以上人口数}\end{matrix}=\begin{matrix}(t-1)\text{年 99 岁及}\\\text{以上人口数}\end{matrix}\times\begin{matrix}t\text{ 年 99 岁及以上}\\\text{人口存活概率}\end{matrix}$$

存活概率＝1－死亡概率，死亡概率可从相应预期寿命下的生命表（本报告采纳台湾的生命表）查到。

比如 2015 年 5 岁男性人口数＝2014 年 4 岁男性人口数×2015 年 5 岁男性人口的存活概率，2014 年 4 岁人口数与 2015 年 5 岁人口数之间的差值是死亡数。同样，女性也是如此。

日本国立人口与社会保障研究所预测了日本 2011—2060 年的

人口变化①，台湾“行政院”经济建设委员会预测了台湾 2012—2060 年人口变化②。本报告作者用日本和中国台湾的参数对日本和中国台湾的人口进行了预测，结果与日本和中国台湾公布的结果完全一致，表明本报告作者对日本和中国台湾的这两份报告的理解没有偏差，表明我们的估算方法是可靠的。

3. 所需参数

在预测中国未来的人口时，需要预测中国未来的生育率和其他参数，我们用与中国大陆文化传统类似的中国台湾和韩国做参照。

（1）预测起点的基础人口结构数据：2010 年 0～100 岁的男女人数。

《2010 年人口普查公报》所公布的人数为 1 339 724 852 人，比普查短表“表 3—1　全国分年龄、性别的人口”的 1 332 810 869 人多出6 913 983人，包括现役军人 2 300 000 人、难以确定常住地人口 4 649 985 人③。2010 年中国的参军最低年龄是 18 岁，230 万现役军人中，假设 200 万是 18～21 岁，其中男性 90%，女性 10%。剩下的 491 万人（总人口的 0.37%）中，假设全部是 0～59 岁人口（60 岁以上人口流动较少），依照短表 3—1 的 0～59 岁各年龄、性别比例补充到各年龄组中。

（2）出生所需参数：补偿性出生、总和生育率、出生性别比、生育模式。

总和生育率和补偿性出生是人口预测的难点，在下文单独

① “Population Projections for Japan (January 2012): 2011 to 2060”, National Institute of Population and Social Security Research in Japan, Population Projections for Japan, January 2012, http://www. ipss. go. jp/site-ad/index_english/esuikei/gh2401e. asp, http://www. ipss. go. jp/syoushika/tohkei/newest04/sh2401top. html.

② 台湾“行政院”经济建设委员会：《中華民國 2012 年至 2060 年人口推計》，台湾發展委員會网站，2012 年 8 月，http://www. ndc. gov. tw/ml. aspx? sNo=0000455。

③ 《北京常住人口超 1961 万人　人口迁移北京迹象明显》，新华网，2011-04-30，http://news. xinhuanet. com/society/2011-04/30/c_121365663. htm。

分析。

出生性别比：中国大陆出生性别比长期高达120左右，即便停止计划生育，这种惯性也很难立即改变。目前中国台湾、韩国、新加坡、中国香港的出生性别比仍然有107、108，中国台湾人口预测也是假设今后出生性别比为107。假设中国大陆的出生性别比在2011—2012年为119，2013—2016年为118，然后线性下降到2040年的107，稳定在107，直到2050年，2051—2080年为106。

生育模式：由于社会发展导致育龄推迟，生育模式（将总和生育率修正为1.0的情况下的年龄别生育率）不断改变。2011—2015年采用2010年人口普查数据。中国大陆2010年的生育模式大致相当于台湾地区1990年的水平。假设今后的生育模式的变化一直滞后台湾20年。以2010年大陆人口普查的生育模式和台湾2013年的生育模式[①]（相当于大陆2033年）为坐标，大陆2016—2033年之间的生育模式由二者线性穿插获得；大陆2034—2080年的生育模式采用台湾“行政院”经济建设委员会的预测数据中的2014—2060年的生育模式（将年龄别生育率除以总和生育率）。[②] 在预测时，将总和生育率乘以生育模式，可得出年龄别生育率。

（3）死亡所需参数：每年各岁死亡概率。

国家统计局公布，2010年中国大陆人口平均出生时预期寿命达到74.83岁[③]，相当于台湾地区1994年的水平[④]。假设中国今后

---

① 参见“02～04 育龄妇女生育率 Fertility Rates of Childbearing Age Women (1951-2013)”，台湾“民政部”戶政司网站：http://sowf.moi.gov.tw/stat/year/y02-04.xls，更新日期：2014/5/30。

② 参见台湾“行政院”经济建设委员会：《中華民國2012年至2060年人口推計》，台湾發展委員會网站，2012年8月，http://www.ndc.gov.tw/ml.aspx? sNo=0000455。

③ 参见国务院第六次全国人口普查领导小组办公室：《我国人口平均预期寿命达到74.83岁》，国家统计局网站，2012-09-21，http://www.stats.gov.cn/tjsj/tjgb/rkpcgb/qgrkpcgb/201209/t20120921_30330.html。

④ 参见台湾“行政院”主計處：《歷年簡易生命表》，http://sowf.moi.gov.tw/stat/Life/T05-lt-quary.html。

寿命延长一直落后于台湾 16 年，2020 年男、女分别为 74.7 岁、80.7 岁，2050 年分别为 79.8 岁、85.7 岁，2080 年分别为 82 岁、88 岁。2011—2080 年的男女预期寿命、死亡概率采纳台湾 1995—2060 年的生命表的数据（1995—2012 年的生命表是台湾"行政院"发展委员会公布的数据，由于预期寿命和死亡概率有波动，因此用这套数据计算的中国 2011—2028 年的死亡人数有波动；2013—2060 年采纳台湾"行政院"经济建设委员会的预测数据①）。

三、现在和未来生育率的判断

1. 中国生育率需要达到多少？

2006 年《国家人口发展战略研究报告》认为"总和生育率在未来 30 年应保持在 1.8 左右"。②蔡昉课题组的《中国人口发展报告 2011/12》也将未来的目标生育率定为 1.8。2013 年 11 月翟振武解释为什么实行单独二孩政策时说："完善和调整目前的计划生育政策，使生育率向 1.8 靠拢。"③

其实将目标生育率定在 1.8 是错误的。人口的可持续发展是社会可持续发展的前提。要保证人口相对于上一代不增也不减，理论上一对夫妇只需生 2 个孩子。但是由于部分小孩会夭折，正常出生性别比（以女孩为 100）为 102～106，因此总和生育率（妇女人均

① 参见台湾"行政院"经济建设委员会：《中華民國 2012 年至 2060 年人口推計》，台湾發展委員會网站，2012 年 8 月，http://www.ndc.gov.tw/ml.aspx?sNo=0000455。

② 国家人口发展战略研究课题组：《国家人口发展战略报告》，中国政府网，2007-01-11，http://www.gov.cn/gzdt/2007-01/11/content_493677.htm。

③ 李晓宏：《政策聚焦：单独可生二胎 影响不小》，人民网-人民日报，2013-11-18，http://edu.people.com.cn/n/2013/1118/c1053-23570433.html。

生孩子数）应该高于2.0才能维持人口的世代更替。以发达国家为例，每出生205个孩子中有105个男孩、100个女孩；约2%的人在育龄前死亡，那么活下来的98个女孩每人需要生2.09个孩子才能使得总孩子数为205个。因此发达国家通常说世代更替水平生育率是2.1。

而中国2010年人口普查显示0～4岁性别比高达119，也就是每出生219个孩子只有100个女孩。《2013中国卫生统计年鉴》显示2009年女婴死亡率为2%（发达国家只有约0.4%）[①]，差不多有4%的女孩在育龄前死亡，那么剩下的96个妇女需要每人生2.28个孩子才能让孩子总数达219个。就是说，中国的世代更替水平生育率应接近2.3。

由于有单身、不愿生育、生育障碍等人群，一个正常的社会应当是主流家庭生三个孩子，部分家庭生一个、两个、四五个甚至更多孩子。比如一个人群共182个孩子，其中90个来自3孩家庭，40个来自2孩家庭，32个来自4孩家庭，10个来自5孩家庭，10个来自1孩家庭，似乎生育率很高。其实，30个妇女生3孩，20个妇女生2孩，8个妇女生4孩，2个妇女生5孩，10个妇女生1孩，外加10个妇女没有生育（超过1/8家庭存在生育障碍），共80个妇女，人均只生2.275个孩子，还达不到更替水平。

如果生育率高于更替水平，人口会不断增加；如果低于更替水平，几十年后将出现人口减少、严重老龄化和经济衰退。

2. 中国目前的生育率有多高？

中国的生育率在1990年后就一直低于更替水平，2000年、2010年人口普查显示只有1.22、1.18，抽样调查显示2011年、2012年、2013年只有1.04、1.26、1.24，这些客观数据互相

---

① 参见《2013中国卫生统计年鉴》，http://www.nhfpc.gov.cn/htmlfiles/zwgkzt/ptjnj/year2013/index2013.html。

印证，说明中国早就应该废止计划生育了（至少在1990年后）。

但是国家卫计委和中国人口学会以前一直将生育率修正为1.8，2011年后仍然依据“千村生育率调查”、公安数据、小学招生数据，将生育率修改为1.5、1.6。国家统计局也公布生育率为1.5、1.6，2011年、2012年、2013年出生1 604万、1 635万、1 640万人。[①] 蔡昉和翟振武两个课题组的预测都建立在目前生育率为1.5、1.6的基础上。

其实他们的理由是站不住脚的。“千村生育率”明显“虚高”，因为现在农村育龄妇女大多进城，但大多又选择回老家生孩子。

用公安户籍数来推测生育率也是不准确的。目前与户籍挂钩的个人权利（包括孩子入学）有20多项，人们有获取多户口的强大动力，“房姐”、“房妹”现象很普遍。2009年以来，公安机关清理注销重复户口200多万个。[②③] 还有更多的死亡未销户口。

国家统计局公布2006—2013年每年增加人口稳定在600多万，是建立在“目前生育率为1.5、1.6，每年只死亡900多万人”的基础上的。[④] 但是其实出生人数存在大量水分，而每年死亡人数早就超过了1 000万，因此近年实际年增人口只有300多万人了，2013年总人口根本没有136 072万人。以陕西为例，统计公报显示，2013年年末，常住人口3 763.7万人，出生37.62万人（2009年、2011

---

① 参见《全国年度统计公报》，国家统计局网站，http://www.stats.gov.cn/tjsj/tjgb/ndtjgb/。

② 参见王思北、白阳：《公安部：用3年彻底解决假户口问题 清除“内鬼”》，新华网，2014－02－21，http://news.xinhuanet.com/legal/2014－02/21/c_119450786.htm。

③ 参见《公安部：全国已清理重复户口106.1万个》，中国新闻网，2014－07－11，http://www.chinanews.com/fz/2014/07－11/6378533.shtml。

④ 参见《全国年度统计公报》，国家统计局网站，http://www.stats.gov.cn/tjsj/tjgb/ndtjgb/。

年出生38.57万、36.45万人），死亡23.11万人，增加10.61万人。[①] 但是2010年人口普查显示陕西省0岁人口只有33.47万；2014年1—7月，注销重复户口42 460个，注销死亡未销户口10.5万个。[②]

小学招生数据水分更大。农村义务教育经费由中央和地方按比例分担，现在西部地区为8∶2，中部地区为6∶4，东部地区按照财力状况分省确定分担比例。[③] 学校和地方政府有强大的动机通过虚报学生数以获得更多的经费。比如2012年全国小学1～5年级为8 141万人；但是2013年小学2～6年级只有7 665万人，一年之内就减少476万人。再比如湖南省邵阳县，2008—2012年统计公报显示这5年小学招生合计为71 522人，但是2013年电子学籍显示2～6年级只有51 253人（少了28%）。小学和初中是义务教育，普及率接近100%。

国家统计局公布的出生人数其实是参照教育部的小学招生人数（2010年人口普查短表1～6岁人数的确定也参照了小学招生）。由于小学招生水分很多，意味着国家公布的出生人数水分很多。以1999—2001年出生人口为例看看中国人口统计的混乱。1999—2001年出生人口在2005—2007年开始上小学，2010年时为9～11岁，2013年读初中（一、二、三年级）。国家统计局公布1999—2001年出生5 307万人，公布2005—2007年小学招生5 137万人，二者接近；但是2010年人口普查的9～11岁人口只有4 264万，2013年初中在校人数只有4 440万。以2013年初中人数为标准，

① 参见陕西省统计局：《2013年陕西省国民经济和社会发展统计公报》，陕西省统计局网站，2014-03-12，http://www.sn.stats.gov.cn/news/qsgb/201431281031.htm。

② 参见石喻涵：《户口登记管理责任追究终身制　工作走过场将被追责》，三秦网，2014-08-01，http://www.sanqin.com/2014/0801/25198.shtml。

③ 参见国务院：《国务院关于深化农村义务教育经费保障机制改革的通知——国发［2005］43号》，发布日期：2008-03-28，http://www.gov.cn/zhengce/content/2008-03/28/content_5545.htm。

说明国家统计局公布的出生人数有20%的水分。而2013年的初中人数其实还有水分，因为初中毛入学率应高于105%（甚至超过115%）。

国家统计局公布2011年、2012年、2013年分别出生1 604万、1 635万、1 640万人，那么生育率接近1.5；但是如果扣除20%的水分（十多年来已经累计了数千万水分），那么这三年只分别出生了1 337万、1 363万、1 367万，生育率只有1.2左右，与抽样调查显示的生育率（2011年、2012年、2013年分别为1.04、1.26、1.24）基本一致。

可见，修正后的1.5、1.6的生育率是不可信的，还是客观调查的生育率更可信。

依照惯性，国家统计局应该会公布2014年出生1 640万左右，死亡980万左右，增加660万左右人口，人口总量约为136 700万；但是其中出生将有20%左右的水分，死亡却漏报了几十万。因此，本报告近期的人口总数将比国家统计局公布的要少，死亡人数比国家统计局公布的要多。

3. 根据社会发展水平诊断中国的生育率

其实社会越发达，教育水平和养育成本越高，生育意愿越低，婚龄、育龄越晚，不孕率越高，丁克、单身人群比例也越高，生育率也因此就越低。人类发展指数（HDI，联合国使用的一项反映社会发展水平的综合指标）、人均GDP都与生育率成直线负相关。[①]

本报告台湾的生育率来自台湾“内政部”网站[②]，韩国的生

① 参见易富贤：《大国空巢：反思中国计划生育政策》，北京，中国发展出版社，2013。

② 参见“1951—2012年育龄妇女生育率”，台湾“内政部”网站，更新日期：2013/05/31，http://sowf.moi.gov.tw/stat/year/y02-04.xls。

育率来自韩国统计资料中心[①]，印度 2005—2012 年的生育率来源于印度人口普查和官方公布的抽样调查[②]，其他来源于世界银行的数据库[③]。

中国 2012 年的 HDI 相当于韩国 1986 年、古巴 2001 年、伊朗 2006 年的水平[④]；当年这些地区的生育率分别为 1.58、1.63、1.87。

以时空可比的 1990 年国际元为标准[⑤]，中国大陆 2010 年的人均 GDP 相当于中国台湾 1987 年、韩国 1989 年、泰国 2005 年的水平；当年这些地区的生育率分别为 1.70、1.56、1.54。

印度 HDI 最高的 5 个邦在 2012 年的生育率只有 1.7、1.8。中国倒数第一、第二的西藏、贵州的 HDI 分别相当于印度排名第 7 的泰米尔纳德邦、第 3 的旁遮普邦[⑥⑦⑧]，2012 年这两个邦的生育

---

① Korean Statistical Information Service, http://kosis.kr/eng/.

② "The Total Fertility Rate (TFR) Estimates Have Declined from 2.9 in 2005 to 2.4 in 2012", Ministry of Health & Family Welfare, https://nrhm-mis.nic.in/Home%20Page%20Lib/The%20Total%20Fertility%20Rate%20(TFR)%20%20estimates%20have%20declined%20from%202.9%20in%202005%20to%202.4%20in%202012.xls.

③ "Fertility Rate, Total (Births per Woman)", World Bank, retrieved 15 May 2014. http://data.worldbank.org/indicator/SP.DYN.TFRT.IN.

④ "Human Development Index Trends, 1980-2012", *Human Development Report 2013*. United Nations Development Programme. http://hdr.undp.org/sites/default/files/reports/14/hdr2013-en_complete.pdf, p. 147-151.

⑤ Maddison Project Database, http://www.ggdc.net/maddison/maddison-project/data/mpd_2013-01.xlsx, retrieved on 15 May 2014.

⑥ 参见联合国开发计划署驻华代表处、中国社会科学院城市发展与环境研究所：《中国人类发展报告 2013：可持续与宜居城市》，北京，中国对外翻译出版有限公司，2013，http://www.cn.undp.org/content/dam/china/docs/Publications/UNDP-CH_2013%20NHDR_CN.pdf。

⑦ M. H. Suryanarayana, Ankush Agrawal and K. Seeta Prabhu. "Inequality-Adjusted Human Development Index for India's States", United Nations Development Programme India 2011, http://www.in.undp.org/content/dam/india/docs/inequality_adjusted_human_development_index_for_indias_state1.pdf.

⑧ Department of Planning, Programme Monitoring and Statistics, Government of Karnataka. "Economic Survey of Karnataka 2013-14", pp. 459-463, http://planning.kar.nic.in/docs/economic%20survey%202013-14/Web%20Eng/21%20HUMAN%20DEVELOPMENT.pdf.

率都只有1.7。中国人均GDP倒数第一的贵州的人均GDP介于印度的安得拉邦、西孟加拉邦之间，中国倒数第二的云南的人均GDP介于印度的喀拉拉邦、喜马偕尔邦之间①②，2012年这4个邦的生育率都只有1.8、1.7。

以印度为对照，如果没有计划生育，连西藏、贵州、云南的生育率目前也只能达到1.7、1.8。但是由于生育文化的差异，在同等发展水平下，华人的生育率比印度人要低。比如2000年新加坡的华人、印度人的生育率分别为1.43、1.59③；2010年马来西亚的华人、印度人的生育率分别为1.8、2.0④。

综上所述，根据社会发展水平判断，如果没有计划生育，那么中国2010年的生育率只有1.6左右，还将继续下降。在独生子女政策下，总和生育率竟然还有1.5、1.6？单独二孩政策能将生育率长期稳定在1.6～1.8？

4. 根据生育意愿看中国的生育率

生育意愿与现实生育率存在巨大差距。1998—2008年台湾的总和生育率只是理想子女数的58%，比如2008年理想子女数是2.0个，但是实际生育率只有1.1。⑤

1992—2010年，日本的总和生育率只是理想子女数的51%～57%，

---

① "Table 8: Per Capita Net State Domestic Product at Factor Cost-State-Wise (At Current Prices)", Reserve Bank of India, http://rbi.org.in/scripts/PublicationsView.aspx? id=14364.

② "GDP per Capita (1990 Int. GK $)", Maddison Project Database: http://www.ggdc.net/maddison/maddison-project/data/mpd_2013-01.xlsx.

③ "Population Trends 2011", Singapore Department of Statistics, pp. 15, http://www.singstat.gov.sg/pubn/popn/population2011.pdf.

④ S. H. Saw. "Ethnic Fertility Differentials in Peninsular Malaysia and Singapore", *Jounal of Biosocial Science*, Vol. 22, No. 1 (Jan. 1990), pp. 101-12.

⑤ 参见台湾"衛生福利部"國民健康署健康局：《同代有偶婦平均想子、活產與育齡婦總生育》，發佈日期：2011 / 07 / 11，http://health99.hpa.gov.tw/Hot_News/h_NewsDetailN.aspx? TopIcNo=6260。

比如2005年理想子女数是2.11个，但是实际生育率只有1.26。①

经济合作与发展组织提供的2000年前后的数据显示，24个国家的总和生育率平均只是理想子女数的63.5%。比如爱尔兰、英国、美国、德国的理想子女数为3.03个、2.53个、2.67个、2.40个，但是实际生育率只有1.89、1.65、2.06、1.37。②

多项调查显示，中国目前平均每个家庭平均想要1.86个孩子③④，是世界最低。据此判断，即便没有计划生育，生育率也难以达到1.5。在严厉的计划生育政策下，目前的生育率能有1.5、1.6？全面放开二胎后，能长期稳定在1.8？

5. 根据二孩试点看中国的生育率和补偿性出生

20世纪60年代新加坡、中国台湾、韩国提倡只生二胎，随着经济的发展，生育率从5.0以上的高水平快速下降；80年代之后相继出台鼓励生育政策，但并未出现补偿性出生高峰，目前生育率徘徊在0.9～1.2的超低水平上。伊朗于1989年提倡二胎，生育率从1989年的5.2急剧降到2005年的1.8；2005年鼓励生育，也未出现补偿性出生高峰，生育率并未回升。

中国从20世纪80年代开始在恩施、翼城、承德、酒泉这4个800多万人口的地区全面放开二孩，但是作为一个整体，2010年的生育率只有1.52，还是因为经济文化落后。“二胎区”2010年人均GDP只相当于全国平均水平的2/3，城市化率只有36.85%，低于

① “The Fourteenth Japanese National Fertility Survey in 2010: Marriage Process and Fertility of Japanese Married Couples”, National Institute of Population and Social Security Research, October 2011, http://dataspace.princeton.edu/jspui/bitstream/88435/dsp01z890rt327/1/MarriageprocessandfertilityJapan.pdf.

② “SF2.2 Ideal and Actual Number of Children”, OECD Family Database, www.oecd.org/els/social/family/database.

③ 参见王军、王广州：《中国育龄人群的生育意愿及其影响估计》，载《中国人口科学》，2013（4）。

④ 参见王广州、张丽萍：《到底能生多少孩子？——中国人口政策生育潜力估计》，载《社会学研究》，2012（5）。

全国的49.68%，只相当于全国2001年的水平。可见，即便全国从20世纪80年代就放开二胎，2010年的生育率也低于1.5。[①] 试点说明全面二孩是远远不够的。

并且，全国其他地方由于实行了三十多年的独生子女政策，已经形成了生育的“爬蚤心态”[②]。比如湖北省长阳、五峰这两个经济落后的少数民族县，2000年生育率分别只有1.19、1.14；经省人大批准放开二胎后，并没有出现补偿性出生，2010年生育率分别只有1.13、1.27。

新疆建设兵团汉族人口在实行独生子女政策十几年后改为允许生二胎，也没有出现补偿性出生高峰和生育率反弹，“十五”、“十一五”时期，生育率都稳定在1.0左右。

上海户籍人口中有200多万个双独家庭[③]，但是2008年实行双独二孩政策以来，5年只收到15 000例申请，只生下7 000多二孩。[④] 河南2011年在全国最后才实行“双独二孩”政策，当时预计每年将多生1.8万人；但是两年来，仅有600多个家庭生了二孩。[⑤]

2014年单独二孩申请率如此之低（尤其是东北和华北），说明民众的“爬蚤心态”已经非常严重。

6. 根据一孩生育率判断中国的总和生育率

卫计委和一些人口学者不承认2010年人口普查1.18的生育率，理由是有出生“漏报”。如果存在“漏报”，主要是二孩或以上

---

① 参见易富贤：《从二胎政策试点看生育趋势》，载《中国改革》，2013（11）。

② 用玻璃罩限制跳蚤跳的高度，跳蚤碰壁后自动适应不断降低的罩子高度；后来取下罩子，跳蚤不跳了，变成了爬蚤。

③ 参见李唐宁、曾亮亮：《单独“二孩”的计生逆转　能否唤回消失的人口红利》，人民网，2013-12-20，http://theory.people.com.cn/n/2013/1220/c40531-23898917-3.html。

④ 参见王海燕、顾泳：《上海“单独二孩”3月1日起实施》，解放网，2014-02-26，http://newspaper.jfdaily.com/jfrb/html/2014-02/26/content_1145054.htm。

⑤ 参见郑筱倩：《河南放开“双独二胎”2年　仅600多个家庭生二胎》，中国网，2013-11-18，http://news.china.com.cn/live/2013-11/18/content_23447226.htm。

孩次，一孩都是合法的，没有必要漏报。

2010年一孩生育率为0.728，二孩及以上孩次生育率为0.460。2010年中国大陆的社会发展水平相当于台湾1987年前后的水平；1987年台湾的一孩生育率为0.70（1986年、1988年为0.70、0.73），与大陆2010年的0.728一致。说明2010年中国大陆人口普查的一孩生育率是可信的。如果二孩及以上孩次漏报15%，那么总和生育率也只有1.269，出生1 384万（与人口普查短表中的1 384万一致）；即便二孩及以上孩次漏报25%（还算普查吗?），那么总和生育率也只有1.342（出生1 462万，这种可能性比较小）。2010年总和生育率要达到1.5（出生1 635万），意味着二孩及以上孩次漏报了41%，这可能吗？可见国家统计局公布的2011年、2012年、2013年分别出生1 604万、1 635万、1 640万人，是根本站不住脚的。2010年总和生育率要达到1.6（出生1 744万），意味着二孩及以上孩次漏报了47%，可能吗?

纵观日本、美国、中国台湾、欧盟，当一孩生育率在0.82以下时，与总和生育率直线相关。中国2010年的一孩生育率相当于美国1976年、加拿大2006年和2009年的水平；美国1976年的总和生育率只有1.74，加拿大2006年、2009年的总和生育率分别为1.59、1.67。[①] 意味着即便没有计划生育，中国的总和生育率也只有1.6左右。

日本1976—2011年[②]、2011年日本各地[③]、中国台湾1983—

---

① "Fertility Rate，Total (Births per Woman)"，World Bank，retrieved on 15 May 2014. http://data. worldbank. org/indicator/SP. DYN. TFRT. IN.

② 参见日本国立社会保障—人口问题研究所：《表4—16 出生順位別合計特殊出生率：1955—2011年》，日本国立社会保障—人口问题研究所人口統計資料集2013年版，http://www. ipss. go. jp/syoushika/tohkei/Popular/Popular2013. asp? chap = 4&title1=%87W%81D%8Fo%90%B6%81E%89%C6%91%B0%8Cv%89%E6。

③ 参见佐々井司・別府志海・石川晃：《都道府県別にみた女性の年齢（5歳階級）別出生率および合計特殊出生率：2011年》，人口問題研究（*Journal of Population Problems*），68－4（2012.12），pp.45－51，http://www. ipss. go. jp/syoushika/bunken/data/pdf/19761405. pdf。

2013年[①②③]的一孩生育率与总和生育率的相关系数为0.925。2010年我国全国、城市、农村的一孩生育率分别为0.728、0.675、0.771，根据日本—中国台湾的一孩生育率与总和生育率的相关性公式计算，如果没有计划生育，全国、城市、农村的总和生育率分别只有1.630、1.449、1.776。2010年北京、上海、东北的一孩生育率低于0.6，比东京还要低（1995年以来总和生育率只有1.0～1.1）。在严厉的独生子女政策下，我国全国的总和生育率竟然还有1.5、1.6?

中国的一孩生育率在直线下降，从1989年（1990年人口普查）的1.00下降到2000年的0.867、2010年的0.728，相关系数高达0.9997。这种下降速度是惊人的，说明人们的生育观念发生了巨大的改变。如果继续这种趋势，那么2015年一孩生育率只有0.632（台湾2003年的水平，该年总和生育率为1.24）。当然，2010年之后很可能并非直线下降，但是继续快速下降是肯定的。

也就是说，根据一孩生育率判断，如果没有计划生育，2010年中国的总和生育率还能达到1.6左右，而2015年连1.5都达不到了。

综上所述，根据中国的社会发展水平、生育意愿、二孩试点和一孩生育率综合判断，如果没有计划生育，2010年的总和生育率也只能达到1.6左右（不考虑补偿性出生）。

7. 中国台湾、韩国的生育率变化

按2010年以前老的人类发展指数（HDI）标准[④]，中国2008

---

① 《1951—2012年育龄妇女生育率》，台湾“内政部”网站，更新日期：2013/05/31，http://sowf.moi.gov.tw/stat/year/y02-04.xls。

② 参见朱伯長：《第六章 胎次别修正模型》，载《台湾与世界各国生育率的比较》，“国立”政治大学统计所硕士论文，2006年，http://nccur.lib.nccu.edu.tw/bitstream/140.119/33906/10/35402110.pdf。

③ 参见“生命统计”，台湾“行政院”主計處：http://www.dgbas.gov.tw/ct.asp?xItem=15409&CtNode=4595。

④ United Nations Development Programme, *Human Development Report 2009*, New York: Palgrave Macmillan, 2009, pp. 167-170, http://hdr.undp.org/sites/default/files/reports/269/hdr_2009_en_complete.pdf.

年的HDI[①]，相当于韩国1989年、中国台湾1987年的水平。而中国台湾的HDI超前韩国2年。[②] 按2010年后新的HDI标准[③]，中国2012年的HDI相当于韩国1986年。中国大陆2010年的人均GDP（以时空可比的国际元为标准）为8 032美元，相当于中国台湾1987年、韩国1989年的水平。[④]

综合判断，中国大陆的社会发展水平分别滞后于中国台湾、韩国23年、21年，教育模式和城市模式也基本是沿着中国台湾、韩国的老路走的（而不是日本的老路），中国台湾、韩国的人口变化规律对中国大陆有借鉴作用。在鼓励生育的情况下，中国台湾的生育率从1987年的1.70下降到2013年的1.065[⑤]，韩国的生育率从1989年的1.56下降到2013年的1.19[⑥]（见表17—1）。

表17—1　　韩国、中国台湾1987—2013年生育率

年份	韩国	中国台湾	年份	韩国	中国台湾	年份	韩国	中国台湾
1987	1.530	1.700	1996	1.574	1.760	2005	1.076	1.115
1988	1.550	1.855	1997	1.520	1.770	2006	1.123	1.115
1989	1.560	1.680	1998	1.448	1.465	2007	1.250	1.100
1990	1.570	1.810	1999	1.410	1.555	2008	1.192	1.050

① 参见联合国开发计划署驻华代表处和中国人民大学共同撰写：《中国人类发展报告2009/2010》，北京，中国对外翻译出版有限公司，2010，http://www.cn.undp.org/content/dam/china/docs/Publications/UNDP-CH-HD-Publication-HDR-CHI-2009-10.pdf。

② 台湾“行政院”主计处：《2003年人类发展指数（HDI）之国际比较》，台湾统计资讯网，2005-10-18，http://www.stat.gov.tw/public/Data/510181662971.pdf。

③ “Human Development Index Trends，1980-2012”，*Human Development Report 2013*. United Nations Development Programme. http://hdr.undp.org/sites/default/files/reports/14/hdr2013_en_complete.pdf，pp.147-151.

④ Maddison Project Database，http://www.ggdc.net/maddison/maddison-project/data/mpd_2013-01.xlsx，retrieved 15 May 2014.

⑤ 《1951—2012年育龄妇女生育率》，台湾“内政部”网站，更新日期：2013/05/31，http://sowf.moi.gov.tw/stat/year/y02-04.xls。

⑥ Korean Statistical Information Service，http://kosis.kr/eng/.

续前表

年份	韩国	中国台湾	年份	韩国	中国台湾	年份	韩国	中国台湾
1991	1.710	1.720	2000	1.467	1.680	2009	1.149	1.030
1992	1.760	1.730	2001	1.297	1.400	2010	1.226	0.895
1993	1.654	1.76	2002	1.166	1.340	2011	1.244	1.065
1994	1.656	1.755	2003	1.180	1.235	2012	1.297	1.270
1995	1.634	1.775	2004	1.154	1.180	2013	1.190	1.065

以中国台湾和韩国为参照，假如中国大陆停止计划生育，那么生育率将继续下降到 2035 年的 1.1 左右。中国大陆不但需要尽快停止计划生育，而且需要出台比中国台湾、韩国更有效的鼓励生育政策，才能遏止生育率下降趋势，恢复社会可持续发展能力。

由于中国实施了三十多年的独生子女政策，改变了人们的生育观念，整个社会和经济结构也都是围绕着独生子女政策，这种格局很难改变。中国大陆的一孩生育率下降速度就快于中国台湾、韩国当年，现在理想子女数已经比中国台湾、韩国还要少了。因此，中国大陆的生育率下降速度将快于中国台湾和韩国。

8. 中国未来生育率和补偿性生育判断

由于正常怀孕需要 266 天（从受精到出生共 266 天），只有在 4 月 9 日前怀孕才能在当年出生。本报告假设“两会”期间通过人口政策调整方案，4 月 9 日在全国全面施行，那么对当年的出生人数没有影响，出生高峰是从第二年开始。虽然 2014 年实行了单独二孩政策，但是 4 月 9 日之前怀孕的只有几万人，对 2014 年的出生几无影响，2015 年也只会多生约 54 万人。假设 2011—2014 年，如 2010 年一样每年出生 1 384 万人，2015 年出生 1 438 万。

本报告的“台韩老路”是指将中国台湾1987年和韩国1989年的生育率平均，相当于中国大陆2010年；将中国台湾2011年和韩国2013年的生育率平均，相当于中国大陆2034年，中间年份依此类推。

2012年8月，台湾“行政院”经济建设委员会发布的《中華民國2012年至2060年人口推計》[①]，分中、高、低三个方案预测了未来生育率变化。本报告“台湾高方案”、“台湾中方案”、“台湾低方案”是指将台湾高、中、低方案下2012年的生育率相当于中国的2035年，将台湾2057年的生育率相当于中国的2080年，中间年份依此类推。

高方案：2015年全面放开二孩，2016年开始的“十三五”规划全面停止计划生育。2016年、2017年、2018年、2019年分别出生（正常出生＋补偿性出生）1 900万、2 000万、1 850万、1 750万人。2020—2034年的生育率假设同“台韩老路”，2035—2080年的生育率同“台湾高方案”。

中方案：2015年继续单独二孩政策，2016年全面放开二孩，2017年中共十九大之后于2018年全面停止计划生育。今后鼓励生育的力度同中国台湾、韩国。2016年、2017年、2018年、2019年、2020年分别出生1 425万、1 800万、1 700万、1 800万、1 700万人。2021—2034年的生育率假设比“台韩老路”低5%，2035—2080年的生育率同“台湾中方案”。

低方案：2015年继续单独二孩政策，2016年分省（或分人群）放开二孩，2018年全面放开二孩，2020年全面停止计划生育。2016年、2017年、2018年、2019年、2020年、2021年分别出生1 425万、1 450万、1 400万、1 450万、1 400万、1 450万人。

---

① 参见台湾“行政院”经济建设委员会：《中華民國2012年至2060年人口推計》，台湾發展委員會网站，2012年8月，http://www.ndc.gov.tw/m1.aspx? sNo=0000455。

2022—2034 年的生育率比“台韩老路”低 10%，2035—2080 年的生育率同“台湾低方案”。

补偿性生育期间（2016—2021 年）的出生规模见表 17—2。表 17—3 则给出了中国未来（2020—2080 年）生育率展望。

表 17—2　　补偿性生育期间的出生规模　　单位：万人

年份	高方案	中方案	低方案
2016	1 900	1 425	1 425
2017	2 000	1 800	1 450
2018	1 850	1 700	1 400
2019	1 750	1 800	1 450
2020		1 700	1 400
2021			1 450

表 17—3　　中国未来生育率展望

年份	高方案	中方案	低方案	年份	高方案	中方案	低方案
2020	1.590			2040	1.140	1.080	0.960
2021	1.466	1.393		2041	1.180	1.090	0.970
2022	1.426	1.355	1.296	2042	1.210	1.110	0.990
2023	1.423	1.352	1.294	2043	1.250	1.130	0.970
2024	1.290	1.226	1.173	2044	1.290	1.150	0.950
2025	1.247	1.185	1.134	2045	1.330	1.170	0.970
2026	1.156	1.098	1.050	2046	1.360	1.190	0.960
2027	1.152	1.094	1.047	2047	1.400	1.200	0.980

续前表

年份	高方案	中方案	低方案	年份	高方案	中方案	低方案
2028	1.183	1.123	1.075	2048	1.440	1.220	0.990
2029	1.154	1.096	1.049	2049	1.470	1.240	1.010
2030	1.125	1.068	1.022	2050	1.490	1.250	1.010
2031	1.138	1.081	1.035	2051	1.520	1.260	1.030
2032	1.137	1.080	1.034	2052	1.540	1.270	1.030
2033	1.096	1.041	0.996	2053	1.560	1.280	1.040
2034	1.128	1.071	1.025	2054	1.570	1.290	1.040
2035	1.270	1.240	1.220	2055	1.580	1.290	1.030
2036	1.130	1.090	1.050	2056	1.590	1.300	1.040
2037	1.100	1.050	1.010	2057	1.600	1.300	1.050
2038	1.060	1.040	1.020	2060	1.600	1.300	1.050
2039	1.100	1.060	0.980	2080	1.600	1.300	1.050

关于方案设定的几点说明：

（1）本报告假设近年正常出生人数为 1 384 万，是根据 2010 年人口普查短表的 0 岁人口计算的，生育率为 1.27 左右；但是人口普查长表显示 2010 年生育率只有 1.18，国家统计局的抽样调查显示 2011 年、2012 年的生育率只有 1.04、1.26，那么近年正常出生人数能否达到 1 384 万还有疑问。并且即便 2010 年真的出生了 1 384 万，到 2021 年也远低于此数了（生育率下降、育龄妇女减少）。因此实际人口比本报告的相应方案还要少。

（2）中国未富先老，劳动力开始负增长，经济开始减速，老年抚养比高，今后经济前景不容乐观，年轻人不堪重负，生活压力（包括就业压力）将很大。实践证明，经济衰退往往导致生育率下降，比如美国在大萧条时期，生育率从 1920—1924 年的 3.18 下降

到 1935—1939 年的 2.18，下降 31%；2008 年经济危机之后，生育率由 2007 年的 2.13 下降到 2010 年的 1.93、2013 年的 1.87。一战、二战期间，欧洲都因为经济困难等原因出现生育率下降。苏联解体后，经济衰退，俄罗斯的生育率从 1989 年的 2.01 下降到 1993 年的 1.37、1999 年的 1.17。

（3）实施了三十多年的独生子女政策一方面既使得民众形成了生育的“爬蚤心态”，又产生了一个庞大的阻碍政策调整的利益集团，并且政府也会出于“政策连续性”等考虑，不敢全面否定过去的控制人口政策（人口政策调整就必然缩手缩脚），也就更不可能如俄罗斯那样大刀阔斧地鼓励生育。

（4）中国现在处于城市化加速阶段，是生育率跳跃性下降的阶段；而城市规划全部是以民不聊“生”的模式进行的，并将惯性地延续着，比如连县城都是每平方公里超过 1 万人（而东京、伦敦也只有 6 000 人、5 000 人）。

（5）由于生源减少和大学扩招，加上独生子女承载着家长所有的希望，高等教育毛入学率将不断提高：增加家长的养育成本，提高年轻人的就业压力，改变生育观念，延迟、挤压婚育时间，抬高婚育门槛。

因此，今后总和生育率沿着低方案（甚至更低）下降的可能性很大。

在上述三个方案之外，我们考虑了理想状态下中国人口的变化情况。这取决于对“理想状态”的理解和设定。国家卫计委和中国人口学会长期宣传理想生育率是 1.8，而我们认为生育率应该稳定在更替水平上。

生育率稳定在 1.8：2016—2080 年总和生育率稳定在 1.8。

生育率稳定在 2.1：2016—2080 年总和生育率稳定在 2.1。中国近期的世代更替水平接近 2.3，但是远期（出生性别比、婴儿和儿童死亡率下降）是在 2.1 左右。

这样，我们在本报告中就考虑上述 5 种情况下中国的人口变化。

四、人口预测结果

过去的数据采纳各地区官方公布数据或联合国数据。未来预测数据：中国数据采纳本报告的方案（中方案以及 2.1 的生育率）；印度、美国、发达国家（整体）数据采纳联合国《世界人口展望—2012 年修订版》的中方案①；日本数据采纳国立人口与社会保障研究所 2012 年预测（2011—2060 年）的中方案②；中国台湾数据采纳台湾“行政院”经济建设委员会预测（2012—2060 年）的中方案③。韩国数据采纳韩国国家统计局《2010—2060 年将来韩国人口估算》的中方案。④

1. 人口总量变化

未来人口总量变化见表 17—4 和图 17—1。

① Population Division of the Department of Economic and Social Affairs of the United Nations Secretariat，“World Population Prospects：The 2010 Revision”，http://esa.un.org/unpd/wpp/index.htm.

② “Population Projections for Japan (January 2012)：2011 to 2060”，National Institute of Population and Social Security Research in Japan，Population Projections for Japan，January 2012，http://www.ipss.go.jp/site-ad/index_english/esuikei/gh2401e.asp，http://www.ipss.go.jp/syoushika/tohkei/newest04/sh2401top.html.

③ 参见台湾“行政院”经济建设委员会：《中華民國 2012 年至 2060 年人口推計》，台湾發展委員會网站，2012 年 8 月，http://www.ndc.gov.tw/m1.aspx?sNo=0000455。

④ Statistics Korea，“Population Projections for Korea：2010－2060”，Date：2011－12－07，http://kostat.go.kr/portal/english/news/1/9/index.board?bmode=read&aSeq=253456.

表 17—4　　未来人口总量　　单位：亿

年份	高方案	中方案	低方案	1.8 生育率	2.1 生育率
2014	13.54	13.54	13.54	13.54	13.54
2020	13.95	13.89	13.76	13.96	14.11
2030	13.82	13.71	13.55	14.28	14.68
2040	13.18	13.03	12.83	14.09	14.71
2050	12.40	12.11	11.76	13.67	14.62
2060	11.39	10.91	10.39	13.07	14.46
2070	10.10	9.47	8.84	12.24	14.04
2080	8.95	8.13	7.35	11.49	13.77
峰值时间	2023	2023	2023	2030	2035
峰值人口	14.00	13.92	13.80	14.28	14.73

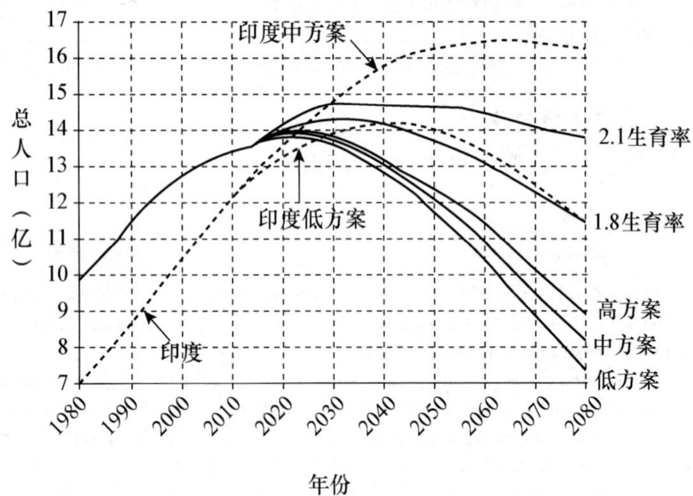

图 17—1　未来人口总量变化

我们可以跟另一人口大国印度作一比较。印度人口采纳联合国

《世界人口展望—2012年修订版》数据①，其中低方案是假设生育率从2010—2015年的2.25下降到2075—2080年的1.33；中方案是假设生育率从2010—2015年的2.5下降到2075—2080年的1.83。印度实际生育率应该略低于中方案，而高于低方案。

中华民族长期是世界第一大民族。但是1820年后，中国人口增长非常缓慢，占全球的比例从37%下降到1950年的22%，经济占全球的比例也从33%下降到4.6%。1950—1980年，中国人口与世界同步增长，占世界的比例稳定在22%左右，在国防和外交上也扭转了被动挨打的局面。但是实行计划生育以来，中国人口占全球的比例下降到2014年的19%。2010年人口普查显示，0～14岁人口只占全球的12%了（印度占全球的21%）。

如果世界其他国家的人口沿着联合国中方案走，那么本报告高、中、低方案、1.8生育率、2.1生育率下，中国人口占全球的比例在2050年分别为13.4%、13.1%、12.8%、14.6%、15.4%，在2080年分别为9.1%、8.4%、7.6%、11.4%、13.4%。

也就是说，即便生育率能够稳定在2.1，也难以遏制中国人口占全球比例下降的趋势。而中国人口沿着低方案走的可能性很大。人口总量下降意味着人口结构恶化，中国经济占全球比例、国际战略地位也将快速下降。世界第一人口和经济大国，因为错误的人口政策就这样一步步萎缩成一个无足轻重、极端衰老的国家！习近平总书记说："继续为实现中华民族伟大复兴而努力奋斗，使中华民族更加坚强有力地自立于世界民族之林"。那么就必须果断停止计划生育，并出台积极的人口发展政策，让生育率尽量回升并稳定在2.1以上。

我们的预测跟其他研究者的结果差异很大。国家人口发展战略

① Population Division of the Department of Economic and Social Affairs of the United Nations Secretariat, "World Population Prospects: The 2010 Revision", http://esa.un.org/unpd/wpp/index.htm.

组在2006年的结论是：继续独生子女政策，生育率能稳定在1.8，总人口将于2015年超过14.0亿、2033年前后达到15亿。[①] 2010年中国人口学会组织的80多名专家参加的“建设人口均衡型社会”学术研讨会也得出同样的结论：中国人口将在2015年达到13.9亿，在2033年达到15亿。[②] 蔡昉课题组认为2012年即便是分步放开二胎，峰值人口也将超过15亿。中国人口学会会长翟振武2014年还认为应继续独生子女政策不变，中国人口将在2026年达到14.08亿的峰值，在2050年还有12.8亿。联合国《世界人口展望—2012年修订版》中方案认为2010—2015年中国生育率高达1.66，2075—2080年为1.86，2015年、2080年的总人口分别为14.02亿、11.73亿。[③]

过去几年的总人口变化以及单独二孩实践已经证明他们的预测是错误的。国家统计局依照“每年增加600多万人”的惯性（其实有300多万水分），也只会公布2015年人口为13.7亿，而不是13.9亿、14.02亿，在每年人口增量才数百万的情况下，联合国和中国人口学会三五年的预测就误差两三千万！

实践也证明我们的预测“相对来说”更为准确。比如国家计生委和中国人口学会认为中国的生育率从20世纪90年代中期开始一直稳定在1.8，2000年预测2010年总人口会达14亿（2005年预测时改为13.7亿，2006年又改为13.6亿）；易富贤在2007年版《大国空巢》中从30多个角度质疑了1.8的生育率，在假定2005年统计公报数据准确的前提下认为2010年人口只会达到13.3285亿人（第346页）。《中国2010年人口普查资料》显示

---

① 参见国家人口发展战略研究课题组：《国家人口发展战略报告》，中国政府网，2007-01-11，http://www.gov.cn/gzdt/2007-01/11/content_493677.htm。

② 参见曾利明：《中国人口老龄化提速　建设人口均衡型社会遇困境》，新华网，2010-07-10，http://news.xinhuanet.com/politics/2010-07/10/c_12319927.htm.

③ Population Division of the Department of Economic and Social Affairs of the United Nations Secretariat, “World Population Prospects: The 2010 Revision”, http://esa.un.org/unpd/wpp/index.htm.

2010年人口为13.3281亿人，1996—2010年生育率平均只有1.4。

当然，由于很难准确把握未来生育率等参数，人口预测没有数十年可信度的实例。尤其是中国的基础人口数据严重失真（易富贤在《大国空巢》第4章中分析，2010年的人口存在数千万的水分）。因此本报告对未来的人口预测也不可能是很准确的，仅供参考。

2. 出生、死亡人口

图17—2为2010—2080年每年出生、死亡人数。

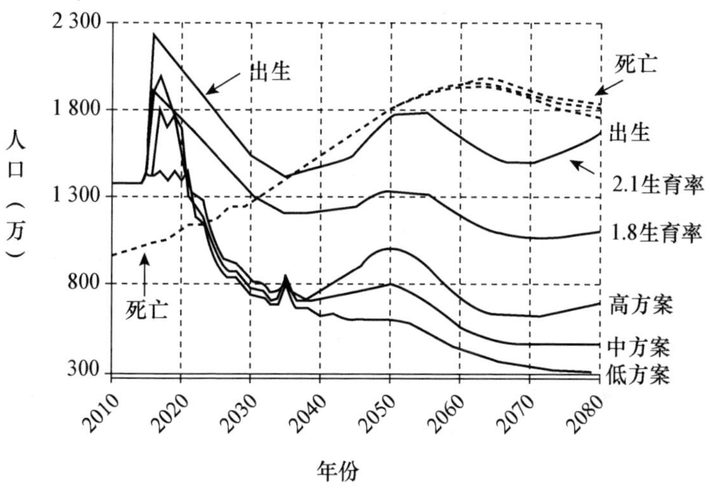

图17—2　每年出生、死亡人口

对死亡人数影响最大的是老年人数量，而今后几十年的老年人是目前已经出生了的人口，因此5个方案下今后几十年死亡人数相差不太大，从目前的1 000万左右增加到2063年的近2 000万。影响人口增量的主要变量是出生人数，而出生人数取决于育龄妇女人数及其人均生孩子数（生育率）。

人口峰值时间：出生－死亡＝0。高、中、低方案的生育率在2024年前后只相差5%～10%，2023年分别出生1 284万、1 220万、1 167万，均多于死亡人数1 148万；2024年出生1 133万、1 077万、1 030万，都少于死亡人数1 169万。因此，三个方案都在2023年达到人口峰值；日本是在2010年人口达到峰值。2035年的出生小高峰是因为2035年前是参照“台韩老路”，此后是参照中国台湾三个方案，衔接的2035年生育率偏高。

中国面临两大难题：生育率难以提升，育龄妇女人数在快速减少。中国的15～49岁总育龄妇女和20～29岁黄金年龄育龄妇女（目前2/3的孩子是该年龄群妇女生的）都在2012年开始负增长，其中前者从2011年的3.83亿减少到2030年的2.93亿，而后者从2011年的1.15亿减少到2035年的0.66亿。在高、中、低、1.8生育率、2.1生育率方案下，2080年15～49岁妇女分别只有1.40亿、1.18亿、0.98亿、2.10亿、2.68亿，20～29岁妇女分别只有0.43亿、0.34亿、0.25亿、0.62亿、0.84亿。由于育龄妇女的减少和庞大的老年人口，即便生育率能够稳定在2.1，也难阻人口负增长。

专栏　美国婴儿潮与股市行情的关系

在研究过程中，我们发现了一个有趣的现象：人口出生情况跟股市收益率之间存在很强的相关性。图17—3显示的是美国的婴儿潮与标准普尔500指数的十年滚动收益率之间的关系。标准普尔500指数滚动十年平均收益率（标准普尔500十年收益率）反映美国历年的股市行情。[①] 从图17—3可见，标准普尔500十年收益率与美国的出生高峰几乎重合，其中原因有待进一步研究。

① “S&P 500 10-Year Rolling Period Returns 1926—2012”，http://allfinancialmatters.com/wp-content/uploads/2013/08/SandP500_10-Year_Rolling_Returns_with-CPI_calendar_year.pdf.

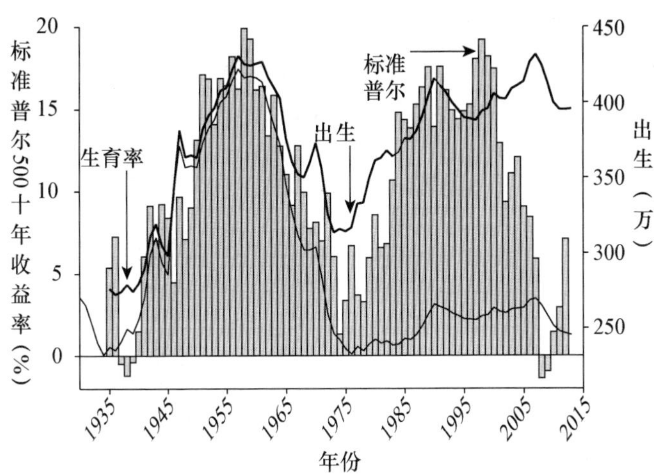

图17—3　美国婴儿潮与标准普尔500十年回报率的关系

美国的第一个婴儿潮主要是由于生育率的上升：从1935年的2.19上升到1958年的3.71。此阶段，标准普尔500指数十年滚动收益率几乎同步上升。随后美国生育率1976年下降到1.74的谷底，低于日本的1.85、欧盟的2.02，标准普尔500指数十年滚动收益率也几乎同步下跌。其后美国的生育率止跌回升到1989年的2.0，并稳定在2.0、2.1的水平直到2009年，加上第一个婴儿潮的妇女到了生育年龄，使得美国出现了第二个婴儿潮，标准普尔500指数十年滚动收益率也跟着同步上升。而日本、欧盟的生育率却不断下降到1989年的1.57、1.67，2009年的1.37、1.59，没有出现第二个婴儿潮，经济活力也不如美国。美国2007年后出生人数减少，是因为生育率从2007年的2.12下降到2010年的1.93、2013年的1.87，此阶段标准普尔500指数的十年滚动收益率反应不那么明显，似乎存在一段时期的滞后。

3. 人口年龄结构

表 17—5 为 2014—2080 年的人口年龄分布。

表 17—5 **年龄分布** 单位：百万

年份	高方案	中方案	低方案	1.8 生育率	2.1 生育率
0～19 岁					
2014	295	295	295	295	295
2020	305	299	286	307	322
2040	184	175	169	274	321
2060	180	146	114	256	334
2080	131	96	69	220	312
20～64 岁					
2014	922	922	922	922	922
2020	907	907	907	907	907
2040	775	769	756	776	791
2060	542	527	508	633	694
2080	437	390	339	601	737
65 岁及以上					
2014	137	137	137	137	137
2020	182	182	182	182	182
2040	359	359	359	359	359
2060	417	417	417	417	417
2080	328	328	328	328	328

图 17—4 中，横坐标是各年龄组人口占总人口的比例（%），从下往上依次是：0～5 岁、5～9 岁、10～14 岁……85 岁及以上。左侧是男性，右侧是女性。其中 20～64 岁劳动力代表目前的经济实力，0～19 岁人口则代表今后的发展潜力，65 岁及以上人口比例太高则意味着经济后劲乏力。印度、美国是采用联合国中方案。

由于实行了几十年的计划生育，2010 年中国的年龄结构已经

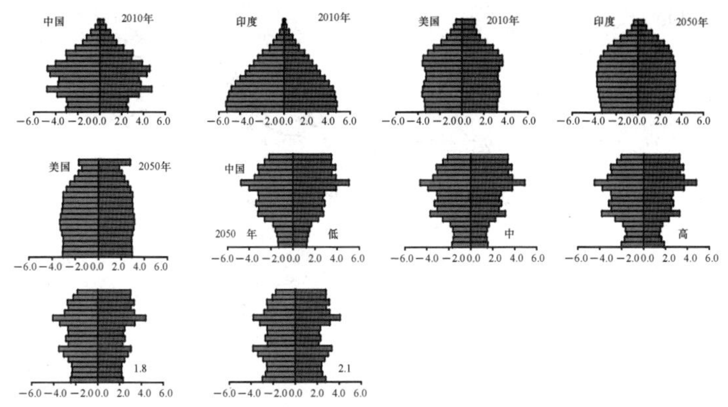

图 17—4　人口金字塔图

呈纺锤形，劳动力比例大，经济增长势头不错，但是也导致内需不足。这种结构是不稳定的，并且很快就要变成高度不稳的倒三角形：劳动力严重短缺、高度老龄化、经济丧失活力。

即便是高方案或者生育率稳定在 1.8，今后也仍然是不稳定的人口结构。只有将生育率稳定在略高于 2.1 的水平，才能逐渐保持人口数量的稳定和结构的稳定（美国、印度将长期是稳定的柱状人口结构），才能让国家恢复可持续发展能力。

4. 抚养比

传统上，将 15～64 岁人口视为劳动力；但是现在由于高中教育的普及和大学毛入学率的提高，大多是在 20 岁或以上才工作，因此，本报告将 20～64 岁人口视为“劳动力”，将 65 岁及以上人口视为“老人”。总抚养比是指非劳动年龄人口（0～19 岁人口、65 岁及以上老人）与劳动年龄（20～64 岁）人口之比，包括儿童抚养比（0～19 岁儿童与劳动人口之比）和老年抚养比（65 岁及以上老人与劳动人口之比）（见图 17—5）。

中国由于生育率从 1971 年开始快速下降，导致儿童抚养比、总抚养比的快速下降。蔡昉、胡鞍钢等人口和经济学家将总抚养比

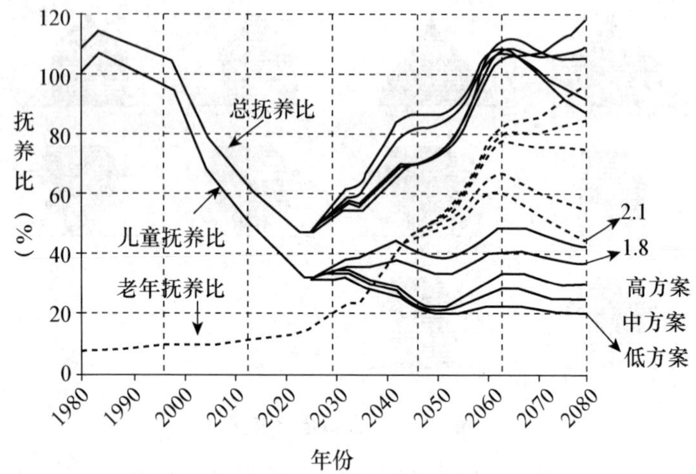

图 17—5　中国儿童抚养比、老年抚养比、总抚养比的变化

下降称之为“人口红利”。有人担心，停止计划生育，儿童抚养比的提升将导致总抚养比的增加，不利于经济发展。

其实儿童抚养比是人口投资，老年抚养比是还债。儿童抚养比增高并不会阻碍经济增长，而是会通过拉动内需推动经济增长，比如美国在二战后出现婴儿潮，导致 1947—1983 年总抚养比的高峰，其中在 1959—1974 年这个总抚养比最高峰，年均经济增长率为 4.6%，高于其前 1947—1958 年的 3.0%，也高于其后 1976—1983 年的 3.0%，更高于其后 1984—2010 年抚养比低谷期间的 2.8%。尤其是儿童抚养比高峰还会通过补充劳动力，减缓老年抚养比的上升，为后续几十年的经济增长增加活力，这就导致美国的经济比日本和欧洲更有活力。

日本的生育率从 1949 年的 4.3 快速下降到 1956 年的 2.2、1975 年的 1.91、1990 年的 1.54，导致儿童抚养比、总抚养比快速下降；也导致其后总劳动力的减少，进而导致老年抚养比的大幅上升和总抚养比的止跌回升。日本在 1996 年、美国在 2007 年、发达国家（整体）在 2010 年总抚养比止跌回升，都出现了经济危机

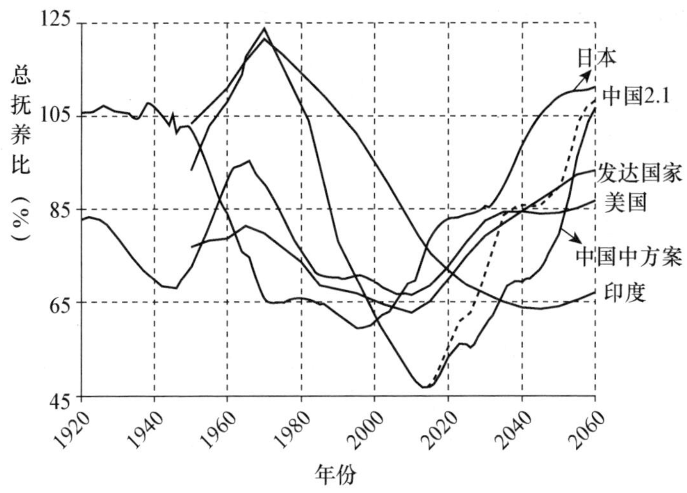

图 17—6　总抚养比的国际比较

（见图 17—6）。可见，中国通过计划生育降低儿童抚养比从而暂时性地降低总抚养比，并非人口红利，而是人口高利贷。在老年抚养比的推动下，中国的总抚养比在 2014 年达到低谷后开始回升，意味着经济增速将继续放缓。

有人说，中国的总抚养比即便有所增加，仍然比其他国家要低，还足以维持几十年的经济高速增长。其实阻碍经济增长的不是总抚养比本身，而是其中的老年抚养比。如果总抚养比是以儿童抚养比为主，那么如美国的婴儿潮一样还有利于经济增长。

并且总抚养比并不是越低越好，在 70%～80%之间最有利于经济发展、就业和社会稳定（如果总抚养比太低，抚养人口少导致内需不足，“游手好闲”者多，失业压力大）。美国和发达国家（整体）的总抚养比长期在 70%～80%之间。印度由于生育率下降平缓，总抚养比将长期维持在 70%左右，与美国一样，仅凭借内需就可以满足就业。

中国 2014 年的总抚养比只有 46.8%，从国家层面上看，在人类历史上是绝无仅有地低，远低于世界平均的74%、印度的77%、美国的68%，也低于日本历史上最低点（1996年）的59.5%。如此低的总抚养比使得内需严重不足，就业和经济高度依赖国际市场。而随着年轻劳动力的减少，占领国际市场的能力将减小，就业问题将越来越棘手。

中国近期经济问题的核心是总抚养比太低（儿童抚养比太低），内需不足；远期经济问题的核心是总抚养比太高（老年抚养比太高），劳动力不足和老年化。在本报告的低方案下，儿童抚养比继续下降，老年抚养比快速上升，总抚养比持续增加。如果能将生育率稳定在2.1以上，既能提高近期的总抚养比（提高儿童抚养比），又能降低今后的总抚养比（近期出生的孩子今后成为劳动力，增加总抚养比的分母，降低老龄化程度）。

5. 20～64岁劳动力

劳动力是驱动经济增长的引擎。日本、欧洲20～64岁人口在1998年、2010年达到顶峰后负增长，都是在拐点前夕就出现经济危机。中国台湾、韩国分别在2015年、2019年达到拐点，此后韩国的劳动力变化曲线几乎与中国台湾重合。印度、美国的20～64岁人口要到2055年、2090年才达到顶峰（见图17—7）。

中国大陆在2015年达到拐点，劳动力下降的速度将超过日本。如果能够将生育率稳定在2.1以后，虽然无法弥补近期的劳动力不足，但是可以让今后的劳动力保持相对稳定，从而保持经济的活力。

蔡昉认为可以通过扩大就业、提高劳动参与率来弥补劳动力的减少和工资上涨。[①]

事实上，劳动力负增长后，由于经济减速和结构性失衡，失业

① 参见蔡昉：《工资过快上涨会伤害经济》，新浪财经，2014-10-19，http://finance.sina.com.cn/zl/china/20141019/122020579089.shtml。

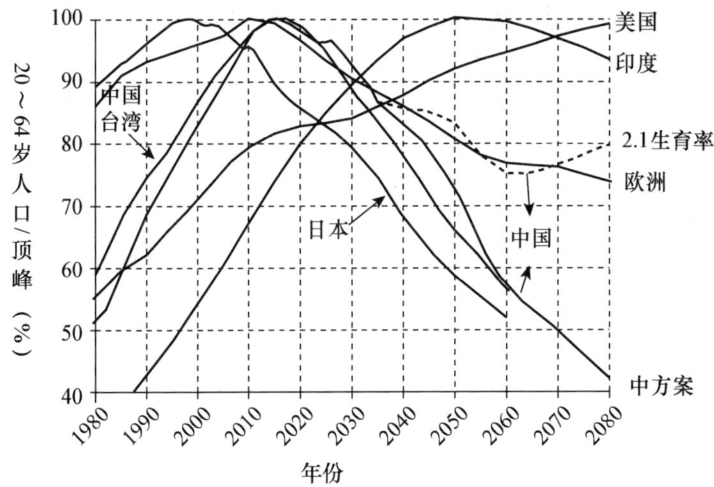

图17—7　20～64岁劳动力相对于顶峰

注："顶峰"是指20～64岁人口顶峰人口数。

率会更高、劳动参与率会更低。比如根据世界银行的数据①②③，日本的总失业率、15～24岁青年失业率分别从1980—1995年平均2.5%、4.7%增加到1999—2012年平均4.6%、8.8%；劳动参与率从1995年的64%下降到2012年的59%。德国20～64岁人口在1995年达到顶峰后开始负增长，总失业率、青年失业率也分别从1991—1993年平均6.7%、6.4%增加到1996—2012年平均8.4%、10.3%。

中国20～64岁劳动力在2015年后开始负增长之后，失业率（尤其是青年失业率）也很可能将提高。中国的劳动参与率不但难以

① World Bank. "Labor Force Participation Rate, Total (% of Total Population Ages 15+)", http://data.worldbank.org/indicator/SL.TLF.CACT.ZS.

② World Bank. "Unemployment, Total (% of Total Labor Force)", http://data.worldbank.org/indicator/SL.UEM.TOTL.ZS.

③ World Bank. "Unemployment, Youth Total (% of Total Labor Force Ages 15-24)", http://data.worldbank.org/indicator/SL.UEM.1524.ZS.

提升，而且在不断下降，从1990年的79%下降到2012年的71%；今后可能还将沿着发达国家的老路继续下降，2012年发达国家平均只有61%。与日本、德国不同，中国的总抚养比非常低，有庞大的“过剩”劳动力。因此中国一方面劳动力严重短缺，另一方面失业率还将上升、劳动参与率也将下降（隐性失业），“用工荒”和“就业难”将长期并存，“保就业”将是中国今后长期的政治任务。

6. 20～64岁劳动力/65岁及以上老人

日本在1946—1973年这28年内，GDP年均增长8.9%，1950年10个20～64岁劳动年龄人口对应1个65岁及以上老人，也就是劳动力/老人为10.0。1973年爆发石油危机，1974年发生经济衰退。1975年石油危机结束，但是该年的劳动力/老人下降到7.5，经济无法恢复以前的增长速度了，1975—1991年年均只增长4.4%。1992年劳动力/老人开始低于4.8，并迅速下降到2013年的2.3；经济增速也再次跳跃性下降，1992—2013年年均只增长0.84%。

中国台湾在1952—1995年，GDP年均增长8.6%；1996年劳动力/老人降至7.5，1996—2013年的GDP年均只增长4.0%。韩国在1963—2002年，GDP年均增长8.6%；2003年劳动力/老人降至7.5，2003—2013年GDP年均只增长3.8%。中国台湾、韩国的劳动力/老人都将在2017年降至4.8，并将迅猛下降到2030年的2.5、2.4，可能很快就要走日本1992年经济衰退的老路（见图17—8）。

美国在1934—1944年GDP年均增长10.2%，但是当劳动力/老人在1947年降至7.5之后，GDP年均增长率下降到1947—1985年的3.6%。1986—2006年劳动力/老人稳定在4.8附近，GDP年均增长3.2%。2007年劳动力/老人低于4.8，2007—2013年GDP年均增长0.99%。

根据日本、美国、中国台湾、韩国的情况，我们可以得到一些观察结果：当劳动力/老人高于7.5，经济可保持8%以上的高速增长；当劳动力/老人低于7.5，经济将转为4%左右的中速增长；当

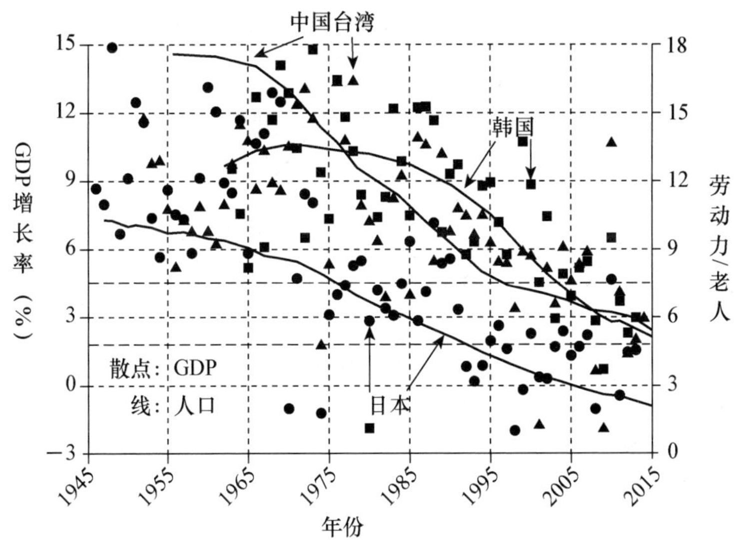

图17—8　日本、中国台湾、韩国的劳动力/老人与GDP增长率的比较

劳动力/老人低于4.8，经济增长将进一步减速。其中的经济逻辑尚需进一步研究。

中国大陆的劳动力/老人在2010年降至7.5，相当于美国1947年、日本1975年、中国台湾1996年、韩国2003年的水平，从人口结构看，中国经济将从8%以上的经济高速增长逐渐转向中速增长，事实上中国的经济增长率也已经从2011年的9.3%降到2012年的7.8%、2013年的7.7%。中国的劳动力/老人在2021年降至4.8，相当于日本1992年、中国台湾2017年、韩国2017年、美国2006年的水平，经济增长率可能将进一步下降。2035年中国的劳动力/老人将降低到2.5，开始低于美国，经济活力也将低于美国（见图17—9）。

当然，影响经济增长的因素很多，人口结构变化只是其中之一（最重要的因素）。人口结构与经济增长的关系非常复杂，各国的情况也不一样。很难仅根据人口结构就能精确地预测中国未来的经济

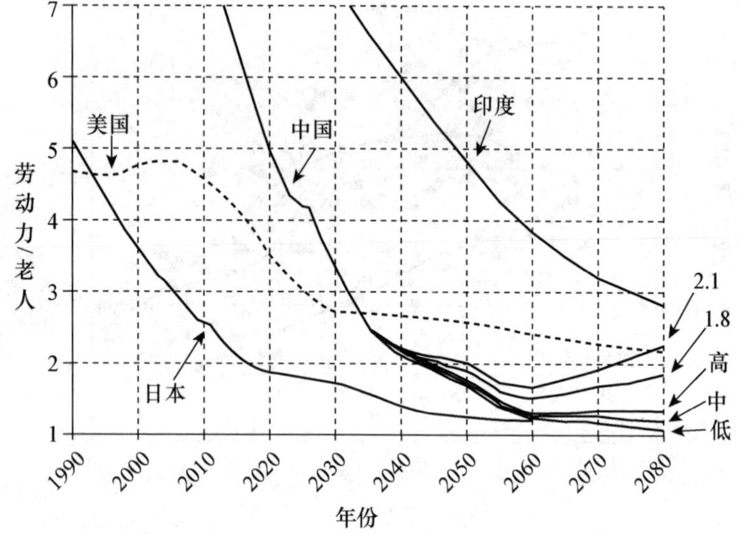

图 17—9　中国、日本、美国、印度的劳动力/老人

增长；但是可以大致判断，在今后几十年，中国经济不断减速应该是“新常态”。

由于从出生到 20 岁劳动力有 20 年滞后性，2015 年的人口政策调整只会影响 2035 年后的劳动力/老人。在低、中、高、1.8 生育率、2.1 生育率方案下，2050 年的劳动力/老人分别为 1.70、1.74、1.77、1.89、1.99，2080 年分别为 1.04、1.33、1.19、1.83、2.25（美国为 2.17）。

2010 年是 1 个老人对应 7.5 个劳动力，养老已经开始出现问题了；而今后一个老人只对应一两个劳动力，养老压力可想而知，养老金短缺将是今后各届政府面临的难题。

7. 中位年龄

中位年龄是将全体人口按年龄大小排列，位于中点的那个人的年龄。中位年龄从另一个角度反映了劳动力的年龄结构。

说明：中国台湾、日本的预测只到 2060 年，韩国的中位年龄曲线几乎与中国台湾重合。

在低、中、高、1.8 生育率、2.1 生育率方案下，2050 年中位年龄分别为 55.4 岁、53.3 岁、54.3 岁、48.7 岁、45.2 岁，2080 年分别为 61.9 岁、56.9 岁、59.8 岁、48.3 岁、43.1 岁。

中国大陆的中位年龄在 2014 年超过美国，此后快速增加。如果走低方案的话，将于 2060 年后超过日本和中国台湾。由于一个经济中年轻人越多，该经济的创新活力就越强，所以中位年龄实际上反映了一个经济的创新活力，影响着经济的技术进步率，从而影响了经济的潜在增长率（见图 17—10）。

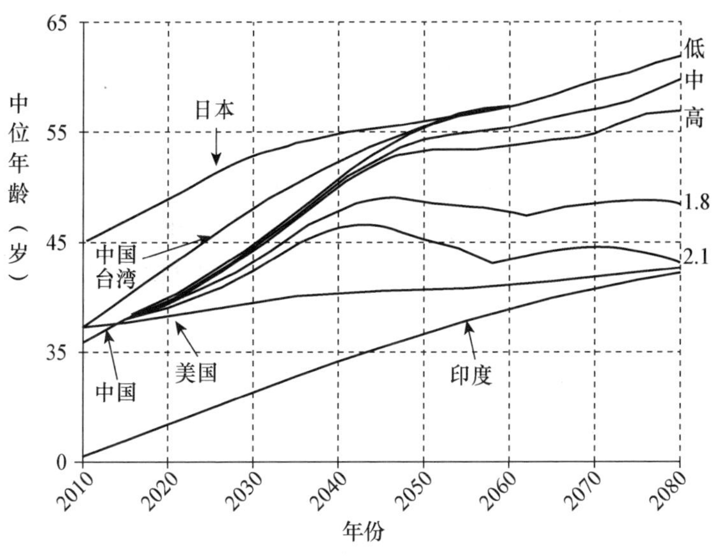

图 17—10　中位年龄的国际比较

林毅夫教授认为中国经济从 2008 年起还有 20 年 8%增长的潜力，理由是中国大陆 2008 年的人均收入水平（以 1990 年国际元为标准）只有美国的 21%，相当于日本 1951 年、中国台湾 1975 年、韩

国1977年的水平。在人均收入达到美国21%之后的20年，利用后发优势，日本、中国台湾、韩国每年增长9.2%、8.3%、7.6%。①

我们对林毅夫教授的这一判断不敢苟同。“后发”不等于必然有“优势”，美国不会停着等人。要缩小与美国的差距，必须在速度上超过美国。年龄优势是日本、中国台湾、韩国能缩小与美国收入差距的原因之一。而中国大陆2008年的中位年龄为35岁，2015年提高到38岁，超过美国。

后发优势只是给出了追赶的可能性和空间，但要成功利用后发优势实现经济增长，需要相当数量的劳动力的支持。日本在1951年后、中国台湾在1975年后、韩国在1977年后，20～64岁劳动力还增长了48年、42年、42年，在20年内增加了51%、58%、64%；而中国大陆的劳动力在2008年后只增长了7年就开始减少了。

日本1951年、中国台湾1975年、韩国1977年的中位年龄只有22岁、21岁、21岁，而美国1951—1977年的中位年龄在29～30岁之间波动。就像21岁、22岁的小伙子的奔跑速度比30岁的人要快一样，日本、中国台湾、韩国的经济增速也超过美国，人均收入与美国的差距不断缩小。1991年日本的人均收入仍然只有美国的85%，但是由于年龄优势丧失，人均收入与美国的差距再次拉大，2010年只有美国的72%了。

中国大陆不具备日本、中国台湾、韩国当年那么好的人口条件，所以要实现林毅夫教授指出的增长可能性，应该考虑需要提供哪些条件来对中国人口和劳动力方面的劣势予以补偿。

专栏　他山之石——日本人口危机爆发后的后果

中、日人口结构变化总结：

---

① 参见林毅夫：《为什么我说中国经济8%增速能持续20年?》，新浪财经，2014-10-25，http://finance.sina.com.cn/zl/china/20141025/235420642047.shtml。

总抚养比止跌回升：日本 1996 年，中国 2014 年，相差 18 年。

20～64 岁劳动力峰值：日本 1998 年，中国 2015 年，相差 17 年。

劳动力/老人降至 7.5：日本 1975 年，中国 2010 年，相差 35 年。

劳动力/老人降至 4.8：日本 1992 年，中国 2021 年，相差 29 年。

中位年龄达到 40 岁：日本 1996 年，中国 2022 年，相差 26 年。

总人口峰值：日本 2010 年，中国 2023 年，相差 13 年。

综合判断，日本的人口危机大致比中国早爆发 23 年左右。中国 2013 年的人口结构类似于日本 1990 年。日本 1990 年之后除了经济增长率下降外，还发生了什么？

根据国际货币基金组织的数据[①]，日本在 1992 年后，储蓄率和投资率下降，而国债占 GDP 的比例却快速提升。其实这些是很容易理解的。依照“人们在工作时期进行储蓄，退休以后花费储蓄”的理论，老年化和劳动力负增长后，储蓄的人少了，花费储蓄的人多了，储蓄率必然下降，国债必然增加。而根据“物质资本是报酬递减的，人力资本是报酬递增的”理论，物质资本只有依赖于人力资本才能增值，如果劳动力负增长，那么投资回报率将降低。其实如果有足够的年轻人口，没有必要保持很高的储蓄率，因为财富增值毕竟靠的是“人”，而不是“物”，比如美国的储蓄率就长期低于日本。没有足够的年轻人口，储蓄率再高也没有用。

老龄化后，一方面储蓄率降低，投资来源减少；一方面投资效率减少，投资率也必然降低，银行利率也自然下降。以前投资效率

① The International Monetary Fund (IMF): World Economic Outlook Database, April 2014, http://www.imf.org/external/pubs/ft/weo/2014/01/weodata/download.aspx.

高的时候，利率也高，政府可以通过调控利率调控经济；但是今后低利率将成为常态，利率可能不再是有效调控经济的手段了。

再看看房地产。日本在20世纪80年代的时候，经济如“日”中天，城市地价不断攀升（如中国前些年一样），尤其是东京、大阪等六大城市的地价自1985年起，每年以两位数上升，盛行着“地价不灭神话”。但是在1992年人口危机拐点之后，房地产泡沫破裂，地价大幅下降（见图17—11）。

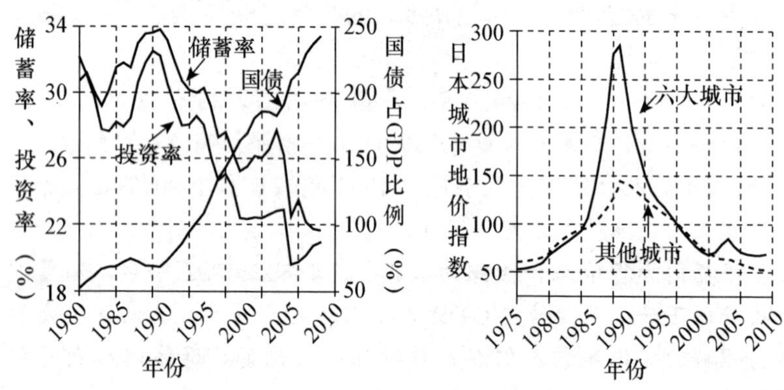

图17—11　日本的储蓄率、投资率以及国债占GDP比例、地价指数

日本发生的事情不一定全部在中国重演，但是中国应该未雨绸缪，做好必要的防范准备。

五、总结和建议

根据反映社会发展水平的各项指标综合判断，如果没有计划生育，中国目前的“自然生育率”只能达到1.6左右。以中国台湾和韩国为参照，即便中国大陆停止计划生育，生育率也将继续下降到2035年的1.1左右。

单独二孩实践表明，累计只会多生一百多万人，远低于国家卫计委和翟振武课题组所预测的 1 000 万。全面二孩累计也只会多生一千多万人，远低于翟振武和卫计委所预测的 9 700 万；峰值出生规模只有 1 800 万人，远低于翟振武、蔡昉课题组所预测的 4 995 万、4 700 万。

从人口结构分析，中国人口危机开始爆发：2014 年总抚养比止跌回升，2015 年 20～64 岁劳动力达到峰值后开始负增长；日本、欧洲、美国都是在总抚养比拐点和劳动力拐点前夕出现经济危机。中国的劳动力/老人在 2010 年降至 7.5，将在 2021 年降至 4.8；从日本、美国、中国台湾、韩国的情况观察：当劳动力/老人低于 7.5，经济将从 8%以上的高速增长逐渐转为 4%左右的中速增长；当劳动力/老人低于 4.8，经济增长将进一步减速。

本报告分五种方案对中国 2015—2080 年的人口形势进行了展望。停止计划生育，峰值出生规模也只能在 2 000 万左右（低于中国 1986—1990 年、印度近年 2 500 万的出生水平），总人口将在 2023 年达到 14.0 亿的峰值后负增长，到 2080 年降至 8.95 亿。如果生育率能够稳定在 2.1，中国人口将在 2035 年达到 14.73 亿的峰值，到 2080 年降至 13.77 亿。

我们建议尽快停止计划生育，并出台有利于人口发展的政策，尽量让生育率提升到并稳定在 2.1 以上，既能改善近期的内需和就业结构，又能缓解今后的老龄化和劳动力短缺，让中国人口和经济走向持续发展道路。

后 记

本书是我到目前为止在宏观经济学方面的研究工作的一个反映和总结。在我的研究工作中，得到了许多同仁的帮助，在跟他们的讨论中也得到了很多启发，有些文章也是跟其他同仁合作完成的。在此，对他们表示衷心的感谢。

本书的出版得到了中国人民大学出版社尤其是高晓斐编辑的大力帮助，在此也深表谢意。